진실의 조건

진실의 조건

Alternative Facts: On Knowledge and Its Enemies

철학이 진실을 구별하는 방법

오사 빅포르스 지음

박세연 옮김

푸른숲

추천사

스웨덴의 앞서가는 철학자가 쓴 이 책은 우리가 지식을 어떻게 생각해야 하는지, 그리고 최근 '포스트 트루스' 시대의 정치인들의 공격에 맞서 어떻게 지식을 보호할 수 있는지 통찰력 있고 흥미진진하게 설명하고 있다.

빅포르스는 먼저 지식을 이루는 세 가지 핵심 요소를 소개한다. 주장에 대한 믿음, 주장의 진실성, 그리고 믿음을 보존하는 타당한 근거. 다음으로 근거가 어떻게 우리의 믿음에 충분한 기반을 마련해주는지 흥미로운 이야기를 들려준다. 이는 오늘날 세상에 많은 관심을 기울이고 있는 모든 이들에게 가장 중요한 깨달음을 전한다. 지식이 요구하는 것은 절대적인 증명이 아니라 타당한 근거라는 것이다. 그 근거는 반대되는 믿음이 거짓이라고 떳떳하게 생각할 수 있을 만큼 강력한 것일 수 있다. 빅포르스는 우리가 올바른 믿음과 잘못된 믿음, 그리고 지식과 허구를 구분하지 않는다면, 선동가에게 책임을 묻는 것을 포기하는 것이나 다름없다고 주장한다.

이러한 부분에서 빅포르스는 최근 사회과학 곳곳에서 유행하는 '포스트모던' 사고와 갈등을 빚는다. 포스트모더니즘은 절대적 진실이란 없으며, 오로지 경합하는 이야기만이 존재한다고 말한다. 빅포르스는 포스트모더니즘과 독재 선동가의 정치적 음모가 하나로 결합해 지식을 공격한다고 강조한다. 여기서 말하는 지식이란 특정한 구체적인 지식은 물론, 지식이라는 개념 자체와 진실의 인식 가능성까지 모두 포함한다. 진실을 부정하는 포스트모더니즘이 '폭군의 좋은 무기'라는 그의 결론은 부정할 수 없는 것으로 보인다.

스테판 레반도프스키
브리스톨대학교 인지심리학과 학과장

들어가며

세계는 지금 현실을 놓고 싸움이 한창이다. 가짜 뉴스와 음모론, 그리고 편향된 이야기가 우리 주변에 넘쳐난다. 과학을 따르지 않는 태도가 확산되고 있으며, 전문성의 종말에 대해 공공연하게 이야기한다. 거대한 권력을 휘두르는 전 세계 정치인들은 진실을 의도적으로 외면하고, 정보를 적극적으로 왜곡하고, 또 분열의 씨앗을 뿌리며 지식의 출처에 대한 신뢰를 무너뜨리고 있다. 지식의 적대 세력들은 명확하게 인정된 지식조차 공격 대상으로 삼는다. 지구는 정말 둥글지 않은 걸까? 오늘날 우리는 포스트 트루스post-truth(탈진실, 진실보다 감정과 개인적 믿음이 여론 형성에 더 중요한 영향을 미치는 현상 - 옮긴이), 그리고 대안적 사실의 시대를 살아가고 있다.

'대안적 사실alternative fact'이라는 용어는 오늘날 우리가 처한 상황을 상징적으로 대변한다. 이는 2017년 1월 20일, 트럼프Donald Trump의 취임식에 모인 군중 규모를 놓고 벌어진 논쟁에서 비롯된 말이다. 당시 트럼프 행정부 백악관 대변인 숀 스파이서Sean Spicer(고작 6개월로

임기가 끝났다)는 워싱턴에서 열린 대통령 취임식에 역사상 최대 규모의 군중이 집결했다고 주장했다. 그러나 사실은 달랐다. 2009년 오바마Barack Obama의 취임식 때 촬영된 사진 속 군중의 규모가 훨씬 더 컸다. 통계자료를 봐도 그날 지하철 승차표가 더 많이 판매됐다. 스파이서의 주장은 거짓으로 드러났고, 사람들은 어떻게 그가(무려 백악관 대변인이!) 그토록 명백한 사실에 이의를 제기할 수 있었는지 의문을 표했다. 이후 백악관 선임 고문 켈리앤 콘웨이Kellyanne Conway는 TV에 출연해 스파이서가 단지 '대안적 사실'을 말했을 뿐이라고 언급함으로써 논란을 증폭시켰다.

나는 사실을 의도적으로 외면하려는 그들의 태도에 화가 났다. 그리고 철학자가 나서야 할 때라고 느꼈다. 이 책이 바로 그 결과물이다. 여기서 나는 지식을 향한 위협을 철학적·심리적 관점에서 살펴보고, 그러한 위협에 맞서기 위해 무엇이 필요한지 이야기하고자 한다. 이 책의 출발점은 철학이다. 먼저, 지식이 무엇인지, 진실은 왜 그렇게 얻기 힘든지, 어째서 대안적 사실이 존재하지 않는지를 들여다본다(1장, 2장). 우리 인간이 거짓말에 취약한 이유와 활용 가능한 지식을 외면하도록 하는 심리적 기제가 무엇인지도 살펴본다(3장). 우리 내부의 적이기도 한 이러한 기제들은 우리를 편파적이고 감정적으로 사고하도록 이끌고, 노골적인 거짓말과 가짜 뉴스, 그리고 선동과 화학반응을 일으키며 위험한 방식으로 외부에 있는 지식의 적과 내통한다(4장). 여기서 중요한 질문이 생긴다. 이러한 상황에서 우리는 스스로를 지키기 위해 무엇을 할 수 있는가? 당연히 학교가 핵심 역할을 맡지만, 안타깝게도 우리 사회의 학교는 지식에 가해진 위협에 대응할 만한 역량을 갖추고 있지 않다. 지식의 본질과 비판적 사고에 대한 잘못된 생각이 현재 서구 사회 교육기관에 만연하며, 거짓 정보로부터 대항할 탄탄한 방어벽을 구축하지 못하고 있다 (5장). 끝으로, 지식의 적에 대항하기 위해 우리가 무엇을 할 수 있을지 설명하면서 이야기를 마무리 짓고자 한다. 이것이 지금 우리가 당면한 최대 과제라는 주장은 결코 과장이 아니다. 이 과제를 해결하는 데 우리 모두가 나서야 한다.

왜냐하면 지식이 무엇보다 중요하기 때문이다. 물론 우리에게는 각자의 믿음을 고수할 권리가 있다. 그러나 믿고 싶은 것만 믿는다면, 타당한 근거를 갖춘 것이 아니라 진실이기를 바라는 것을 믿는다면, 우리는 결코 지식을 얻지 못할 것이다. 그리고 사달을 낼 것이다. 2017년 유럽에서 백신 반대운동이 일면서 홍역이 확산되었다. 2018년에 보고된 6만 건의 감염 사례 중 72명의 사망자가 발생했고, 2019년으로 접어들어서는 확산 속도가 두 배 빨라졌다. 이러한 상황을 얼마든지 피할 수 있었다. 기후 변화를 부정하는 백악관 인사들이 파리협약에서 탈퇴함으로써 온 세상을 공포로 몰아넣은 것은 또 어떤가. 많은 연구 결과에서 가짜 뉴스가 미국 대선에서 결정적 요소로 작용했음을, 특히 경합 지역에서의 트럼프 승리에 크게 기여했음을 확인할 수 있다.●

물론 이러한 상황이 트럼프로부터 시작된 것은 아니다. 그리

● Gunther et al. 2018. 하지만 가짜 뉴스가 미친 영향을 정확하게 평가하기는 어렵다. 지금도 많은 연구가 진행 중이다.

고 트럼프로 끝나지도 않을 것이다. 그럼에도 트럼프는 포스트 트루스 시대의 상징적인 인물이다. 포스트 트루스 시대의 모든 특징을 그에게서 찾아볼 수 있다. 트럼프는 놀랍도록 지식에 무관심하다. 또 자신이 내린 의사결정의 사실적 근거를 신경 쓰지 않으며, 전문성이 부족한 인물을 계속해서 공직에 임명했다. 게다가 러시아의 푸틴 Vladimir Putin 이나 헝가리의 오르반 Viktor Orban 과 같은 독재자들과 동맹을 맺고, 기성 언론을 공공의 적으로 몰아갔다(이러한 시도는 레닌 Vladimir Lenin 으로 거슬러 올라간다).

트럼프는 음모론으로 무장했으며, 백신 회의론을 신봉했다. 그는 거짓이나 오해를 불러일으키는 정보를 끊임없이 퍼뜨렸다. 시간이 지날수록 상황은 점점 더 심각해졌다. 〈워싱턴포스트〉는 트럼프가 자신의 임기 두 번째 해 동안 하루 평균 16.5개의 거짓말이나 오해성 발언을 한 것으로 집계했다. 임기 첫해 동안에 '고작' 5.9개를 쏟아낸 것에 비교하면 크게 늘어난 수치다. 2019년 12월을 기준으로 트럼프가 임기 동안 내뱉은 거짓말, 혹은 오해성 발언의 총 수는 1만 5천 건을 넘어섰다.**

이 책을 쓰기 시작할 무렵, 나는 미국의 민주주의 제도가 트럼프 임기 동안 살아남지 못할까 걱정했다. 하지만 미국의 민주주의 제도는 내가 우려했던 것보다 훨씬 탄력적인 것으로 드러났다. 언론과 사법부는 여전히 굳건히 자리를 지키고 있다. 지금은 오히려 유

** 'President Trump has Made 15,413 False or Misleading Claims Over 1,055 Days'. *Washington Post* 16/12/2019.

럽의 미래가 더 걱정이다. 유럽 각국에서 권력을 차지한 반민주주의 세력이 다양한 형태의 거짓 정보를 교묘히 활용하고 있다. 민주주의 사회에서는 지식이 무엇보다 중요하기 때문이다. 독재자는 가장 먼저 진실을 훼손한다. 국민에게 영향을 끼치려면 어떤 일을 강요하는 것보다 그들이 자발적으로 움직이도록 속임수를 쓰는 것이 효과적이다.

거짓 정보로 이뤄진 오늘날의 캠페인은 특히 위험하다. 거짓은 결코 스스로 거짓이라 말하지 않는다. 독재자들은 더 이상 소비에트 시절처럼 엄청나게 많은 정치 메시지를 국민들에게 억지로 주입하지 않는다. 그 대신 가짜 뉴스와 편파적인 이야기를 지어낸다. 이를 통해 국민의 불안과 공포를 자극함으로써 그들 스스로 거짓 정보를 적극 유포하게 만든다. 왜곡된 세계관이 서서히 밀려와, 부지불식간에 우리의 머릿속을 잠식한다. 계속해서 확산되는 거짓 정보를 검증하기 위해 대대적인 팩트 체크가 이뤄지고는 있지만, 이를 시도하는 주체의 신뢰성을 떨어뜨리기 위해 또 다른 거짓 정보와 음모론이 활용된다. 진실을 향한 싸움은 점차 출처에 대한 신뢰성 싸움으로 변질되고 있다. 이렇듯 신뢰가 양극화·정치화 되는 경향은 내 고향 스웨덴도 마찬가지다. 포스트 트루스 시대는 곧 포스트 트러스트post-trust 시대를 의미한다.

우리는 상반된 주장이 난무하는 현실에서 쉽게 무력감을 느끼고, 이성에 대한 믿음과 진실을 찾을 기회를 포기하게 된다. 물론 이는 포스트 트루스의 사도들이 원하는 바다. 나는 이 책을 통해 그러한 절망감에 맞서 싸우고 우리 사회에 용기와 믿음을 새롭게 불어 넣고자 한다. 우리는 얼마든지 편파적이고 근거 없는 것에 저항하고, 거짓을 솎아내고, 안개 속을 꿰뚫어 보고, 궁극적으로 타당하고 분명한 진실을 발견할 수 있다. 신뢰할 수 있는 출처와 제 기능을 하는 지식 시스템은 분명히 존재한다. 우리는 이를 보호하고 지원하기 위해 힘을 모아야 한다. 지식은 역사적으로 수차례 이의 제기에 직면했지만 그래도 언제나 승리를 거뒀다. 철학자 아리스토텔레스가 말했듯, 결국 인간은 이성적인 동물이다.

스톡홀름에서
오사 빅포르스

목차

1
우리는 왜 지식에 저항하는가?

2
사실이란 무엇인가?

3
사고는 어떻게 왜곡되는가?

4
거짓말과 가짜 뉴스, 그리고 선전은
우리의 판단에 어떤 영향을 미치는가?

5
지식과 비판적 사고를 위한 교육 현장의 과제

6
이제,
우리는 무엇을 할 수 있는가?

1

우리는
왜

지식에
저항하는가?

일러두기

- 본문에서 거론되는 'fact', 'true/truth', 'Truth'는 각각 '사실', '진실', '진리'로 구분해 옮겼다.

우리는 사실에 저항하고 있는가?

'과학자들: 사실에 저항하는 새로운 종족에 의해 위기에 처한 지구'. 2015년 5월 12일, 〈뉴요커〉에는 흥미로운 제목의 기사가 실렸다. 기사에 따르면 사실 저항적인 사람은 정보를 받아들이고 처리하는 정상 기제를 갖고 있는 듯 보이지만, 실제 모종의 이유로 그 기제가 제거됐다고 한다. 심지어 더 많은 사실을 제공할수록 사실에 더욱 저항하는 듯 보인다고 했다. 과학자들은 청각 신경에서 두뇌로 이어지는 정보의 통로가 어떠한 이유로 차단되어 정상적 인식 기능이 감퇴했다는 가설을 세웠다.

물론 모두 조롱이었다. 이 기사는 풍자작가 앤디 보로위츠Andy Borowitz가 쓴 것이다. 보로위츠는 사회 현상을 파악하고 이를 풍자하는 감각이 탁월하다. 2016년 트럼프가 대선 캠페인을 시작하기 전, 보로위츠는 선거가 끝나고 사람들 입에 특정 단어가 오르내릴 것을 예측했다. 바로 **사실 저항** fact resistance이었다. 음모론자, 과학 회의론자, 신비주의자 등 우리 세상이 받아들인 이해 방식에 여러 의문을 던지는 사람들은 언제나 존재했다. 그러나 2015년의 상황은 이전과는 어딘지 달라 보였다. 갑작스럽게 사람들은 평범한 현실을 공유하지 못하고, 이 세상이 어떤 곳인지에 관한 기본적인 사실에도 동의할 수 없게 되어버렸다. 보로위츠의 설명이 실제로 옳았던 것은 아닌지, 우리 두뇌에 정말로 방해물이 있는 것은 아닌지 의심하지 않기 어렵다.

　도대체 지금 우리에게 무슨 일이 벌어지고 있는 걸까? 또 이러한 상황에서 우리가 무엇을 할 수 있을까? 이 질문의 답을 찾기 위해 우리는 바닥에서부터, 즉 기본적인 철학과 함께 시작해야 한다.

　사실 facts이란 무엇인가? 간단히 답하자면 세상의 실제 모습이다. 사실의 유형은 사소한 일상적 사실부터 우주 기원에 관한 사실까지 다양하다. 우리가 느끼고 생각하는 것에 관한 심리적 사실, 실업과 인플레이션 및 범죄에 관한 사회적 사실, 질병과 그 원인에 관한 의학적 사실, 종의 탄생에 관한 생물학적 사실, 입자와 그 움직임에 관한 물리적 사실, 그리고 주방 구조에 관한 사실과 유명인의 사생활에 관한 사실 등이 있다. 조금 더 길고 철학적으로 답하자면 사실은 사실적 주장을 진실로 만들어주는 것, 다시 말해 **진실 제조기** truth makers다. 세상의 실제 모습에 관한 주장, 가령 정원에 말이 서 있다는 주장은 세상의 실제 모습이 어떤지, 어떤 사실이 존재하는지에 따라 진실일 수도 거짓일 수도 있다. 실제로 말이 정원에 서 있다면 그 주장은 진실이다.

　우리는 우리가 전혀 알지 못하는 사실이 엄청나게 많이 존재한다는 것을 알고 있다. 자신의 머리카락 수처럼 큰 의미가 없어서 굳이 알려고 하지 않는 사실이나, 먼 은하계 속 행성에 관한 사실처럼 접근할 수 없는 사실이 그렇다. 또한 인간의 인식적 한계를 벗어나 지식을 얻기가 아예 **불가능한** 사실도 있다. 우주 창조에 관한 사실이 여기에 해당된다. 우주는 어떻게 무에서 창조됐나? 우리는 이 질문의 대답을 구할 수 없을지도 모른다. 인간의 의식에 관한 사실도 같은 범주에 속한다. 두뇌의 회백질은 우리에게 너무도 익숙한 자의식이라는 놀라운 세상을 어떻게 창조하는가? 인간이 가장 뛰어난 인식 능력을 갖춘 동물이기는 해도 그 능력에는 한계가 있다. 우리 집 강아지 엘리엇이 인식 능력의 한계로 인해 절대 알 수 없는 사실(예를 들어 지구가 둥글다는 사실)이 많은 것처럼, 인간에게도 결코 이해하지 못할 사실들이 존재한다.

이러한 점에서 인간이 사실 저항적인 존재라는 주장에는 적어도 일말의 진실이 담겨 있다. 세상에는 많은 노력을 들일 만한 가치가 없거나, 그럴 만한 가치가 있다고 해도 접근 자체가 **불가능해서** 절대 알지 못할 사실이 많다. 그러나 인간의 호기심은 인식의 경계를 끊임없이 밀어내고 있기에, 우리가 인식할 수 없는 외적 한계를 명확하게 규정하려는 것은 바람직한 접근 방식이 아니다. 오늘날 기술 발전은 먼 은하계와 미소 생태계 관찰을 가능하게 만들었다. 과학 이론은 점점 더 정교해지고 있으며, 한때 인간의 이해를 넘어선 수수께끼나 신비로운 현상으로 보였던 것들도 설명할 수 있게 됐다(사물은 왜 아래로 떨어지는가, 좋은 어떻게 진화하는가, 생명이란 무엇인가). 나아가 현대 신경생리학은 의식의 본질을 밝혀나갈 것이다. 그런 의미에서 오늘날처럼 사실에 저항하는 강도가 **약해진** 적은 없었다.

> "우리는 사실에 저항하는 것이 아니라,
> 지식에 저항하게 되었다."

당신은 사실 저항적인 개인이 오래 살아남지 못할 것임을 꽤 빨리 깨달을 수 있다. 생존을 위해 우리는 수많은 사실을 있는 그대로 받아들여야 한다. 어디에 위험이 있는지, 어디서 음식과 물을 얻을 수 있는지에 관한 사실과 다른 사람에 관한 사실들 말이다. 진화는 시각과 청각 등을 통해 주변 환경으로부터 정보를 효율적으로 받아들이고 처리함으로써 생존을 강화시키는 행동 능력을 인류에게 선사했다. 누구라도 밀림 속에서 코끼리가 울부짖는 소리를 듣는다면 잽싸게 달아날 것이고, 물을 발견한다면 그릇에 물을 채울 것이다. 사실을 받아들이지 못하는 태도로는 진화의 과정에서 살아남지 못한다. 앤디 보로위츠 역시 이 점을 지적한다. 그는 과학자들이 미래에 사실 저항이 사라질 것이라 기대하고 있으며, 또한 예비 연구가 인류가 음식과 물, 산소가 부족한 환경에 처하면 더욱 사실 수용적으로 바뀔 것임을 보여줬다고 밝혔다.

사실에 관해서는 다음 장에서 집중적으로 다룰 것이다. 일단 '사실 저항'이라는 개념이 오늘날 우리를 둘러싼 세상에서 무슨 일이 벌어지고 있는지 온전히 설명하지 못한다는 점을 분명히 짚고 넘어갈 필요가 있다. 문제는 인류가 갑자기 이해할 수 없게 된 사실이 많아진 것이 아니다. 전문가를 비롯한 많은 이들은 기후 변화, 인구 증가, 백신, 이민, 실업에 관한 사실처럼 사람들이 저항하는 사실에 대해 잘 알고 있다. 문제는 우리가 여러 이유에서 거부하기로 선택한 **지식**, 또는 관여할 능력이 없는 **지식**이 존재한다는 것이다. 우리는 사실에 저항하는 것이 아니라, **지식에 저항**하게 되었다. 이 중요한 차이를 이해하기 위해 먼저 지식이 무엇인지 생각해볼 필요가 있다.

지식이란 무엇인가?

나는 강의 전에 종종 인터넷에 지식의 이미지를 검색해본다. 주로 두뇌 속 많은 점들이 선으로 연결되어 빛나는 그림을 확인할 수 있다. 우리는 당연히 지식이 머릿속에 있다고 생각한다. 글을 읽고 정보를 기억해 그 내용을 연구나 강의에서 다른 이들에게 말할 수 있기는 하다. 하지만 지식이 머릿속에 있다는 것은 근본적으로 잘못된 이미지다.

먼저 **이론적 지식** theoretical knowledge과 **실천적 지식** practical knowledge을 구분해야 한다. 두 지식을 언급할 때면 각각 '**무엇을 알고 있는지** knowledge that', '**방법을 알고 있는지** knowledge how'라는 표현을 자주 사용한다. 이론적 지식이란 책에서 발견할 수 있는 유형의 지식을 말한다. 여기에는 언제나 구체적인 내용이 포함되어 있으며, 뒤에 '무엇을 아는지(know that…)'가 따라 나온다. 나는 '스톡홀름이 스웨덴의 수도이고, 오바마가 미국에서 태어났으며, 전자가 음의 전하를 띤다는 것'을 알고 있다. 그리고 '내가 예테보리에서 태어났고, 지금 비가 내리고 있고, 자동차가 주차장에 있다는 것'도 알고 있다. 반면 실천적 지식에는 그런 생각의 내용이 없다. 실천적 지식은 특정한 행동을 수행하는 **능력**으로 이해해야 한다. 영어와 마찬가지로 스웨덴어에서도 실천적 지식은 **알고 있는** 무언가가 아니라 **할 줄 아는** 무언가를 의미한다. 나는 책을 읽고, 테니스를 치고, 자전거를 탈 수 있으며, 고상한 영어를 구사할 줄 안다.

물론 이론적 지식과 실천적 지식은 상호작용을 한다. 모든 행동에는 이론적 지식이 필요하다. 예를 들어 자전거를 타기 위해서는 안장에 앉아 페달을 밟아야 한다는 것을 알아야 한다. 그렇다고 반드시 의식적 차원에서 생각해야 하는 것은 아니다. 철학자들은 실천적 지식이 이론적 지식으로 얼마나 환원될 수 있는지를 놓고 오랫동안 논의했다. 아직 그 대답은 나오지 않았지만, 자전거 타는 방법을 친구에게 전화로 가르쳐본 적이 있다면 실천적 지식이 이론적 지식의 한 형태가 아니라는 점을 분명히 알 것이다.

이처럼 실천적 지식이 머릿속에 들어 있지 않다는 것은 쉽게 이해할 수 있다. 물론 자전거를 타거나 테니스를 치려면 두뇌가 필요하다. 그럼에도 대체로 그러한 능력이 머릿속이 아니라 신체 전반에 걸쳐 존재한다고 자연스럽게 여겨진다. 반면 이론적 지식은 머릿속에 있지 않다고 말하기가 힘들다. 이론적 지식은 **사고**와 관련 있고, 사고 과정은 머릿속에서 이뤄진다는 것이다. 정말 그럴까? 머릿속에 존재하는 것은 지식을 구성하는 중요 요소일 뿐 지식 그 자체는 아니다.

그렇다면 어떤 요소가 머릿속에 존재할까? 앞서 언급했듯이 세상에는 엄청나게 많은 사실이 존재하고, 세상이 어떻게 존재하는지 생각할 때 비로소 그러한 사실을 인식하게 된다. 하지만 생각만으로는 충분치 않다.

나는 다른 행성에 생명체가 살고 있을지 상상하는 것을 좋아한다. 약 40광년 떨어진 거리에서 지구와 비슷한 크기의 행성 일곱 개를 거느리고 있는 중간 규모의 별 트라피스트-1$^{\text{Trappist-1}}$이 발견되었다는 기사를 읽고서, 나는 그 행성들에도 생명체가 살고 있지 않을까 생각했다. 하지만 지식을 얻고자 한다면 생각만으로 충분치 않다. 나는 그 행성들에 생명체가 있다는 것을 **믿을** 필요가 있다. 즉, **확신**이 필요하다. 단지 생각하거나 상상하는 것과 믿음을 갖는 것 사이에는 중대한 차이가 있다. 누군가 내게 거실에 코끼리가 있다고 말한다면, 나는 즉시 코끼리가 거실에 있는 광경을 떠올릴 테지만, 그렇다고 해서 그 말을 믿지는 않을 것이다.

그렇다면 뭔가를 믿기 위해서는 무엇이 필요할까? 철학자들은 보통 **진실 고수**$^{\text{holding true}}$라는 개념을 언급한다. 그 행성에 생명체가 살고 있다는 것을 진실이라고 생각할 때, 나는 그 주장을 믿는다. 혹은 냉장고에 맥주가 있다는 것을 진실이라고 생각할 때, 나는 그것을 믿는다. 사고(숙고, 상상, 추측)와 믿음을 구분하는 것이 왜 중요할까? 간단히 말해 진실이라고 생각하는 것과 믿음이 순수한 사고나 상상과는 전혀 다른 역할을 하는 심리 상태이기 때문이다. 무엇보다 믿음은 행동에 있어 중요하다. 만약 냉장고에 맥주가 있다고 상상만

한다면 나는 맥주를 꺼내기 위해 냉장고에 가지 않을 것이다. 좀 더 확실한 예를 들어보자. 길을 건너려 횡단보도에서 기다릴 때, 나는 안전하다는 확신이 서기 전까지 움직이지 않을 것이다.

지식에 믿음이 필요하다는 사실은 종종 흥미로운 결과를 낳는다. 예를 들어 기후가 변화한다는 사실에 대한 지식을 받아들이려면 기후 변화와 관련한 기사를 읽는 것만으로는 충분하지 않다. 기사의 주장을 **믿지** 않거나 그 내용을 진실이라고 받아들이지 않는다면, 그와 관련된 어떠한 지식도 얻지 못한다. 다시 말해 지식이 확산되려면 정보를 전달할 뿐만 아니라 주장을 사람들이 믿도록 만들어야 한다. 또한 이는 **지식**의 전파가 왜 특히 중요한지를 설명해준다.

인간 행동에서 믿음이 특별한 역할을 한다는 점을 고려하자면, 상대방에게 객관적 상황을 설명하는 것만으로는 충분하지 않다. 상대가 설명을 받아들이지 않는다면, 확신을 갖지 않는다면, 그의 행동은 바뀌지 않을 것이다. 흡연이 암을 유발한다는 사실을 믿지 않는 사람은 자신의 행동을 바꾸지 않을 것이다.

> "지식이 확산되려면 정보를 전달할 뿐만 아니라
> 주장을 사람들이 믿도록 만들어야 한다."

믿음이 중요하다는 사실은 영국 철학자 미란다 프리커 Miranda Fricker가 **인식적 불평등** epistemic injustice●이라고 언급한 개념과도 관련이 있다. 이는 (성, 인종, 계급, 나이 등에 관한 편견 때문에) 자신의 믿음이 진지하게 받아들여지지 않고 항상 의심받는 사람은 결국 실질적 이유가 없음에도 자신의 믿음을 의심하기 시작해 지식을 잃는다는 견해다. 만약 의심을 받지 않았더라면 그는 지식을 지켰을 것이다.

우리 믿음의 대부분은 매우 일상적이다. 누구도 거의 혹은 절대 그 믿음을 의식적으로 생각하지 않는다. 나는 분명 내 다리가 두 개라고 믿는다. 하지만 그것을 마지막으로 인식했던 것이 언제였을까? 또 나는 내 아파트 바닥이 걸어 다닐 만큼 충분히 튼튼하고, 말이 개미보다 크고, 달이 치즈 조각이 아니라고 믿는다. 이러한 믿음은 우리 인식 체계의 일부로서 우리가 행동하고 생각하는 데 있어 중요한 역할을 수행한다(만약 아파트 바닥이 튼튼하다고 생각하지 않는다면 나는 아주 다르게 행동할 것이다). 하지만 이를 의식적으로 인식하기 위해서는 특별한 노력이 필요하다.

또한 의식하기 매우 어려운 믿음도 많다. 물론 프로이트가 이미 이에 주목했다. 비록 그는 인간의 무의식적 욕망(주로 어머니와 결혼하려는 식의 성적 욕망)에 집중했지만 말이다. 오늘날 많은 이들이 프로이트 이론의 과학적 기반과 검증 가능성에 대해 이의를 제기하고 있다. 프로이트는 무의식의 발견이 (태양계 발견에 견줄 만한) 위대한 발견 중 하나라고 스스로 내세웠지만, 프로이트가 (예를 들어 신경증 원인과

●   Fricker, M. 2007. *Epistemic Injustice: Power and the Ethics of Knowing*. Oxford University Press: Oxford.

관련한•) 현상의 원인으로 지목한 무의식이 실제로는 존재하지 않는 다고 주장하는 사람들이 많다. 현대 연구는 자신이 무엇을 믿는지 아는 것이 매우 어려울 수 있다는 것을 보여준다.

최근에는 **암묵적 편견**implicit bias이라는 개념에 많은 관심이 쏠리고 있다. 빠른 연상 테스트를 통해 사람들의 성과 인종에 대한 암묵적인 편견을 확인할 수 있다.•• 이 테스트는 숙고하여 판단하는 느린 사고 **시스템 2**system 2 •••에 의해 걸러지지 않은 빠르고 무의식적인 사고 **시스템 1**system 1에서 일어나는 일에 주목한다. 빠른 연상 테스트를 시행하면 스스로 편견에서 자유롭다고 주장하는 사람들조차 지극히 편파적인 방식으로 연상함을 확인할 수 있다. 예를 들어 여자를 집, 아이, 부엌과 연결 짓는 반면, 남자는 경력, 힘과 연결 짓는 식이다. 나 또한 이러한 연상 테스트 결과를 받고서 낙담했지만 이러한 결과를 어떻게 해석할 것인지가 더욱 중요하다. 이 결과가 실제로 숨겨진 믿음을 의미한다고 볼 수도 있기 때문이다. 나는 여성이 남성만큼 유능한 기술자가 될 수 있다고 믿는 동시에 그럴 수 없으리라는 암묵적 편견을 갖고 있다. 암묵적 연상이 실제 행동에 영향을 미친다

• 관련된 논의는 다음을 참조. Frederick C. Crews, 'Freud: What's Left', *New York Review of Books* 23/02/2017.

•• 프로젝트 임플리시트Project Implicit는 온라인 테스트를 개발했다.

••• 대니얼 카너먼Daniel Kahneman은 《생각에 관한 생각 *Thinking, Fast and Slow*》(이창신 역, 김영사, 2018)에서 '시스템 1'(빠르고 무의식적이고 감정적인 사고방식)과 '시스템 2'(느리고 의식적인 사고방식)를 구분했다. 이와 관련해서는 3장에서 자세히 살펴볼 것이다.

는 사실이 이러한 해석을 일부 가능케 한다.••••

　　믿음이 심리 상태라고 하지만 자신이 정말로 무엇을 믿는지 알기가 항상 쉬운 것은 아니다. 이를 알기 위해서는 때로 **행동**을 관찰해야 한다. 트럼프는 자신이 그 누구보다 여성을 존중한다고 주장했지만, 그의 행동은 그 믿음이 자기기만에 불과하다는 점을 보여줬다.

　　이로써 우리는 지식을 구성하는 한 요소 '믿음'을 확인했다. 이는 행동에 중요한 역할을 수행하는 심리 상태다. 비록 정확히 어디에 있는지 확실하지는 않지만, 믿음이 머릿속에 있다는 주장은 큰 논란이 되지 않을 것이다.••••• 오늘날 신경생리학 분야는 fMRI(두뇌 활동을 파악하는 일종의 자기 카메라)와 같은 도구의 발전 덕분에 빠른 속도로 진보하고 있다. 두뇌의 어떤 부위가 여러 인식 기능에 결정적인 역할을 하는지에 대한 정보가 계속 밝혀지고 있다. 하지만 믿음이나 고통 같은 특정한 심리 상태를 특정한 신경생리학적 조건과 연결 짓기까지는 앞으로 오랜 시간이 걸릴 것이다. 어떠한 단순한 관계도 존재하지 않는 것으로 드러날 수도 있고, 같은 심리 상태가 두뇌에 다양한 방식으로 나타나는 것으로 밝혀질 수도 있다. 어떤 경우든 간에 믿음이 머릿속에 존재한다는 주장 자체는 여전히 합리적이라고 판단

•••• 이러한 점에서 암묵적 편견은 직접적인 피해를 입힐 수 있다. 고용주는 채용 절차에서 이러한 영향을 받을 수 있으며, 그 결과 지원자들은 성, 연령, 민족, 종교, 체중 등을 기준으로 차별을 받게 된다.

••••• 논란이 완전히 없는 것은 아니다. 한 이론에 따르면, 믿음은 내 주머니 속 아이폰처럼 두뇌의 외부에서 실현될 수 있다. 이와 관련해서는 4장에서 다시 살펴보도록 한다.

된다. 그런데 왜 지식은 머릿속에 존재한다고 말할 수 없는 것일까?

"믿음은 아무리 강력하다 해도 지식과 같지 않다."

그 질문의 대답을 위대한 고대 철학자 플라톤 Plato(BC 427 ~348)의 작품 속에서 찾아볼 수 있다. 플라톤은 《테아이테토스 *Theaete-tus*》(약 BC 369)에서 지식의 개념에 대해 논한다. 플라톤의 스승 소크라테스 Socrates가 수학자 테아이테토스와 대화를 나누다가 그에게 지식이 무엇인지 설명해보라고 한다. 테아이테토스는 지식이란 세상을 지각하고 인식하는 방식이라고 주장하지만 곧 막다른 골목에 들어서고 만다. 소크라테스는 우리의 지각이 모순될 수 있음을 지적한다. 부드러워 보이지만 실제로 딱딱할지도 모르는 물건을 두고 우리는 그 물건이 실제로 부드러운지 아닌지를 **판단**해야 한다. 지식은 개인의 판단이나 믿음과 밀접한 관계가 있기 때문에 우리가 세상을 인식하는 방식과 무관하지 않다. 결국 테아이테토스는 지식이 우리의 판단을 구성한다고 주장할 수 없다는 것을 깨닫는다. 어쨌든 잘못된 판단은 존재하기 때문이다. 우리는 세상이 존재하는 방식과 다르게 세상을 인식할 수 있지만, 그렇다고 해서 세상이 우리의 인식을 따라 변하지는 않는다. 다시 말해, 눈앞에 서 있는 황소를 말이라고 인식할 수는 있지만 그렇다고 황소가 말이 되는 것은 아니다. 그러므로 지식은 판단 이후에 만들어지는 것이다. 또한 이때 판단은 **진실**이어야만 한다.

고대 이후 철학자들은 플라톤의 이러한 결론을 받아들였다. 지식은 판단(혹은 믿음)을 필요로 하며, 판단은 진실이어야 한다. 비가 내리지 않을 때, 나는 비가 내리고 있다고 생각하지 않는다. 당연한 말처럼 들리지만 여기에는 심오한 의미가 담겨 있다. 먼저, 이는 앞서 주장했던 것처럼 지식이 머릿속에 존재하지 않는다는 것을 의미한다. 비가 온다는 믿음은 내 머릿속에 있다. 하지만 그 믿음이 진실이 될 수 있는지 여부는 날씨가 정말로 어떤지, 즉 나를 둘러싼 환경에 달렸다. 이 말은 지식이 심리적 차원의 **확신**과 똑같은 것이 아님을 의미한다. 나는 내가 옳다고 전적으로 확신할 수 있다. 그러나 그 확신이 거짓으로 드러날 때는 지식을 갖고 있다고 말할 수 없다. 2017년 1월 20일, 워싱턴에서 취임 선서를 하던 트럼프가 태양이 빛난다고 말했을 때, 아마도 그는 정말 그렇다고 확신했을 것이다. 실제로는 비가 내리고 있었음에도 그 순간에 너무나 몰입한 나머지 실제로 태양이 빛난다고 믿었을 수도 있다. 어쩌면 자기 자신을 설득시키는 경계성 병리 능력을 갖고 있는 것인지도 모른다. 하지만 그가 태양이 빛나고 있음을 **알았다**^{knew} 해도, 우리는 그가 지식^{knowledge}을 갖고 있었다고 말할 수 없다. 실제로 비가 내리고 있었기 때문이다.

이는 대단히 중요한 개념이다.

믿음은 아무리 강력하다 해도 지식과 같지 않다. 당신은 뭔가를 알고 있다고 생각하고, 그 생각이 옳다는 강한 확신을 가질 수 있다. 하지만 그 믿음이 실제 진실이 아니라면 당신은 뭔가를 알고 있는 게 아니다. 당신은 인간의 활동이 기후에 영향을 미친다고 생각하고 나는 그렇지 않다고 생각한다면, 두 사람 모두가 지식을 갖고 있다고 말할 수 없다. 분명 둘 중 하나는 틀렸다.

우리 시대의 위대한 계몽주의 학자인 한스 로슬링^{Hans Rosling}은 한 덴마크 TV 프로그램에 출연해 난민 문제에 대해 이렇게 말했다. "아뇨, 제 말이 옳습니다. 당신은 틀렸고요!" 때론 이처럼 과감하게 말해야 한다. 이는 잘못된 생각을 가진 **상대방**을 비난하는 것이 아니다. **그 주장**을 비판하는 것이며, 진실을 밝혀내려는 것이다.

잘못된 믿음을 가지는 것은 대부분 우리 잘못이 아니다. 그보다는 운이 나쁜 탓이다. 책 전반에 걸쳐 이 부분을 계속 살펴볼 것이다. 여기서 중요한 것은 지식이 단지 우리 머릿속에 든 무언가(즉, 우리가 무엇을 믿는지)에 관한 문제일 뿐만 아니라, 세상이 실제로 어떻게 존재하는지(즉, 우리가 믿는 것이 진실인지)에 관한 문제이기 때문에, **개인적인** 것이 아니라는 점이다.

그렇다면 진실을 위해서는 무엇이 필요할까? 또 다른 고대 철학자 아리스토텔레스^{Aristotle}(BC 384~322)는 이 질문에 간결한 대답을 내놨다. 그렇지 않은 것을 그렇다고 말하는 것은 거짓이고, 그러한 것을 그렇다고 말하는 것은 진실이다.◆ 진실의 본질에 대해 여기에 더 추가할 것이 있을까? 많은 이들이 아리스토텔레스가 철학자들이 말하는 진실의 **대응설**^{correspondence theory}을 언급한 것이라고 생각한다. 이는 기본적으로 진실이 생각과 세상 간의 일치에서 이뤄진다는 개념에 기반을 두고 있다. 나의 믿음('**비가 온다**')과 세상의 실제 모습(비가 온다)이 대응할 때 비로소 비가 온다는 나의 믿음은 진실이 될 수 있다는 것이다.

얼마 전 대응설과 관련해 대단히 세부적이고 복잡한 논의가 있었다. 여기서 그 논의를 소개할 수는 없지만, 진실과 관련해 2장에서 좀 더 이야기를 나눌 것이다. 다만 내가 말할 수 있는 것은 진실에 관한 진지한 이론이 모두 믿음과 진실 사이에 간극이 존재함을 받아들인다는 점이다. 비가 온다는 나의 믿음이 실제로 비가 온다는 것을 의미하지는 않는다. 내 믿음은 얼마든지 틀릴 수 있다.

그러므로 지식은 아무 믿음이 아니라 **진실한** 믿음을 필요로 한다. 하지만 이 역시 충분하지 않다. 지금 당신이 일하는 사무실에 커피를 마시고 있는 사람이 몇 명이나 될지 생각해보자. 시간은 아침 10시. 당신은 총 18명이 모닝커피를 홀짝이고 있다고 추측한다. 그런데 우연하게도 정말로 18명이 커피를 마시고 있던 것으로 밝혀진다. 그렇다면 당신은 그 사실을 알고 있던 것일까? 대답은 아마도 "아니다"일 것이다. 운 좋은 추측은 지식과 같지 않다. 플라톤도 이를 언급했다. 소크라테스는 테아이테토스에게 지식에는 진실한 믿음이 필요하다고 설명한 후에, 아무리 그렇대도 진실한 믿음을 지식과 동일하게 여길 수는 없다고 말한다. 그리고 사람을 설득하는 데 능한 변호사를 증거로 제시한다. 만약 판사가 범죄를 입증할 아무런 증거도 없이 누군가가 범죄를 저질렀다는 변호사의 항변에 설득된다면, 설령 그 사람이 실제로 범죄를 저질렀다고 해도 그 판사는 지식을 가진 것이 아니라는 이야기이다.

진실한 믿음이 지식을 구성하도록 하는 퍼즐 한 조각은 믿음

● 아리스토텔레스, 《형이상학*Metaphysics*》.

을 뒷받침하는 **근거**와 연관되어 있다. 단순히 추측만 한 사람은 자신의 믿음이 무엇이든 간에 이를 뒷받침할 근거를 전혀 가지고 있지 않다. 내가 당신에게 왜 18명이 커피를 마시고 있다고 생각하는지 물으면, 당신은 대답을 내놓지 못할 것이다. 이는 커피를 마시는 사람이 18명이었다는 사실을 당신이 알지 못했음을 의미한다. 노련한 궤변론자나 선동가에게 아무런 증거도 없이 설득당한 사람도 믿음에 대한 근거를 가지고 있지 않다. 소크라테스가 말한 판사는 범죄의 **증거** 때문이 아니라 변호사에게 속았기 때문에 그 사람이 범죄를 저질렀다고 믿은 것이다.

이러한 이유에서 철학자들은 지식이 되기 위해서는 (적어도) 세 가지 조건을 충족시켜야 한다고 말한다.

- **믿음**을 가져야 한다. 믿음이란 특정한 생각을 동반한 심리 상태를 의미한다. **비가 내린다. 지구는 둥글다. 18명이 사무실에서 커피를 마신다.**
- 그 믿음이 **진실**이어야 한다. 생각한 내용이 현실과 부합해야 한다. 실제로 비가 내리고, 지구가 둥글고, 18명이 커피를 마셔야 한다.
- 그 믿음을 뒷받침할 타당한 근거나 **증거**가 있어야 한다. 단지 운 좋은 추측만으로는 부족하다.

다시 한번 살펴보겠지만, 지식 저항과 관련해서는 지식에 증거가 필요하다는 세 번째 조건이 특히 중요하다. 이제 이 조건을 좀 더 면밀히 들여다보도록 하자.

증거는 어디서 얻을 수 있을까?

일상에서 '증거'라는 용어를 그리 자주 쓰지는 않는다. 하지만 증거는 과학적 지식뿐만 아니라 일상적 지식에서도 대단히 중요한 역할을 한다. 다음 사례를 생각해보자. 장을 보며 맥주를 더 살지 고민하는 내게 당신이 냉장고에 맥주가 많이 있으니 살 필요가 없다고 말한다. 내가 "어떻게 알죠?"라고 묻자, 당신은 나오기 전에 냉장고를 확인했다고 답한다. 당신은 내게 주장을 뒷받침하는 타당한 근거, 즉 증거를 제시한 것이다. 당신은 냉장고를 확인해 타당한 근거를 갖췄고, 내게는 당신을 믿을 이유가 충분하기 때문에, 나는 냉장고에 맥주가 많이 있다고 확신하고 더는 구매하지 않기로 결정한다. 간단히 말해, 우리는 타당한 근거나 충분한 이유를 갖춘 것을 믿으려 한다.

이 사례는 일상 속에서 지식을 얻는 두 중요한 출처, 즉, 증거를 얻는 두 가지 중요한 방식을 보여준다. 하나는 자신의 감각(보고 듣고 느낀 것)을 통해 직접적으로 얻는 방식이고, 다른 하나는 다른 사람의 말을 통해 간접적으로 얻는 방식이다. 두 방식 모두 우리가 인간으로 살아가는 데 있어서 굉장히 중요하다.

하루 일과를 한번 떠올려보자. 먼저 잠에서 깬다. 아침을 먹고 버스를 타고 일터로 간다. 동료와 잡담을 나누고 업무를 처리하고 식료품을 산 뒤 집으로 돌아와 저녁을 차린다. 이처럼 단순해 보이는 일련의 행동을 하려면 사실 엄청난 양의 일상적 지식이 필요하다. 우선 자신이 지금 어디에 있는지, 어떻게 안전하게 돌아다닐 수 있는지 알아야 한다. 이러한 지식은 보통 자신이 직접 보고 듣고 느낀 감각을 통해 얻은 믿을 만한 정보에 기반을 둔다. (물론 잘 알려져 있듯이 더 적은 감각으로도 살아갈 수 있다.)

나는 현관문이 어디 있는지 알기 때문에 그 문을 열고 나갈 수 있다. 문이 어디에 있는지에 대한 내 믿음을 뒷받침하는 증거는 시각 자극(과 이전 자극의 기억)으로부터 얻는다. 나는 오른쪽에서 버스가 다가온다는 것을 알기 때문에 버스에 치이지 않을 수 있다. 그 증거는 청각 자극으로부터 얻는다. 나는 감촉을 느끼기 때문에 버스 승차권이 주머니에 있다는 것을 안다. 그 증거는 촉각 자극으로부터 얻는다.

회사에 출근한 나는 동료가 말해준 덕분에 11시에 회의가 있다는 사실을 안다. 나는 회의에 앞서 보고서를 읽고 논의할 주제에 관한 새로운 지식을 얻는다. 그리고 논의를 바탕으로 내가 해야 할 일을 결정한다. 이 증거는 전문가들에게 얻은 것이다. 또, 퇴근길에는 어디서 식료품을 사야 할지 안다. 식료품점이 어디에 있는지 기억하기 때문이다. 이는 과거 경험에 기반을 둔 지식이다.

일상 속에서 만나는 이러한 증거들은 모두 사소한 것이다. 그래서 우리가 증거가 맡는 중요한 역할을 생각하지 않는 것일 수도 있다. 현관문이 저기 있다는 믿음과 같은 일상적인 믿음을 체계적으로 검증하려 들지는 않지만 우리는 분명 자신의 감각과 다른 사람에게 얻은 증거에 의존한다. 이는 연구자들이 이론을 설계할 때 증거에 의존하는 방식과 대단히 흡사하다.

대개 모든 일이 예상대로 흘러갈 때는 믿음을 뒷받침하는 증거에 대해 생각하지 않는다. 하지만 상황이 예상대로 흘러가지 않으면 우리는 재빨리 가설을 세우고 이를 검증한다. 가령 집에 도착했는데 현관문이 열리지 않으면 먼저 '이 열쇠가 아닌가?' 하고 생각한다. 확인해보니 우스운 열쇠고리가 달린 늘 사용하던 열쇠다. 아파트 층수를 착각한 것은 아닌지 생각해보지만 옆집 문에 언제나처럼 스벤손 씨의 명패가 달려 있음을 발견한다.

이러한 과정은 작은 규모이기는 하지만 분명 과학적인 방식이다. 나는 내 열쇠가 우리 집 현관문을 열 수 있다는 믿음에 반하는 증거를 수집하고 눈앞에 벌어진 상황을 설명해줄 수 있는 다양한 가설을 세운 뒤 이를 '검증'한다. 이러한 측면에서 보면 일상적 지식과 과학적 지식 사이에 본질적인 차이는 없다.

"지식은 우리 모두가 다양한 방식으로 기여해온
인식적 노력이 누적된 결과물이다."

우리 감각이 지식의 결정적 출처임은 분명하다. 다만 지식에 관한 타인의 지대한 중요성 역시 간과해선 안 된다. 우리는 친구와 지인으로부터 자신이 어디에 있는지, 어떻게 느끼는지, 무슨 일이 일어났는지, 무엇을 할 계획인지 등과 같은 정보를 끊임없이 얻는다. 보통 우리는 그들의 이야기를 믿고, 이 말은 그들의 이야기가 대체로 우리에게 믿을 만한 증거를 제공한다는 뜻이다. 만약 친구가 도심 광장에서 대규모 시위를 봤다고 말하면, 나는 광장에서 대규모 시위가 벌어졌다고 믿을 만한 이유를 얻는다. 비록 내 두 눈으로 직접 본 것은 아닐지라도 말이다.

그런가 하면 우리가 세상에 대한 지식을 직접 경험하거나, 직접 경험한 친구들을 통해서만 얻는 것도 아니다. 우리는 다양한 분야의 **전문가**로부터 세상에 대한 지식을 얻기도 한다. 대륙, 바다, 산, 도시, 강 등 지리와 관련된 지식을 떠올려보자. 당신이 세계 곳곳을 여행했을지 몰라도 세상 모든 곳을 가보지는 못했을 것이다. 당신이 세상의 지리와 관련해 알고 있는 지식 대부분은 책과 신문, TV, 라디오 및 다양한 온라인 매체를 통해 얻은 것이다. 만약 당신이 이러한 출처를 신뢰하지 않는다면, 지리와 관련된 당신의 지식은 직접 다녀온 장소에 국한될 것이다.

지식은 우리 모두가 협력해 만든 창작물이다. 즉, 각자가 다양한 방식으로 기여해온 인식적 노력이 누적된 결과물이다. 지식은 인간의 고유한 산물이며, 또 다른 고유한 산물인 언어와 밀접하게 연관되어 있다. 언어 덕분에 지식을 보존하고, 개인에서 개인으로, 그리고 세대에서 세대로 전달할 수 있다. 오랫동안 인간은 지식을 축적과 확산에 크게 제약이 따르는 구전 방식에 의존해 전달해왔다. 그러다 3천 년 전 문자 언어가 등장하면서, 또 뒤이어 인쇄 기술이 등장하면서 거대한 지식 확장의 기반이 마련됐다. 덕분에 우리는 매 세대마다 처음부터 다시 시작할 필요가 없어졌다. 아이작 뉴턴^{Issac Newton}이 말했듯이 거인의 어깨를 딛고 올라설 수 있게 된 것이다.

우리는 기존의 지식을 바탕으로 새로운 진실을 발견할 수 있다. 이는 단지 연구 차원의 전문 지식에 국한되지 않는다. 자동차 정비사, 제빵사, 원예사, 운동선수, 음악가, 의사, 변호사, 정치인 등 인간 사회를 구성하는 전문 지식의 첨예한 그물에 관한 이야기이기도 하다. 인간 문명의 발전은 사회에서 사람들이 특정 역할을 전문화해 수행해온 사실과 밀접하게 관련되어 있다. 이는 또한 지식과 전문성에 따라 일이 분배되도록 이끌었다.

어디까지 의심해야 할까?

당신의 믿음이 진실이라는 가정하에 지식으로 간주되기 위해 얼마나 많은 증거가 필요할까? 일상에서는 그 기준이 그리 높아 보이지 않는다. 나는 아침에 일어나 빗방울이 창문을 두드리는 소리를 듣고는 비가 온다는 것을 알고, 어제 주차장에 차를 세워뒀으니 거기 차가 있다는 것을 알고, 당신이 말해줬기 때문에 냉장고에 맥주가 있다는 것을 안다. 그럼에도 불구하고 오류에 빠질 위험은 있다. 어쩌면 물방울은 하늘이 아니라 스프링클러에서 나온 것인지도 모른다. 밤사이 내 자동차가 도난당했을지도 모른다. 또 당신이 혼자 맥주를 다 마셔버리고 내게 거짓말을 한 것일 수도 있다.

이렇게 생각하다 보면 지식이 존재한다고 말하기 위해 조금 더 높은 기준을 잡아야 한다는 결론에 이르게 된다. 평범한 증거로는 충분치 않고, 어떤 오해도 **배제**할 수 있을 정도로 강력한 증거가 필요하다고 생각할지도 모른다. 비가 온다고 확신하기 위해서는 창문에 부딪히는 빗방울 소리를 듣는 것만으로는 충분치 않다. 직접 비를 보고 만져봐야 한다. 마찬가지로 냉장고를 다시 열어서 맥주가 있는지, 주차장에 아직 차가 있는지 두 눈으로 직접 확인해야 한다! 지식이 되려면 평범한 근거 이상, 확실한 **증명**이 필요하다고 말이다.

그러나 철학사는 이와 같은 엄격한 접근 방식이 얼마나 나쁜 방향으로 나아갈 수 있는지 잘 보여준다. 수학과 논리학은 물론 확실한 증명 없이는 진행되지 않는다. 특정한 공리와 특정한 규칙이 주어지면 당신은 특정한 이론을 증명할 수 있다. 가정이 진실이라면 결론도 **반드시** 진실이라는 것을 증명할 수 있다. 하지만 이러한 접근 방식을 바깥세상의 지식에 적용하면 문제가 발생한다. 내가 직접 물방울을 듣고, 보고, 느꼈다고 해보자. 그렇다면 나는 비가 오고 있음을 **증명한** 것일까? 그렇지 않다. 내가 본 물이 사실은 근처에서 촬영 중인 할리우드 영화 세트장에서 살포한 물줄기의 일부일 수도 있다. 이런 시나리오를 배제하더라도 다른 가능성이 남는다. 내가 꿈을 꾸는 것일 수 있다. 더 심각하게는 마치 영화 〈매트릭스〉에서처럼 내 모든 감각이 내 두뇌와 연결된 컴퓨터로부터 오는 것일 수도 있다. 이러한 상황에서는 감각과 관련한 모든 증거가 힘을 잃는다. 내가 바라보는 세상과 실제로 존재하는 세상 사이에 더 이상 그 어떤 연결 고리도 존재하지 않게 된다. 비가 오는 것처럼 보인다고 해서 실제로 비가 내리는 것을 의미하지 않는 것이다. 나는 근본적으로 속고 만다.

이런 식으로 생각하다 보면 우리는 어떤 지식도 가질 수 없다는 철학적 **회의주의**에 이르게 된다. 이러한 회의적 이의를 매우 진지하게 제기한 것으로 잘 알려진 대표 철학자가 르네 데카르트^{René} ^{Descartes}(1596~1650)다. 그는 자신의 유명한 저서 《성찰$^{Meditationes\ de\ prima}$ ^{philosophia}》에서 자신이 얼마나 오랫동안 우리가 일반적으로 타당하다고 여기는 근거가 사실은 그렇지 않음을 고민해왔는지 설명한다. 그리고 의심할 수 있는 모든 것을 철저하고 분명하게 의심하기로 결심한다.

먼저 그는 잠옷 차림으로 난로 앞에 앉아 자신을 둘러싼 세상에 대한 평범한 믿음, 예를 들어 자신이 난로 앞에 앉아 있다는 믿음을 검토하고, 그 믿음에 의문을 제기할 수 있는지 고찰한다. 그는 우리가 종종 자신의 감각에 속는다는 점부터 짚고 넘어간다. 사물은 한 방식으로 보이지만 다른 방식으로 존재할 수도 있다. 물론 감각이 우리를 속이는 일은 특정한 상황에 국한되기 때문에 이 의심은 크게 확장되지 않는다.

하지만 데카르트는 여기서 멈추지 않고, 적어도 꿈을 꾸는 동안에는 종종 꿈이 현실처럼 생생하게 느껴질 때가 있다는 사실에 대해 고찰한다. 그리고 이런 질문을 떠올린다. '내가 지금 꿈을 꾸는 게 아니라고 어떻게 확신할 수 있을까?' 만약 확신할 수 없다면 자신의 감각은 믿을 수 없는 것이다. 난로 앞에 앉아 있는 것처럼 보이고 느껴지지만, 만약 모든 게 꿈이라면 이러한 시각적·촉각적 감각은 증거가 되지 못한다. 자신이 꿈을 꾸고 있다는 바로 그 **가능성**이 증거를 수집하는 감각의 기본적인 역할을 위축시켜버린다.

데카르트에 따르면, 이러한 의심은 절망적인 결과를 낳는다. 우리가 감각에 의존할 수 없다면 물리학, 천문학, 의학 등 외부 세계의 관찰에 의존하는 과학도 신뢰할 수 없다. 그렇다면 수학은 어떤가? 내가 꿈을 꾸는 중이라 해도 2 더하기 2가 4라는 진실은 변하지 않는다. 하지만 데카르트는 여기서도 의문을 품을 수 있다고 말한다. 누구라도 실수할 가능성이 있기 때문이다. 예를 들어 숫자를 잘못 세고 틀린 생각을 하도록 유도하는 악령의 속임수에 넘어갈 수도 있다는 것이다. 그러한 가능성을 배제할 수 없는 한, 데카르트는 수학적 진술 역시 믿을 수 있는 타당한 근거를 갖췄다고 보기 어렵다고 말한다. 그의 설명대로라면 모든 지식은 허물어진 것처럼 보인다.

"증명에 대한 엄격한 요구는 회의적 붕괴로 이어진다."

이러한 유형의 회의주의에 어떻게 대처해야 할까? 사실 데카르트는 진짜 회의주의자가 아니었다. 그는 의문을 품을 수 없는 지식의 절대적인 근간을 찾기 위해 노력했다. 이를 발견함으로써 끝없는 의심에 따르는 고통을 멈추고자 했다. 그리고 그는 그 해답을 자기 안에서 발견했다. 그는 세상 모든 것을 의심할 수 있었지만, 딱 한 가지는 의심**할 수 없었다.** 바로 자신이 생각한다는 것이었다. 의문을 품는 것 자체가 생각하고 있다는 것을 의미하기에 이만큼은 의심할 수 없었다. 그는 바로 여기서 시작할 수 있다고 믿었다. 나라는 존재 없이는 생각도 있을 수 없기에, 그는 자신이 존재한다는 것도 알았다. 이것이 바로 그 유명한 "**나는 생각한다. 고로 존재한다**cogito ergo sum"라는 말의 의미다.

우리가 자신의 존재에 대한 데카르트의 생각에 동의한다고 해도(모든 철학자가 동의하지는 않는다) 큰 의미는 없어 보인다. 내가 알고 있는 것이 내가 생각하고 존재한다는 것뿐이라면, 어떻게 내가 믿고 소유했던 모든 일상적 지식을 비롯해 다양한 과학적, 수학적 지식을 되찾아올 수 있겠는가. 데카르트의 대답은 많은 이들을 만족시키지 못했다. 데카르트는 자신이 존재한다는 전제하에 신이 존재함을 증명할 수 있다고 주장했다. 그리고 신이 존재함을 증명하고 나면 모든 것이 제자리로 돌아갈 것이라 생각했다. 신은 속임수를 쓰지 않기 때문이다. 신의 존재는 그가 자신의 감각과 사고 능력을 신뢰할 수 있음을 의미했다. 우리가 지식을 얻는 데 실패할 때 그것은 전적으로 우리의 잘못이다. 신이 우리에게 부여한 재능을 신중하게 활용하지 못했음을 의미하기 때문이다. 이제 모든 의혹이 단번에 사라진다. 그러나 안타깝게도 신의 존재에 대한 데카르트의 증명은 그리 대단한 것이 아니었다(제대로 작동하지 않음을 보여주기가 쉽다). 지적 능력을 신중하게 활용하기만 한다면 절대 틀릴 수 없다는 생각 역시 꽤나 잘못된 것이었다.•

철학의 역사는 모든 지식을 파괴하는 것이 지식을 다시 쌓는 것보다 더 쉽다는 것을 분명히 보여준다. 많은 이들이 회의주의자들

• 신의 존재에 대한 데카르트의 증명은 다음을 참조. Nolan, L, Nelson, A. 2006. 'Proofs for the Existence of God'. *The Blackwell Guide to Descartes' Meditations*. ed. Stephen Gaukroger. Oxford: Blackwell Publishing.

의 이의 제기에 제대로 대응하지 못했다. 그렇다고 여기서 그러한 논쟁을 할 생각은 없다. 다만 회의주의를 **반증**하려는 시도가 유망한 전략으로 보이지 않는다는 점을 지적하고 싶다. 그것보다는 회의주의의 출발점에 의문을 던지는 것이 훨씬 더 가치 있고, 또 흥미로운 일이다.

1939년, 영국의 철학자 무어G.E. Moore는 케임브리지대학교에서 '**외부 세계의 증거**Proof of an external world'라는 당돌한 이름의 강의를 했다.* 이름만으로는 충분하지 않았는지 무어는 한 손을 들어 보이고는 "여기에 한 손이 있다"고 주장한 뒤 다른 손을 들고는 "그리고 여기에 다른 손이 있다"고 주장했다. 이로써 적어도 자신의 손, 즉 두 물체가 외부 세계에 존재하며, 외부 세계의 존재가 증명된 것이라는 결론을 내렸다. 무어가 정확히 무엇을 이루고자 한 것인지를 놓고 오랫동안 논의가 이어졌다. 그는 이후로도 오랜 경력을 이어간 수준 높은 철학자였다. 무어가 단지 손을 들어 보이는 것만으로 외부 세계의 존재를 증명할 수 있다고 진지하게 믿지는 않았음이 분명하다.

한 가지 해석은 그가 회의주의자들의 출발점에 의문을 제기하고자 했다는 것이다. 모든 회의적 주장은 가령 우리의 감각이 우리를 완전히 속일 수 있다는 특정한 가정에 기반을 둔다. 손을 들고 자신에게 두 손이 있다는 것을 **안다고** 주장함으로써 무어는 회의주의자들의 가정을 받아들이기보다 자신에게 두 손이 있음을 믿음으로써 더 나은 근거를 가졌다는 사실을 보여주고자 했다. 무어가 자신에게 두 손이 있다는 것을 의심할 근거를 제시하기 위해서는 악령이나 영화 〈매트릭스〉 속 상황과 같은 극단적이고 회의적인 가설 그 이상이 필요할 것이다.

나는 우리가 회의주의와 관련된 철학적 논의에서 두 가지 전제를 제거해야 한다고 생각한다. 첫째, 지식에는 절대적 확실성이나 증명이 필요하지 않다. 증명에 대한 엄격한 요구는 회의적 붕괴로 이어질 뿐이다. 나는 창문에 떨어지는 빗방울 소리를 듣고 비가 오고 있음을 알 수 있다. 당신이 말해줬기 때문에 냉장고에 맥주가 있다는 것을 알 수 있다. 내가 틀렸다는 것을 완전히 배제할 수는 없다고 해도 말이다.

내 믿음이 실제 진실이라면 지식으로 인정하기에 충분하다. 비록 그 근거가 내 믿음이 진실임을 절대적으로 증명하는 것이 아니어도 말이다. 만약 일이 잘 풀리지 않아 내 믿음이 거짓으로 드러난다면, 나는 지식을 가졌다고 말할 수 없게 된다. 하지만 **만약** 진실이라면 내게는 내가 지식을 가지고 있다고 생각할 이유가 충분하다. 이러한 접근 방식은 일반적으로 '틀릴 수 있는fallible'이라는 형용사에서 비롯되어 **오류가능주의**fallibilism라고 불린다. 지식을 가지는 데 절대적 확실성은 필요하지 않다. 다만 내 (실제 진실인) 믿음이 진실일 **가능성**을 충분하게 만들어줄 이유가 필요할 뿐이다.●● 빗방울 소리가 들린

●   Moore, G. E. 1939. 'Proof of an External World'. *Proceedings of the British Academy* Volume 25.

●●   그러나 이러한 생각을 만족스럽게 정의하기는 까다로울 수 있으며, 거기에는 광범위한 철학적 논의가 있다. 철학자 티머시 윌리엄슨Timothy Williamson은 상대론에 대한 그의 유명한 과학 서적 《내가 옳고, 네가 틀려!*Tetralogue: I'm Right, You're Wrong*》(하윤숙 역, 곰출판, 2016)에서 지식과 관련된 여러 이론적 사안에 대해 논의한다.

다는 것은 비가 오고 있을 가능성이 높다는 것을 의미한다. 마찬가지로 당신이 내게 냉장고에 맥주가 있다고 말하는 것은, 실제로 거기에 맥주가 있을 가능성이 높다는 것을 의미한다.

둘째, 내가 틀렸을 **수**도 있음을 지적하는 것이 곧 내 믿음을 반증하는 것은 아니다. 이는 토론에서 자주 나타난다. 사람들은 특정한 믿음이나 이론이 **입증**되지 않았기 때문에 오류일 **수** 있다고 지적하고, 이를 특정한 믿음이나 이론에 대한 반증이라고 주장한다. 2016년 12월 19일, 스웨덴 일간지 〈다겐스 뉘헤테르*Dagens Nyheter*〉에 실린 트럼프 지지자이자 기후 변화 부정론자인 한 여성의 인터뷰 기사가 좋은 예다. 그는 이렇게 말했다. "과학은 이론입니다. 그렇죠? 진실이 아니에요. 진화론처럼 이론에 불과해요." 물론 과학이 이론으로 이뤄져 있다는 것은 진실이다. 그렇지 않다면 또 무엇으로 이뤄져 있겠는가? 그러나 과학적 이론은 체계적으로 검증되며, 믿을 만한 근거를 충분히 가진 강력한 증거에 기반한다. 여기서 이론이 틀릴 수 있는 가능성을 **배제**할 수 없다는 사실이 이론을 의심해야 할 이유는 될 수 없다. **증거의 부재는 그 자체로 반론을 이루지 않는다.** 대신 진지한 반대 증거가 필요하다. 만약 반대 증거가 존재하지 않는다면 (진화론이나 기후 변화의 경우와 마찬가지로) 과학적 이론이 단순한 이론에 불과할 뿐이며, **이론적으로** 오류에 빠질 수 있다는 주장은 반론이 될 수 없다.

안타깝게도 트럼프가 임명한 미 환경보호국*Environmental Protection Agency; EPA* 국장 스콧 프루잇*Scott Pruitt* 또한 이런 식으로 생각했다.● 2017년 3월 9일, 프루잇은 지구온난화가 이산화탄소 배출에 의해 야기됨을 모른다고 주장해 과학자들을 충격에 빠트렸다. 그는 우리가 아직 이 문제를 알지 못하며, 계속 조사해봐야 한다고 주장했다. 프루잇의 발언은 그의 전임자 지나 매카시 Gina McCarthy를 포함한 많은 기후학자로부터 즉각 비난을 받았다. 매카시는 지식이란 자신이 믿고 있는 것이 아니라 증거에 관한 것임을 지적하면서 이산화탄소 배출이 지구온난화의 주요 원인임을 보여주는 강력하고 탄탄한 증거가 있다고 주장했다. 그리고 이렇게 덧붙였다. "그를 납득시키기 위해 과학자들이 얼마나 많은 정보를 추가로 제시해야 할지 상상조차 되지 않는다."●● 여기서 프루잇의 주장은 **증명**의 부재가 마치 이산화탄소 배출이 지구온난화를 야기한다는 주장을 반박한다는 듯이 들린다. 그러나 그렇지 않다. 이미 강력한 증거가 나와 있고 과학자들이 이에 동의하고 있다. 2천 건 이상의 논문을 요약한 〈2014 기후 보고서〉는 이산화탄소 배출의 급격한 증가가 1950년대 이후로 드러난 기후 변화의 원인일 "가능성이 극단적으로 높다"고 결론 내렸다.●●● 가능성이 극단적으로 높은 것은 지식이 되기에 더없이 충분하다.

● 그의 주요한 업적은 환경보호국에 맞서 싸우는 일에 평생을 바친 것이다. 이후 그 자리는 전직 석탄 업계 로비스트인 앤드루 휠러 Andrew R. Wheeler로 대체됐다.

●● *The Guardian* 09/03/2017.

●●● *The Intergovernmental Panel on Climate Change Report*. 2014. 'Climate Change 2014 Synthesis Report: Summary for Policymakers'.

믿음에 반대되는 근거들

믿음에 반대되는 근거들은 어떤 모습일까? 다양할 수 있다. 첫째로, 당신은 자신이 믿는 것을 반대로 믿을 만한 근거를 가질 수 있다. 내가 전날 주차장에 차를 주차하고 차문을 잠근 뒤 집에 왔다고 가정해보자. 이에 기초해 나는 내 차가 주차장에 있다고 믿는다. 그런데 만약 당신이 거리에서 내 차를 보고 그 사실을 내게 전해준다면, 당신은 내게 믿음을 의심할 원인을 제공하게 된다. 또는 전날 맥주를 사놓았으니 냉장고에 맥주가 있다고 확신한다고 해보자. 냉장고를 다시 확인했는데 맥주가 보이지 않는다면, 이는 냉장고에 맥주가 있다는 내 믿음을 의심할 원인을 제공한다. 철학자들은 이러한 근거를 **파기자**defeaters라고 부른다. 믿음이 틀렸다는 증거를 제공함으로써 기존의 믿음을 파괴한다는 의미다.

또 다른 유형의 사례를 살펴보자. 나는 직접 주차를 했고, 내 차가 주차장에 있다고 확신한다. 그런데 당신이 내게 지난주에 그 주차장에서 다수의 차량 도난 사건이 발생했고, 그중 절반가량이 행방불명된 상태라고 전해준다. 당신의 이야기는 내 증거를 **손상**시킴으로써 내 믿음을 의심해볼 원인을 제공한다. 전날 주차장에 차를 댔다곤 하지만, 이는 더 이상 차가 여전히 거기에 있다고 믿을 만한 좋은 근거가 되지 못한다.

때로는 자기 능력에 대한 믿음이 손상될 수도 있다. 예를 들어보자. 나는 맥주를 사서 냉장고에 넣어둔 사실을 분명히 기억한다. 그런데 당신이 요즘 내가 잠을 설쳐서 정신이 좀 없는 것 같다고 말한다. 심지어 며칠 전에는 사지도 않은 우유를 샀다고 착각하지 않았냐고 지적한다. 나는 갑자기 내 기억을 의심할 이유가 생긴다. 당신이 **의혹을 제기**함으로써 증거를 손상시킬 수 있다는 사실은 지식 저항 현상에 있어서 대단히 중요하다. 이 부분은 잘못된 정보에 대해 논의하는 4장에서 다시 살펴볼 것이다. 의혹 제기 전략은 기후 변화 부정론자들이 그 누구보다 잘 활용해왔고, 트럼프가 기성 언론을 모두 "가짜"라고 주장할 때도 사용됐다.

앞에서 좋은 근거란 내 믿음이 지식으로 간주될 만큼 진실일 가능성을 충분하게 해주는 근거라고 말했다. 어떤 의미에서 이는 좋은 근거가 객관적인 것임을, 즉 나와는 독립적인 것임을 의미한다. 창문이 젖어 있다는 내 믿음은 비가 오고 있을 가능성이 높음을 뜻한다. 창문에 맺힌 물방울과 비 사이에 신뢰할 만한 연결 고리가 실제 존재하기 때문이다. 여기서 중요한 것은 내가 좋다고 **여기는** 근거가 아니라, 좋은 근거 **그 자체**다.

이는 사람이 처해 있는 맥락을 고려하지 않는다는 점에서 다소 둔감해 보일 수도 있다. 가령 내가 17세기 스웨덴에서 성장했다고 해보자. 그러면 나는 마녀의 존재를 믿었을 것이며, 그 믿음에 대한 좋은 근거를 갖고 있다고 생각했을 것이다. 병을 치료하는 것처럼 보통 여성에게는 없는 능력을 가진 여성도 봤을 것이다. 그리고 마을의 목사와 같은 내가 신뢰하는 사람에게서 우리 가운데 악마가 있다는 말을 들었을 것이다. 이러한 환경에서 마녀의 존재에 대한 내 믿음은 비합리적이지 않을 것이며, 다른 이들로부터 비난받지도 않을 것이다. 이러한 사회와 시대 속에서 어떻게 내가 그 이상의 것을 알 수 있겠는가?

> "우리에게는 우리의 믿음을 검증하고
> 증거를 찾는 과정에 대한 책임이 있다."

　이러한 추론이 그럴싸해 보일 수도 있고, 또 실제 이를 받아들인 철학자도 있다. 이 철학자들은 좋은 근거를 책임의 문제와 연결한다. 이들에 따르면, 중요한 것은 기반한 지식을 토대로 자신이 **해야만 하는** 일을 하는 것이다. 그리고 잘못된 인식에 대해서는 **책임**을 질 수 없다. 그러나 나는 이것이 오류라고 생각하며, 연구를 통해 그렇게 주장해왔다.●

　가장 먼저, 믿음에 책임을 논하는 데는 이상한 부분이 있다. 창문에 빗방울 떨어지는 소리가 들려서 비가 온다고 믿는 경우, 나는 이를 믿기로 **선택한** 것이 아니다. 내 믿음은 심리 상태이지 행동이 아니다. 이 심리 상태는 증거에 내 의지와 상관없이 나타난 반응이다. 트럭이 나를 향해 달려오는 듯이 보인다면, 나는 그 모든 것이 시각적 환상에 불과하다고 믿을 근거가 없는 한 즉시 트럭이 나를 향

●　동료 캐스린 글뤼어Kathrin Glüier와 함께 쓴 다음 글을 참조. 'Reasons for Belief and Normativity'. *Oxford Handbook of Reasons and Normativity*. ed. D. Star. Oxford: OUP (2018).

해 달려오고 있다고 믿을 것이다.

무엇보다 나는 좋은 근거의 핵심이 진실에 도달하는 것이라고 믿는다. 목표는 **개인**이 아니라 **주장**과 **믿음**을 평가하는 것이다. 개인이 좋은 근거라고 믿는 것이 좋은 근거라면, 우리는 진실과의 연결고리를 잃어버리고 만다. 만약 내가 찻잎을 보고 미래를 예측하는 것이 가능하다고 믿는다면, 나는 갑자기 미래에 대한 내 주장을 뒷받침할 좋은 근거를 갖추게 된다. 찻잎과 내일 벌어질 일 사이에는 아무런 연관이 없음에도 불구하고 말이다.

이러한 철학적 논쟁을 논외로 한다면 좋은 보통 우리는 근거에 대해 간단히 말할 수 있다. 우리는 때로 객관적인 것(주장을 가능성 있게 만들어주는 근거)과 때로 그보다 주관적인 것(최소한 왜 그렇게 믿는지 구실은 만들어주는 근거)을 염두에 둔다. 여기서 중요한 것은 이 두 가지를 분명히 구분하고, 좋은 근거라고 생각하는 것들에 대해 언제나 비판적인 자세를 취하는 것이다. 이것이 정말 내 믿음을 뒷받침하는 증거일까? 아무런 연관이 없는 것은 아닐까? 우리는 검증하고자 하는 가설에 실질적인 증거를 제시할 방법을 끊임없이 모색함으로써 지식을 만들어왔다. 찻잎을 통한 예측으로부터 통제된 연구로 이동해온 것이다. 믿음을 선택할 수 없다고 해서 모든 책임으로부터 자유롭다는 것은 아니다. 무엇보다 우리에게는 우리의 믿음을 검증하고 증거를 찾는 과정에 대한 책임이 있다. 이에 대해서는 마지막 장에서 다시 살펴볼 것이다.

지식의 가치

이론적 지식을 얻기 위해서는 (적어도) 세 가지 조건이 충족되어야 한다. 믿음을 가져야 하고, 그 믿음이 진실이어야 하며, 그리고 이를 뒷받침할 좋은 근거가 있어야 한다. 첫 번째 조건은 머릿속의 심리 상태와 관련 있다. 두 번째 조건은 세상의 실제 모습과 관련 있다. 그리고 세 번째는 이 둘을 함께 엮는다. 즉, 근거는 심리 상태와 세상을 연결한다.

이론적 지식은 다양한 방식으로 구분할 수 있다. 한 예로, 일상적 지식(일상과 환경, 그리고 친구들과 관련된 모든 지식)과 과학적 지식으로 구분할 수 있다. 과학적 지식은 일상적 지식보다 체계적이며 통제된 방식으로 검증을 받는다. 하지만 앞서 언급한 것처럼 일상적 지식과 과학적 지식 사이에 본질적인 차이는 없다. 또, 우리는 때로 **실천적 지혜**practical wisdom를 언급하기도 한다. 이는 체계화하고 가르치기는 힘들지만 상황을 분별력 있게 판단하기 위해 필요한 지식을 뜻한다. 하이힐을 신고 지도도 없이 등산을 떠나는 사람은 산에 대한 기본 지식이 없을 뿐만 아니라 판단력도 떨어진다고 추정할 수 있다.

또 과학에는 사회과학과 인문학, 그리고 자연과학 등 많은 분류가 있다. 그 중요한 차이는 방법론에서 생긴다. 예를 들어, 사회과학과 인문학은 자연과학보다 해석(텍스트, 연설, 작품 등)에 더 집중한다. 그래도 우리가 얻는 이론적 지식은 똑같다. 모두 진실과 좋은 근거를 가진 믿음에 관한 것이다.•

철학자들은 특정한 유형의 과학적 지식이 다른 지식보다 더 근본적인지 아닌지에 대해 논의한다. 가령 물리학이 세상에 대한 가장 근본적 지식을 구성하는지에 대해 말이다. 개인적으로 나는 회의적이다. (나를 포함해) 지식과 과학을 믿는 사람이라면 누구나 과학주의scientism(모든 지식은 특정한 유형의 과학 지식으로 환원될 수 있다는 생각)로 인해 비난받는 경우가 있지만, 과학주의를 고집하지 않아도(물리학과 같은 일부 과학적 지식은 차치하더라도) 과학을 믿을 수 있다는 점을 강조할 필요가 있다.

1988년 옥스퍼드에서 나는 남편이 될 사람을 처음으로 만났다. 그때 그는 내 관심을 끌기 위해 이런 질문을 던졌다. "왜 무無가 아닌 뭔가가 존재하는 걸까요?" 우리는 여전히 이를 논의 중이다.••

"지식은 우리가 목표를 달성하도록 도와준다."

그렇다면 우리는 왜 지식에 관심을 기울일까? 그 **가치**는 무

• 우리가 관여하는 모든 것이 이론적 지식의 추구를 통해 분류될 수 있다는 뜻은 아니다. 가령 문학 작품에 대한 해석을 우리가 진실의 차원에서 논의할 수 있는지는 의심스럽다. 이는 2장에서 다시 살펴볼 것이다.

•• 물리학자 로런스 크라우스Lawrence Krauss는 양자물리학에 그 해답이 있다고 주장한다. 하지만 양자물리학이 결국 우주가 뭔가(아무리 작은 것이라 해도)로부터 탄생했는지를 설명하기 위해 바로 그 뭔가의 존재를 가정한다는 점에서 나는 그의 주장에 동의하지 않는다. 2013년 3월, 나는 이 문제에 대해 크라우스와 함께 토론했다. https://www.youtube.com/watch?v=MFAko80vgwg.

엇일까? 혹자는 지식에 고유한 가치가 있다고 주장한다. 다른 조건이 동일할 때, 지식과 더불어 살아가는 삶이 지식이 없는 삶보다 더 낫다는 것이다. 이 말은 정말 진실일까? 철학자 존 스튜어트 밀^{John Stuart Mill}의 말처럼 행복한 돼지보다 불행한 소크라테스가 되는 게 정말로 더 나은 것일까? 쉽게 판단할 수 없는 문제다. 그래도 한 가지는 분명하다. 지식에 고유한 가치가 없더라도 중요한 **도구적** 가치는 존재한다는 것이다. 다시 말해, 지식은 우리가 목표를 달성하도록 도와준다. 가령 지금 배가 고프다면 음식이 어디에 있는지, 음식이 있는 곳으로 어떻게 가야 하는지 알아야 한다. 해당 지식이 없다면 배고픔에서 벗어날 수 없다.

처음에 언급했듯이 생존하려면 사실을 잘 받아들여야 한다. 단순한 생물들에게는 실제 지식이 필요하지 않다. 그들은 외부 세계의 정보를 받아들이기만 하면 된다. 가령 모기는 생존을 위해 진실한 믿음도, 좋은 근거를 갖춘 믿음도 필요로 하지 않는다. 그렇기에 생존을 위해 **지식**이 무엇을 더해주는지 따져보는 것은 흥미로운 일이다. 진실한 믿음만으로 충분하지 않을까? 세 번째 조건, 좋은 근거는 논의의 과정에 어떤 가치를 가져오는 걸까?

이 질문은 플라톤까지 거슬러 올라간다. 일반적으로 **메논의 역설**^{Meno's paradox}이라고 잘 알려져 있다.[●] 플라톤은 누군가 그리스 동부 도시 라리사로 가고자 할 때, 그 길이 라리사로 가는 길임을 **아는** 것과 그 길이 라리사로 가는 길임을 진실이라 믿는 것 사이에 아무

●　　플라톤. 《메논*Meno*》.

런 차이가 없다고 지적한다. 두 상태 모두 라리사에 도착하기에는 충분하다. 그래도 플라톤은 근거가 없는 진실한 믿음이 주지 못하는 안정감을 지식이 더해준다고 생각을 밝혔다. 어떤 사람이 라리사로 가던 중 불현듯 잘못된 방향으로 나아가는 듯이 느껴질 때, 만약 자신의 믿음을 뒷받침해줄 좋은 근거를 갖고 있다면 계속 그 길로 나아갈 가능성이 더 높다는 것이다. 이 문제에 대해 열띤 논쟁이 벌어지기는 했지만, 나는 플라톤이 올바른 궤도에 있다고 생각한다. 지식을 가진 사람은 자신의 믿음을 뒷받침해줄 좋은 근거를 갖추고 있고, 이는 그의 행동과 타인과의 상호작용에 영향을 미친다.

당신과 내가 사거리에 접어들었는데 당신이 갑자기 오른쪽으로 간다고 해보자. 여기서 당신이 자신의 선택에 대한 좋은 근거를 제시하지 못한다면, 나는 당신을 따라가길 망설일 것이다. 이론적 사고 과정에서도 마찬가지다. 당신과 내가 이론적 문제를 풀던 중 당신이 아무런 근거도 없이 해결책을 제시한다면, 나는 그 해결책에 확신을 갖지 못할 것이다. 다시 말해, 함께 의사결정을 내리기 위해서는 좋은 근거, 즉 증거가 필요하다. 그러므로 지식이 인간에게 특히 큰 가치를 지닌다는 것은 합리적인 가설이다. 인간은 의사소통과 논의 및 협력에 상당히 의존하는 존재이기 때문이다. 나는 이 지점을 앞으로 반복해서 살펴볼 것이다.

이는 한동안 많이 거론되어온 민주주의에 대한 지식의 중요성과도 관련이 있다. 민주주의가 무엇인지, 의사결정을 내리기 위한 방식으로 적합한지, 그리고 (소수자 권리와 관련된 것 등) 핵심 가치를 얼마나 아우르는지에 대해 많은 이야기를 할 수 있다. 기본적으로 정치적 의사결정은 시민들이 원하는 사회를 반영하는 것이다. 따라서 시민들은 다양한 목표를 달성하기 위해 어떤 수단을 사용할 수 있는지와 더불어 반드시 사회적 사실에 대해 알아야 한다. (비록 도덕 철학이 기여한다 해도) 우리가 어떤 궁극적 목표를 향해 노력할지는 규범의 문제이고, 과학적으로 결정될 수 없다. 하지만 무엇이 됐든 이러한 목표를 달성하기 위해 우리는 현실이 어떻게 존재하고 있는지, 또한 어떤 의미인지 알아야 한다. 이를 위해서는 좋은 근거와 이성적 주장을 바탕으로 하는 공적 논의가 필요하다.

  2016년 미국 대선 당시, 충분히 피할 수 있었던 안타까운 사례가 있었다. 당시 투표자 중 35퍼센트는 비판자들이 오바마케어라고 이름 붙인 법안이 건강보험개혁법The Affordable Care Act과 같은 것인지 몰랐다. 그들은 자신의 선택이 건강보험개혁법의 폐지와 의료보험 자격 박탈로 이어질 것이라는 사실을 알지 못한 채 오바마케어 폐지에 표를 던졌다.● 이는 오바마의 의료보험 정책을 비난하고 딱지를 붙이려 공화당에서 벌인 캠페인의 결과였다. 이처럼 정치인은 공정하지 않은 사회 변화를 사람들이 받아들이도록 거짓말을 하기도 한다. 트럼프는 살인 사건이 45년 만에 최고치를 경신했다고 주장함으로써 사람들이 더 많은 '법과 질서'가 필요하다는 생각을 받아들이게 만들었다. 2014년부터 2015년까지 살인 사건 발생률이 살짝 증가하

● Kyle Dropp & Brendan Nyhan. 'One-Third Don't Know Obamacare and Affordable Care Act are The Same'. *The New York Times* 07/02/2017.

기는 했지만 사실 역사적으로 비교하면 대단히 낮은 수치였다.** 이 처럼 지식의 도구적 가치는 개인과 사회의 생존을 위해 매우 높다고 말할 수 있다. 이것이 내가 사람들이 지식에 '저항적'으로 변해가는 것에 우려를 표하는 이유다.

마지막으로, 지식에 저항하는 사람이 된다는 말이 무슨 의미 인지 정리해보도록 하자. 처음에 지적했듯이 문제는 우리 인간이 받 아들이지 못하는 사실이 존재한다는 것이 아니다. 그런 사실은 언제 나 존재할 것이기 때문이다. 다만, 우리가 받아들이지 못하는 **지식**이 존재한다는 것에 주의해야 한다. 이 말은 무슨 의미일까? 다시 한번 지식의 세 번째 조건, 좋은 근거 또는 증거에 주목해보자. 가장 큰 문 제는 우리가 (특정한 상황에서) **증거 저항적**이 된다는 사실이다. 우리는 우리 믿음의 기반을 좋은 근거나 증거에 두지 않는다. 증거와 진실 사이에 연결 고리가 있다는 점을 고려하자면, 이 말은 곧 우리가 매 우 자주 진실에 다가서지 못한다는 것을 의미한다.

우리는 증거 저항 혹은 지식 저항을 두 유형으로 구분할 수 있다. 한편으로 그것은 우리가 정보 습득을 (다소 의식적으로) 피하는 것과 믿음을 진지하게 검증하는 것에 관한 것이기도 하다. 우리는 주 변 상황을 파악하는 데 익숙하지 않다. 자신이 이미 알고 있는 것을 확인시켜주는 출처를 고수하려면서, 출처의 신뢰성을 확인하려 노 력하지 않는다. 밀접하게 관련된 정보를 얻을 때조차 믿을 만한 근

●● FBI에 따르면 2014년은 1963년 이후 가장 낮은 살인율(인구 10만 명 당 살인의 수)을 기록했다.

거가 없는 것을 계속 믿으려 한다. 우리는 믿을 만한 **근거**를 갖춘 것이 아니라, 자신이 믿기 **원하는** 것을 믿는다. 이 말은 곧 우리가 이성적이지 않다는 뜻이다. 심리학자들은 이러한 현상을 '의도된 합리화 motivated reasoning'라고 부른다.

앞으로 살펴보겠지만, 의도된 합리화는 모든 지식 저항의 핵심 요인이다.● 그 이유를 설명하려면 지식의 내적인 적과 외적인 적을 두루 살펴봐야 한다. 3장에서는 지식 저항의 두 가지 유형 뒤에 숨은 다양한 심리적 기제를 다룰 것이다. 그리고 4장에서는 외적 기제와 거짓말, 그리고 내적 기제와 상호작용하며 우리가 오늘날 목격하는 광범위한 지식 저항에 영향을 끼치는 거짓 정보의 여러 형태를 살펴볼 것이다.

그러나 그에 앞서 우리는 좀 더 근본적인 과제를 해결해야 한다. 객관적인 지식을 얻을 수 있는 사실이 세상에 존재하는가에 대한 질문이다.

●　나는 2019년 초부터 인문학과 사회과학을 위한 스웨덴재단Riksbankens Jubile-umsfond의 후원을 받아 '지식 저항: 원인과 결과, 그리고 치료Knowledge Resistance: Causes, Consequences and Cures'라는 프로젝트를 기반으로 한 연구 그룹을 이끌고 있다.

2

사실이란

무엇인가?

사실 허무주의의 실체

2016년 미국 대선과 관련한 놀라운 이야기들이 많다. 그중 하나는 트럼프의 대변인 스코티 넬 휴스Scottie Nell Hughes가 한 말이다. 그는 미국 공영 라디오 방송 〈NPR〉과의 인터뷰에서 이렇게 말했다. "안타깝게도 이제 더 이상 사실 같은 것은 없습니다." 그해 11월 대선에서 수백만 명이 불법적으로 투표를 했다는 트럼프의 주장을 언급하면서 나온 말이다. 그 주장은 트럼프는 물론이고 어느 누구도 일말의 증거를 제기할 수 없는 내용이었다. 하지만 그러거나 말거나 더 이상 사실 같은 것이 없다면 증거가 무슨 의미가 있겠는가?

스웨덴에서도 2015년 봄에 비슷한 사건이 일어났고, 대규모 논의의 주제가 됐다. 헬싱보리에 있는 성인교육센터에서 한 임시교사가 홀로코스트에 관한 강의를 하고 있었다. 한 학생이 홀로코스트가 정말로 벌어진 사건인지 교사에게 물었다. 교사는 자신의 강의 중에는 그런 논의를 할 수 없다고 말했고, 결국 학생에게 강의실에서 나가달라고 요구했다. 학생은 화가 났고, 결국 교사는 강의가 끝난 뒤 학교 측에 당시 상황에 어떻게 대처했는지 해명해야 했다. 문제의 심각성을 직감한 교사는 학교 측에 해명할 당시 대화를 녹음해뒀고, 이후 그 자료가 언론에 유출됐다. 학교 측 인사는 이렇게 말했다. "우리가 생각하는 역사란 우리가 읽은 역사를 말합니다." 그러고는 다른 역사책을 읽은 학생이 있을 때 교사로서 '사실에 반하는 사실'을 논하는 건 아무런 의미가 없다고 말했다.●

물론 이러한 진술의 속뜻이 무엇이었는지 정확히 알 수는 없다(이 문제는 나중에 다시 들여다볼 것이다).●● 여기서는 **사실 허무주의**fact nihilism 혹은 **사실 부정**fact denial과 같은, 사실이 없다는 주장을 규명해보도록 하자. 사실이란 무엇인가에 대한 철학적인 논의들은 **형이상학적**이다. 1장에서 언급했듯이, 사실은 일종의 **진실 제조기**다. 하지만 우리가 어떻게 진실 제조기의 본질을 이해할 수 있을까? 일부 철학자는 특성의 **예시**exemplification로서 사실을 설명한다. 가령 탁자 위에 빨간 사과가 있다는 사실은 빨강과 사과라는 특성이 이 시점, 이 장소에서 이 사물을 통해 예시됐음을 의미한다는 것이다. 다른 많은 철학자들은 사실과 특성에 관한 이 관점에 회의적이다.

철학자들은 우리가 다양한 **유형**의 사실(예를 들어, 심리적 사실

●   Marit Sundberg. 'Lärare försvarade fakta kring Förintelsen - kritiseras'. *Dagens Nyheter* 26/02/2015.

●●   헬싱보리 사례와 관련한 학교 측의 주장은 안타깝게도 주도적인 스웨덴 교육학자들이 사실을 받아들인 태도와 밀접한 관련이 있다.

과 물리적 사실) 사이의 관계를 어떻게 이해해야 하는지에 대해서도 논의한다. 내가 고통을 느낀다면, 특정한 신경생리학적 과정과 연관 짓는 게 가능하다. 그렇다면 내가 고통을 느낀다는 사실과 이러한 신경생리학적 과정이 내 두뇌에 존재한다는 사실은 똑같은 것인가? 이렇듯 똑같은 사실에 다른 설명이 주어질 수 있다. 예를 들어 당신은 같은 그림을 두고 주제를 통해서도, 표면의 물감 터치를 통해서도 설명할 수 있다. 마찬가지로 심리학자와 신경생리학자는 다른 유형의 용어를 사용해 똑같은 사실을 설명할 수 있다. 이 이론에 대해서는 많은 논란이 있지만, 한 가지만큼은 분명하다. 사실이 존재한다는 사실을 부정할 철학자는 거의 없다는 것이다.

철학자가 허무주의에 대해 이야기할 때, 그것은 일반적으로 (선과 악, 추함과 아름다움 같은) **가치**와 연관되어 있다. 일상적으로 우리는 가치가 당연히 객관적으로 존재한다는 듯이 말한다. 살인은 나쁜 짓이며 판테온은 아름답다고 말이다. 또한 우리는 세상의 이치를 표현했다고, 즉 진실이거나 거짓인 무언가를 이야기했다고 느끼는 경향이 있다. 2019년 스웨덴에서 일어난 살인 사건의 수나, 판테온이 어디에 있는지를 말하는 것처럼 말이다. 그러나 도덕적, 혹은 미학적 **사실**이 실제로 존재하는지는 분명하지 않다.

일부 철학자는 그러한 사실에 대한 믿음이 하나의 거대한 환상이라고 주장한다. 객관적으로 선하거나 악한, 혹은 아름답거나 추한 것은 존재하지 않으며, "살인은 나쁘다"와 같은 진술을 통해 세상을 설명하는 것 역시 환상이라고 말한다. 자신이 선과 악에 관한 사실을 진술한다고 믿고, 그래서 진실이나 거짓인 무언가를 말해왔다고 생각하지만, 실제로는 자신의 느낌을 표현했을 뿐이라는 것이다. **"살인에 반대한다!"** 여기서 얻을 수 있는 지식은 없다. 도덕적 확신이 나 진실의 조건도 없고(단지 느낌뿐이다), 증거도 정확성도 없다. 가장 잘 알려진 가치 허무주의의 주창자가 바로 철학자 프리드리히 니체 Friedrich Nietzsche(1844~1900)다.

가치 허무주의는 널리 받아들여지지 않았다. 도덕적 사실이 존재한다고 믿는 철학자가 많다(미학적 사실의 존재를 인정하는 철학자의 수는 상대적으로 더 적다). 가령, 아이를 살해하는 것은 누가 무엇을 믿는 가를 떠나 **객관적으로** 완전히 잘못되었으며, 비록 그것이 외부 세계 에 관한 일반적인 지식과 구분된다고 해도 도덕적 지식을 얻을 수 있 다는 것이다. 여기에는 (즉각적으로 옳거나 그르다고 판단되는) 도덕적 직 관과 비판적 사고 사이에서 일종의 균형을 찾으려는 시도를 통해 지 식을 얻을 수 있다는 생각이 깔려 있다.● 각기 다른 상황(가령 물에 빠 진 아이를 쉽게 구할 수 있는 상황)에서 직관을 활용하고, 비판적으로 추 론하고 숙고함으로써 우리는 옳고 그름에 대한 지식을 얻을 수 있다.

가치 허무주의에 대한 당신의 견해와는 무관하게, 사실 허무 주의가 본질적으로 훨씬 더 급진적임은 분명하다. 가치 허무주의자 들은 보통 진실일 수도, 거짓일 수도 있는 사실적 진술("판테온은 아테 네에 있다")과 단지 느낌을 표현한 가치 기반의 진술("판테온은 아름답

● 　이를 **반성적 평형**reflective equilibrium이라고 한다. 미국 철학자 존 롤스John Rawls 는 자신의 1971년 저서 《정의론*Theory of justice*》(황경신 역, 이학사, 2003)에서 도 덕적 주장에 대한 이러한 관점을 옹호했다.

다") 사이에 분명한 경계가 있다고 가정한다. 다시 말해, 가치 허무주의자는 세상에 사실이 존재하기 때문에 진실이거나 거짓인 진술의 범주가 분명히 있다고 가정한다. 그리고 결과적으로 도덕적 진술이 이러한 범주에 속하지 않는다고 결론을 내린다.

반면 사실 허무주의는 이와는 완전히 다른 입장이다. 이는 진실 혹은 거짓인 세상에 대한 사실적 진술의 존재 자체를 부정한다. 이 말이 무슨 의미인지 생각해보면 곧장 혼란스러워진다. 지구가 둥글고, 사과가 땅으로 떨어질 것이고, 지금 내 왼쪽 무릎이 아프다는 말을 모두 사실적 주장이라 할 수 있을까? 근본적으로 사실 허무주의에 일관성이 있는지조차 의문이다. 사실 허무주의자가 스스로를 반박해 "사실은 없다"라는 사실적 진술이 진실이라고 주장할 수 있을까? 물론 허무주의자들은 그런 시도를 멈추지 않을 테고, 심지어 모순되어도 중요하지 않다고 말할 것이다. 하지만 문제는, 그렇다면 우리에게는 무엇이 남으며, 그것에 대해서는 어떻게 논쟁을 할 수 있냐는 것이다. 사실 허무주의는 철학의 대량살상무기와도 같다.

그러니 절대적인 사실 허무주의는 한쪽으로 치워두고, "사실은 어떻게 존재하는가"라는 경솔한 말에 의문을 제기하기 위해 기초가 되는 몇몇 이론들을 논의해보도록 하자.

객관적 진실은 존재할까?

어떤 일에 대한 사실과 우리 주관성 사이의 연관성을 부정하기는 어려워 보인다. 사실이 우리와 독립적으로 세상에 존재한다는 가정이 잘 맞아 보이지 않기 때문이다. 내가 느끼는 무언가는 나와 내 주관적인 관점에 달린 것처럼 보인다. 그리고 우리는 일상 속에서 "내가 보기에 ○○은 진실이다"라고 말한다. 이 모든 말이 근본적으로 착각인 걸까?

나는 이런 맥락에서 각자가 무엇을 말하고자 하는지 잘 이해할 수 있다고 생각한다. 당신과 내가 얼마 전에 함께 경험한 사건을 이야기한다고 가정해보자. 나는 대단히 기분 나쁜 일이었다고 생각하는 반면, 당신은 별로 신경 쓸 문제가 아니라고 생각한다. 그럼 나는 "진실로 말하자면" 적어도 내게는 기분 나쁜 일이었다고 말할 수 있다. 여기서 내가 의미하는 바는 나는 당시 상황을 기분 나쁜 것으로 **인식**했다는 것이다. 즉, 화가 났다는 것이다. 화낼 만한 이유가 있었는지 여부는 일단 접어두자. 이는 의사를 표현하는 데 있어 대단히 보편적인 방식이며, 전적으로 적절하다. 일부 상황에서 중요한 것은 상황이 실제 어떠했는지가 아니라 상황을 어떻게 인식했는지다.

누군가의 삶에 대한 진실을 다룰 때도 마찬가지다. 자서전만큼이나 쉽게 오해를 불러일으키는 책도 없을 것이다. 저자가 무엇을, 언제 했는지와 관련한 명백한 오류에서 비롯된 오해를 말하는 것은 아니다. 자서전은 하나의 이야기다. 저자는 주관적 관점에서 삶을 이루는 모든 복잡한 사건을 해석하고 선별한다. 이야기는 저자가 독자적으로 발전한 것처럼 두드러지고, 이는 사후의 결과와 더불어 합리적인 것으로 보일 수 있다. 하지만 정작 실제 이야기는 자서전에 설명된 것처럼 분명하지 않았을 것이다. 그 사람이 한 모든 일이 추후 성공과 명성으로 이어질 것처럼 보여도, 이는 자연히 언제나 지나치게 단순화된 것이다.

  기억에 관한 연구 결과 또한 우리가 종종 자신의 기억에 속고, 어릴 적에 경험한 결정적 사건조차 재해석되고 왜곡된다는 것을 보여준다. 자신의 삶을 이야기로 풀어내야 하는 과제를 떠안은 사람이라면 누구나 그것이 모든 세부 사항에서 정확한 이야기라기보다 **자신의** '진실', 즉 자신의 이야기라는 것을 강조할 이유가 충분하다.

> "한 진술이 객관적으로 진실이라는 것은
> 그 진술의 진실 여부가 우리 믿음에
> 의존하지 않는다는 것을 의미한다."

  그렇다면 우리가 이야기하는 객관적 진실과 객관적 사실은 무엇을 의미할까? 이에 대해 많은 이야기를 할 수 있다. 이 맥락에서 나는 객관성의 한 가지 주요한 측면을 강조하고자 한다. 한 진술이 객관적으로 진실이라는 것은 그 진술의 진실 여부가 우리의 믿음에 의존하지 않는다는 것을 의미한다.● 2017년 1월 20일, 워싱턴에 비가 내

● **철학 노트:** 우리가 믿고 원하는 것에 대한 지식처럼 우리 자신에 대한 지식 또한 우리의 심리 상태에 의존한다. 그러나 내가 가지고 있지 않은 믿음을 가지고 있다고 믿을 수 있다는 점을 고려하자면, 자신에 대한 지식은 위에서 설명한 차원에서 객관적이다. 사실, 자신의 믿음에 대한 지식을 갖는 것이 철학자들이 전통

린 것은 이와 관련된 트럼프의 생각과는 무관하게 진실이다. 날씨에 관한 사실은 **그의** 믿음뿐만 아니라 **모든** 사람의 믿음과도 독립적이다. 이러한 점에서 우리가 살아가는 세상의 사물과 사건에 대한 일반적인 진술 대부분은 객관적으로 진실이거나 거짓이다. 어린 시절에 벌어졌던 일, 냉장고 안에 들어 있는 음식, 군중의 규모, 2019년 스웨덴에서 벌어진 살인 사건의 규모, 기후 변화, 그리고 먼 행성의 생명체에 대한 모든 진술은 객관적으로 진실이거나 거짓이다. 그 진술의 진실 여부는 누가 무엇을 믿느냐에 달려 있지 않다.

그러나 진실 여부가 그와 관련된 우리의 믿음에 의존하는 몇몇 주장이 있다. 트럼프 취임식에서 멜라니아가 입었던 코트가 최신 유행하는 옷이라는 주장에 대해 생각해보자. 무엇이 그 주장을 진실이나 거짓으로 판가름하는가? 이 예시의 결정적 기준은 특정한 사람들의 믿음으로 보인다. 유명 패션 디자이너뿐만 아니라 **아무도** 그의 코트가 최신 유행이라고 생각하지 않는다면 그 주장은 거짓이다. 패션에 관한 사실은 철학자들이 말하는 **판단 의존적** judgement dependent 사실에 해당한다. 우리가 그 옷이 최신 유행이라고 **믿는다**는 사실이 그 주장을 진실로 만들어준다. 따라서 패션에 대한 주장은 객관적으로 진실하지 않다. 그들의 진실 여부는 전적으로 누군가가 그 문제를 어떻게 생각하는지에 달려 있다. 그렇다고 해서 패션이 완전히 주관적 영역이라는 뜻은 아니다. 내가 (불편하기 때문에) 딱 붙는 청바지가 유

적으로 믿던 지식을 갖는 것보다 더욱 힘들다. 이와 관련한 짧은 논의는 내 글을 참조. 'Självkännedom-på egenrisk'. *Forskning och Framsteg* 07/07/2011.

행에 뒤떨어진다고 생각한다 해도, 딱 붙는 청바지가 유행에 뒤떨어진다고 받아들여지지는 않는다.

색상에 관한 주장 역시 마찬가지일 것이다. 사과가 빨갛다고 말할 때, 나는 얼마든지 틀릴 수 있다. 어쩌면 조명 때문에 노란 사과가 빨갛게 보이는 것일 수도 있다. 하지만 **모두**가 틀릴 수 있을까? 몇몇 철학자는 아니라고 말한다. 색상이 완전히 객관적 특성으로 존재하지 않는다는 점을 고려할 때, "사과가 빨갛다"라는 주장의 진실 여부는 사람들이 생각하는 것과 완전히 무관하지 않다. 분명 주관적인 요소가 있다.●

또한 어떤 철학자도 객관적 진실이 **모든 사안**에 존재한다고 주장하지는 않을 것임을 강조할 필요가 있다. 앞서 진실이 존재하는지에 대해 철학자들이 논의하는 두 영역의 예시를 제시했다. 살인하면 안 된다는 것은 진실일까? 판테온이 아름답다는 것은 진실일까? 이와 밀접한 관련이 있는 예시를 문학 작품을 해석하는 방식으로 들 수 있다. 과연 〈햄릿〉에 대한 올바른 해석이 존재할까?●● 만약 그렇다면, 아무도 이를 발견하지 못했으며, 상충되는 해석이 그렇게 많다는 게 다소 이상하다. 〈햄릿〉에 관한 수많은 사실이 존재한다. 셰익

●   그러나 이는 많은 논쟁이 벌어지고 있는 문제며, 많은 철학자는 색상이 사물의 물리적 특성이라고 주장한다.

●●   텍스트를 해석하는 방법에서처럼 모든 경우에 객관적 진실이 존재하지는 않는다고 주장하는 것은 객관적 진실을 지지하는 사람에 전혀 반대되지 않는다. 이러한 유형의 반대는 다음에서 찾아볼 수 있다. Jonas Larsson. *Dagens Nyheter* 23/03/2015('Radikal objektivism precis lika farligt').

스피어가 전하고자 했던 것에 관한 사실, 작품 속 단어들이 의미하는 바에 관한 사실(물론 작품이 처음 나왔을 당시와 오늘날 많은 의미 변화가 일어났다), 그리고 사람들이 시대에 따라 어떻게 그 작품을 인식했는지에 관한 사실. 하지만 그러한 사실 중 일부가 〈햄릿〉의 **올바른** 해석을 결정한다고 말할 수 있는 근거가 있는지 궁금증이 생긴다. 텍스트에 다양하면서도 동등히 타당한 해석이 존재할 수 있다는 점, 우리가 다소 주관적이고 다양한 기준에 기반한 해석을 가치 있게 여긴다는 점이 진짜 올바른 해석이 아닐까? 한 예로, 우리는 해석이 **흥미롭기**를 원한다. 그리고 그 해석이 우리에게 뭔가 새로운 것을 말해주길 원한다. 이런 유형의 해석 과정이 전적으로 주관적인 것도 아니다. 또, 해석자의 견해가 어떻든 비합리적이라고 무시할 수 있는 해석도 분명하게 존재한다. 그러나 문학 작품(특히 〈햄릿〉처럼 풍부한)에 대한 올바른 해석이 단 하나만 존재한다는 생각은 옹호하기 힘들다.

또 다른 흥미로운 예시는 **입맛**taste과 관련된 주장에서 찾아볼 수 있다. 갓 내린 에스프레소가 인스턴트 커피보다 맛있다는 주장은 객관적 사실일까? 혹은 브로콜리가 맛있다는 주장은 객관적 사실일까? 이러한 사례에서 객관주의를 옹호하려는 철학자는 거의 없다. 내가 브로콜리를 좋아하고 당신이 싫어한다고 해서, 그것이 반드시 우리 중 하나가 틀렸다는 것을 의미하지는 않는다. 이를 두고 몇몇은 입맛과 관련된 주장은 진실이나 거짓이 아니라, 단지 감정을 표현한 것이라고 설명한다. 도덕적 진술이 단지 감정 표현이라고 주장하는 것처럼 말이다. "브로콜리는 맛있다"라는 말이 대략 "음음, 브로콜리!"와 같은 의미를 담고 있는 것이다. 또 다른 이들은 상대적 유형의 진실이 있다고 주장한다. 이러한 입장에서 보면, 내가 "브로콜리는 맛있다"라고 했을 때 그건 "내 입맛을 기준으로 브로콜리는 맛있다"라고 말한 것과 같다. 이 말은 내가 했을 때는 진실이이지만, 브로콜리를 맛없게 느끼는 당신이 했을 때는 거짓이 된다.

객관적 진실에 대한 논의에서는 일반적으로 그것이 독단주의와 절대적 확신과 관련되어 있다는 반론이 제기된다. 한 예로, 사상사 교수 보 홀므퀴스트Bosse Holmqvist는 《상대주의에 대한 옹호Till relativismens försvar》에서 지식과 정치, 그리고 종교가 "상대주의를 독단주의 요구와 동등하게 간주"●하려는 의도에서 비슷하다고 말했다. 홀므퀴스트에 따르면, 절대주의자나 객관주의자는 **현재 상태**現狀에 만족하며, 비판을 "부정적이고 파괴적인 것"으로 여긴다. 절대주의자들은 보편적이고 시대를 초월한 진실을 주장함으로써 초래될 사회적, 정치적 영향에 대해 고려하지 않는다. 다시 말해, 지식의 독점에 따르는 위험을 과소평가하며 권위주의적으로 사고한다는 것이다.

스웨덴 일간지 〈다겐스 뉘헤테르〉 2017년 4월 20일 자 기고문을 통해 수사학과 부교수 마리아 볼라트-쇠데르베리Maria Wolrath-Söderberg 박사는 비슷한 맥락에서 "진실 요구the call for truth"의 결과가 서로 다른 절대적 확신 사이의 양극화를 심화시켰다고 지적했다.●● 그는 상대주의를 거부하면서도 대신 "대문자 T를 쓰는 진리Truth"에 대한

●   Bosse Holmqvist. *Till relativismens försvar*. 2009. p.275.

●●   Maria Wolrath-Söderberg. 'Sanningsfundamentalism ar inte alltid svaret på vår tids lögner'. *Dagens Nyheter* 20/04/2017.

믿음에 주목하고, 오직 수학에서만 확신을 가질 수 있다고 주장했다. 반면 사회과학은 "진실에 대한 문제가 아닌 사안을 인식하고, 주장하고, 비판적으로 평가한다"는 사실에 만족해야 한다고 언급했다. 이는 객관성 논의가 절대적 확실성과 권력 과시와 관련되어 있다는 포스트모던적 비판을 뒷받침하는 사고방식과 비슷하다. 즉, 확실한 지식은 없으며 그러한 지식을 가지고 있다고 주장하는 이들은 단지 권력을 과시하고 있는 것에 불과하다는 것이다.

> "진실은 객관적이기 때문에
> 완전히 확신해서는 안 된다."

그러나 이러한 논리는 앞뒤가 뒤바뀐 것이다. 객관적 진실에 대한 믿음은 우리가 확신할 수 있다는 것을 의미하지 않는다. 실은 그 반대다. 진실이 객관적이기 때문에, 즉 우리와 우리 자신의 입장에 의존하지 **않기** 때문에, 우리는 완전히 확신해서는 안 된다.

아무리 강하게 확신하더라도 나는 틀릴 수 있다. 이는 반독단주의의 핵심이며, 여기에는 객관적 진실이 필요하다. 내가 틀릴 **수** 있다는 사실은 내가 알지 못한다는 것을 의미하지 않는다. 이는 앞서 내가 강조했던 바다(내가 옳고, 근거가 충분하다면, 나는 지식을 소유한 것이다). 그러나 내가 틀릴 수 있다는 사실은 반론에 겸손하고 개방적인 자세를 취해야 할 이유가 된다. 이러한 반론들이 진정으로 내 입장에

반하는 주장을 구성하기 때문이다.●

하지만 순전히 주관적인 진실에 대해서는 겸손하지 않아도 된다. 브로콜리 맛이 내게 어떤지에 대해서 나는 결코 틀릴 리 없다. 이에 대해 나는 절대적으로 확신할 수 있으며, 그 근거는 진실이 존재하는 한 전적으로 주관적이다. 또한 볼라트-쇠데르베리가 주장한 것처럼 사회적 문제가 진실의 문제가 아니라면 논쟁거리도 없고, 사회적 논의에서 비판적으로 평가할 것도 없을 것이다.●● 논쟁과 비판적 평가는 진술에 믿을 만한 근거가 충분한지를 밝히는 것이다. 그리고 여기에는 진술이 진실이나 거짓일 수 있다는 가능성이 필요하다.

당신은 객관적 진실을 비판하는 자들이 대문자 T로 된 진리를 이야기할 때 무엇을 얻을 수 있는지 물을 수도 있을 것이다. 지구가 둥글다는 내 주장은 진실이다. 그런데 과연 이것이 대문자 T로 된 진리일까? 나는 그들이 무슨 생각을 하는지 이해하지 못한다는 사실을 인정해야 한다. 아마 그들은 홀므퀴스트가 표현한 "보편적이고 영원한" 진실이 존재한다는 생각에 반대하고 있을 것이다. 그러나 이러

● 물론 객관적 진실을 믿는 사람들이 다른 이들보다 독단적인지에 대한 심리학적 의문도 있다. 이에 대해 우리는 추측만 할 수 있을 뿐이다. 어쨌든 (일반적으로 진실은 객관적인 것이라고 생각하는) 나는 학자들에게 독단적이지 않은 경향이 있다고 언급하고 싶다. 사실 독단과는 정반대다. 그들은 일반적으로 자신이 틀릴 수 있다는 생각에 대단히 열려 있다.

●● 앞서 언급했듯, 일부 철학자는 이를 도덕적 문제에도 적용할 수 있다고 믿는다. 즉, 옳고 그름, 선과 악의 문제가 진실의 문제가 아니라는 것이다. 일부 사회 문제는 도덕적 문제이지만(예를 들어 사회의 자산을 어떻게 분배해야 하는가), 어떠한 사회 문제도 진실의 문제가 아니라는 볼라트-쇠데르베리의 주장은 대단히 극단적 입장이다.

한 표현 역시 우리에게 확신을 주지 않는다. 지구가 둥글다는 것은 보편적이고 영원한 진실인가? 글쎄, 누가 그런 주장을 하는지가 중요하지 않다는 점에서 보편적이고, 언제 그 주장을 하는지가 중요하지 않다는 점에서 영원하다. 중세 시대에 지구가 평평하다고 주장했던 이들은 오늘날 그런 주장을 하는 사람과 마찬가지로 틀렸다.● 나는 그들이 대문자 T로 된 진리에 대해 이야기할 때 진짜 의미하는 바가 진실이 아니라 **확신**과 관련이 있다고 생각한다. 그들은 객관적 진실에 대한 믿음을 절대적 확신과 같은 것으로 여기지만, 이 논리는 또 한 번 앞뒤가 뒤바뀐 것이다.

객관적 진실이 존재한다는 주장과 **우리**가 개인으로서 객관적이라는 주장을 혼동하지 않는 것도 중요하다. 객관적이라는 것은 증거를 기반으로 믿는 것이다. 이용 가능한 모든 정보를 신중하게 받아들이고 정확하게 평가해야 한다. 감정이 주된 역할을 하도록 허락하거나 증거를 무시하고 자신이 선호하는 부분만 선별하는 사람은 객관적이라고 할 수 없다. 다음 장에서 살펴보겠지만 우리는 객관적이기 위해 노력한다. 하지만 그것이 객관적 **진실**이 존재하지 않는다는 것을 의미하지는 않는다. 모두가 믿음을 형성하는 방식에 있어서 언제나 절망적이게도 주관적이었다 하더라도, 우리의 진술 일부는 여

● 　요즘은 어떤 것도 놀랍지 않다. 평평한 지구 학회The Flat Earth Society는 다시 힘을 얻고 있다. 그 부분적인 이유는 지구가 평평하다는 것을 '보여주는' 잘 만들어진 유튜브 영상 덕분이다. 다음을 참조. Graham Ambrose, 'These Coloradans say earth is flat. And gravity's a hoax. Now they're being prosecuted'. *The Denver Post*, 07/07/2017.

전히 객관적으로 진실이거나 거짓일 것이다.

그러므로 객관적 진실을 구분하는 것은 누가 그 사안을 믿는지와 독립적이다. 이 관점에서 본다면 (수학적, 논리적 주장과 마찬가지로) 대부분의 경험적 주장은 객관적으로 진실이거나 거짓이다. 반면, (가령 패션처럼) 완전히 객관적이지 않은 진실과, 아마도 (입맛처럼) 개인의 관점에 전적으로 의존하기 때문에 주관적으로 묘사되어야만 하는 진실도 있다. 그러나 물론 여기서 **모든** 진실이 관점에 달려 있다는 보편적인 상대주의는 등장하지 않는다. 그 입장에 도달하려면 다른 유형의 논리가 필요하다.

사실은 인간이 만든 것일까?

우리는 지식이란 진실하고, 타당한 근거를 갖춘 믿음이라고 정의했다. 또한 믿음이란 진실이나 거짓일 수 있는 사고 내용을 포함한 일종의 심리 상태라고 정의했다. 그렇다면 **사고 내용**thought content 은 무엇을 의미하는 걸까? (특정한 개념을 담고 있다는 점에서) 일반적으로 믿음은 세상을 **드러낸다**고 표현된다. 내가 **황소**라는 개념을 갖고 있지 않다면, 앞에 있는 동물이 황소인지 믿을 수 없다. **맥주**라는 개념을 갖고 있지 않다면 엎질러진 것이 맥주인지 확신할 수 없다. 이는 우리가 세상의 사물들을 분류하기 위해 사용하는 일반 개념의 예시들이다. 우리는 모든 동물을 그룹에 분류함으로써 개와 고양이를, 말과 황소를 구분한다. 일단 일반 개념을 가지면 사물을 가리키면서 개념을 적용할 수 있다. "엘리엇은 개다." "이 컵에는 맥주가 담겨 있다." 만약 어떤 사물이 내가 설명하는 속성을 갖고 있다면, 내 믿음의 내용은 진실이다.

그렇다면 개념은 어디서 올까? 우리가 만든 범주는 오직 우리만 이용할 수 있는 것일까? 이는 단지 사회적 관습과 세상을 구성하는 인간 접근 방식의 한 예가 아닐까? 개념은 언어와 관련되어 있다. 물론 언어는 인간이 만든 것이다. 그렇다면 우리는 어떻게 진실을 객관적으로 말할 수 있을까?

이 모든 것은 포스트모더니즘의 주요 생각과 긴밀히 연결된다. 우리가 세상을 설명하기 위해 사용하는 개념은 인간이 만든 것이기 때문에, 진실은 언제나 이미 주어진 (그러나 임의적인) 관점과 관련된 투시주의의 결과라는 것이다. 한 예로, 사회학자 브뤼노 라투르Bruno Latour는 람세스 2세가 결핵으로 죽을 수 없었다고 주장했다. 그 질병이 람세스 2세가 죽었던 기원전 1223년에는 발견되지 않았기 때문이다. 더 나아가 라투르는 람세스 2세를 발굴해 엑스레이와 같은 현대 기술로 확인하기 전까지 람세스 2세가 결핵으로 죽은 것은 사실이 아니라고 주장했다. 우리의 개념과 기술이 그의 사체에 새로운 특질, 즉 결핵을 부여하기 위해 시간을 거슬러 박테리아를 이동시키는 데 필요한 전제조건이라는 것이다.●

●   Latour, B. 1996. 'On the Partial Existence of Existing and Nonexisting Objects'. *Biographies of Scientific Objects*. Chicago University Press. 관심 있는 독자를 위해, 앨런 소칼Allan Sokal의 책 《거짓을 넘어서*Beyond the Hoax*》(2008)에 더 많은 사례가 소개되어 있다.

분명 니체는 이러한 사고의 전임자다. 니체에 따르면 세상은 그야말로 혼돈의 공간이며, 명백해 보이는 질서는 우리의 임의적 전통과 이해관계의 결과물에 불과하다. 객관적 진실이란 없으며, 우리가 세상에 적용하는 관점만 존재할 뿐이다. (그리고 중요한 것은 힘 있는 자들의 관점이다.) 우리는 분류 방법을 개발해 포유류와 같은 개념을 만들고 나서 낙타를 보고는 자랑스럽게 외친다. "봐라! 여기 포유류가 있다." 니체는 이것이 전적으로 의인화된(인간적인) 진실이며, 세상 그 자체와는 아무런 관련이 없다고 주장했다. 진정한 예술가라면 이러한 사실을 꿰뚫어 보고, 모든 범주화로부터 벗어나 혼돈을 찬양할 것이다.••

개념은 인간이 만든 것일까? 어려운 질문이다. 뭔가를 만들려면 우리에겐 개념이 필요하다. 분류되지 않은 덩어리를 처음으로 관찰하고서 모든 것을 주어진 상태 그대로 받아들여 특정한 방식으로 조직화하는 것은 불가능하다. 철학사의 또 하나의 거물인 독일 철학자 이마누엘 칸트Immanuel Kant(1724~1804)는 감각이 전달하는 정보를 구축하기 위한 근본 개념의 존재야말로 모든 생각과 지식의 전제 조건이라고 주장했다.••• 예를 들어 시간과 공간이라는 개념은 (인간을 비롯한) 모든 인식적 존재의 필요조건이다. 감각을 통해 주어지는 정보는 반드시 시간과 공간에 따라 구성된다. 따라서 칸트에 따르면

•• 다음을 참조. Nietzsche, *On Truth and Lies in a Nonmoral Sense*(1873).

••• 그의 주요 작품은《순수이성비판*Kritik der reinen Vernunft*》(1781)이다.

이러한 개념은 우리가 창조한 것이 아니다.[•]

물론 칸트는 모든 개념이 필요하다고 생각하지는 않았다. 대부분의 용어와 개념은 우리가 경험을 통해 배운다는 점에서 실증적이다. 그가 주장한 요점은 다만 어떤 경험을 하기 위해서, 또 객관적 지식을 얻기 위해서 특정한 기본 개념이 필요하다는 것이었다. 이러한 경험적 개념을 언제, 어떻게 얻는지에 대해 발달심리학자들이 연구한다. 예를 들어, 그들은 엄마나 아빠, 음식처럼 어린아이들이 자신들에게 중요한 범주와 관련된 개념을 얻는 과정에 주목한다. 이러한 개념을 통해 어린아이들은 세상을 탐험하고, 언어 습득을 위한 기반을 형성한다. 아이가 언어를 습득할 때, 개념의 레퍼토리는 급속하게 확장되고, 마찬가지로 인식 능력도 급속도로 성장한다. 또한 아이는 언어를 통해 시간이나 숫자처럼 손으로 만질 수 없는 추상적인 개념을 획득한다. 마침내 아이는 자신이 원하는 새로운 개념을 창조할 수 있는 인식 능력 단계에 도달한다. 하지만 이는 습득하기 매우 어려운 기술이고, 우리가 가지고 있는 개념을 뒷받침하는 것이 아니다.

그런데 **언어**는 정말로 자체적 관습에 기반을 둔 인간의 구성물일까? 언어가 개념에 그토록 결정적이라면, 어쩌면 우리가 현실로 인식하는 것이 순전히 언어의 자의적 창조물에 불과한 것은 아닐까? 이 가설을 옹호하는 이들은 모든 언어가 자체적으로 개념적 세계를

●   그러나 칸트의 생각은 우리의 용어와 현실이 사회적 구성물이라고 주장하는 이들에게 종종 이용을 당한다. 다음을 참조. Staffan Carlshamre. 2020. *Philosophy of the cultural sciences*. 그가 지적했듯이, 칸트의 이론은 사회적이지도 상대적이지도 않다. 용어와 구성주의에 더 많은 관심이 있다면 위의 책 5장을 읽어보자.

창조한다고 주장한다. 당신이 한 언어로 말하고, 내가 언어학적으로 동떨어진 또 다른 언어로 말한다면, 우리는 진정으로 서로를 이해할 수 없고 똑같은 세상에서 살 수 없다. 이러한 인식의 결과가 바로 언어적 상대주의의 한 유형이다. 이를 두고 일반적으로 20세기 전반에 활동했던 두 명의 언어학자의 이름을 따서 **사피어-워프**^{Sapir-Whorf} **가설**이라 부른다.

　　워프는 원래 서양인에게 익숙한 인도-유럽어와 근본적으로 다른 아메리카 인디언 호피족의 언어에 관심을 가졌다. 그는 호피족 언어에서 시간과 공간이 완전히 다른 방식으로 설명되기 때문에 호피족은 시간과 공간을 완전히 다르게 인식한다고 설명했다. 사피어의 추론 역시 같은 맥락이었다. 한 예로, 그는 다양한 사회가 존재하는 세상은 다양한 방식으로 설명된 하나의 세상이라기보다 각각의 세상이라고 주장했다.**●●**

　　오늘날 사피어-워프 가설을 지지하는 사람은 거의 없다. 부분적으로, 그 가설을 지지할 증거가 취약함이 드러났기 때문이다. 한 예로, 워프는 호피족이 언어를 어떻게 사용하는지를 연구한 것이 아니라, 그저 그 내용을 책에서 읽었다. 그래서 그는 문법 차이와 같은 언어의 피상적 차이를 토대로 세계관의 중대한 차이를 상정했다.**●●●**

　　최근 몇십 년 동안 인지과학자들은 언어가 우리의 생각과 우

●● 　Sapir, E. 1958. *Culture, Language and Personality*. Berkeley: University of California Press. p.69.

●●● 　논의를 위해 다음을 참조. Pinker, S. 1995. *The Language Instinct*. Penguin.(스티븐 핑커 저/김한영 역, 《언어본능》, 동녘사이언스, 2008.)

리가 세상을 바라보는 방식에 미치는 영향에 대해 연구했다. 1972년에 엘리너 로쉬Eleanor Heider Rosch는 색상을 지칭하는 용어가 색상을 경험하는 과정에 영향을 미친다는 가설을 검증했다.● 로쉬는 색상을 지칭하는 용어가 어두운 색을 가리키는 '밀리mili', 빛과 밝은 색을 가리키는 '몰라mola' 두 가지밖에 없는 뉴기니의 다니족을 연구했다. 그럼에도 다니족이 영국인과 대략 동일한 방식으로 색상을 구분하고 기억한다는 사실을 확인했다. 이후의 연구는 특히 공간, 시간, 인과관계 같은 보다 추상적 개념 차원에서 언어가 생각에 영향을 미친다는 주장에 어느 정도 근거가 있음을 증명했다.●● 우리가 주변 환경에서 직접적인 접촉을 통해 추상적 개념을 배울 수 없다는 점을 고려하자면, 언어가 추상적 개념에 많은 영향을 미친다고 생각하는 것은 지극히 자연스럽다. 예를 들어 중국어를 쓰는 사람들은 시간을 **수직적으로**(좌에서 우로 흘러가는 수평적 방식이 아니라 아래에서 위로 흘러가는 식으로) 생각하는 경향이 있다. 이는 영어권 사람들에게 대단히 낯선 방식이다. 그렇다고 해서 중국어를 쓰는 사람들이 완전히 다른 세상에 살고 있으며, 영어권 사람이 시간을 인식하는 방식을 이해하지 못한다는 증거는 어디에도 없다. 영어권 사람도 시간을 조금 투자해 시

● Eleanor Heider Rosch. 'Universals in Color Naming and Memory'. *Journal of Experimental Psychology* (1972).

●● 이는 아마도 이러한 개념(시간, 공간, 인과관계)이 모든 사고를 위한 전제조건이라고 믿었던 칸트에 반대하는 주장을 이루는 것으로 보일 수 있다. 칸트의 이론은 사람들이 그들이 사용하는 언어의 특정한 방식대로 시간과 공간을 표상한다는 것이 아니다. 그의 이론에서 핵심은 시간과 공간 개념 없이 사고는 존재할 수 없다는 것이다.

간을 수직적으로 사고하도록 훈련한다면 충분히 중국어를 쓰는 사람처럼 생각할 수 있다.●●●

그러니 언어가 다르다고 해서 우리가 서로 다른 세상에서 살아가거나 서로를 결코 이해할 수 없는 것은 아니다. 개념은 언어보다 훨씬 더 보편적이다. 또한 우리 사이에 언어적 차이가 존재하더라도 그 차이는 설명이나 이해를 하지 못할 정도로 중대하지 않다. 이는 그렇게 낯선 생각이 아니다. 당연히 세상에는 사물을 분류하는 아주 많은 방식이 존재하지만 그중에서 특정 분류법은 설명과 예측에 더욱 효과적이어서 보편적 역할에 기여한다. (엄마, 우유, 나무, 신발과 같은) 일상적 범주와 (원소, 입자 등의) 과학적 범주가 여기에 해당된다. '내가 화요일에 산 물건'과 같은 일부 범주는 이러한 목적에 거의 쓸모가 없다. 내가 화요일에 산 물건으로부터 배울 수 있는 게 많지 않고, 또한 이를 통해 예측할 수 있는 것도 많지 않기 때문이다('맞아! X는 화요일에 샀으니, X 또한…임에 틀림없어'). 하지만 내가 뭔가를 개로 분류한다면, 즉각 많은 것을 알 수 있다. 그것은 포유류고, 짖고, 고기를 먹고, 인간이 훈련시킬 수 있다. 이러한 분류 방식에는 분명 목적에 따른 실용적 측면이 있지만, 어떤 분류법이 어떤 목적을 위한 것인지는 우리에게 달려 있지 않다.

이는 또 다른 핵심과 연관이 있다. 우리가 가진 개념이 어떤

●●● 다음을 참조. Boroditsky, L. 2001. 'Does Language Shape Thought? Mandarin and English Speakers' Conception of Time'. *Cognitive Psychology* Volume 43, p.1-22. 2001.

측면에서 자의적이라고 해도, 또 그것이 우리가 만든 '구성물'이라고 해도, 이는 **세상**이 그렇다는 것을 의미하지는 않는다. 우리가 **포유류**라는 개념 없이는 "엘리엇은 포유류다"라는 생각을 할 수 없다고 해도, 우리 생각의 진실 여부가 우리에게 달려 있거나 단지 '인식적' 문제에 불과한 것은 아니다. 한때 우리는 고래가 포유류가 아니라 어류라고 생각했다. 그러나 우리는 틀렸다. 비록 **포유류**와 **어류**라는 개념을 '발명'한 게 우리라고 해도 말이다.

또한 모든 용어와 개념이 현실과 대응하는 뭔가를 실제로 갖고 있다는 의미도 아니다. 역사적으로 과학에서는 플로지스톤과 에테르●, 사회에서는 마녀가 실패한 대표 개념이다. 우리는 용어를 선택하는 데 어느 정도 자유가 있지만(비록 일부는 전혀 사용 불가지만), 그렇다고 해서 이러한 용어에 상응하는 뭔가가 세상에 존재하는지 여부를 결정할 수 있는 자유까지 가진 것은 아니다. 언어가 인간 사회에서 만들어진 사회적 구성물이라는 사실을 받아들인다고 해도, **언어가 대상으로 삼는 것**(개와 레몬, 전자와 홍역)이 사회적으로 만들어진 구성물이라고 할 수는 없다.●●

물론 어떤 의미에서는 사회적 구성물인 사실도 존재한다. 철

● 18세기의 플로지스톤 이론은 모든 가연성 물질에서 플로지스톤이 발견되고, 그러한 물질이 연소될 때 플로지스톤이 방출된다고 주장했다. 에테르가 빛을 전달하는 매개 물질이라고 생각했던 사람들 중에는 데카르트도 있었다. 현대 과학의 등장으로 이러한 용어는 모두 폐기됐다.

●● 광범위한 논의는 다음을 참조. Boghossian, P. 2006. *Fear of Knowledge. Against Relativism and Constructivism*. Oxford University Press.

학자들이 **사회적 사실**social fact이라고 부르는 것들이다. 사회적 사실의 특징은 인간 제도의 존재를 전제하는 방식이다. 가령 스웨덴 축구선수 즐라탄 이브라히모비치Zlatan Ibrahimovic가 골을 넣고, 내 차가 보험에 가입되어 있고, 8.9크로나가 1달러라는 사실은 특정한 인간 제도나 일련의 규칙이 없으면 존재할 수 없다.••• 인류가 지구에서 모두 사라진다면 이런 유형의 사실 또한 모두 사라질 것이다.

　　그러나 **모든** 사실이 제도와 일련의 규칙에 의존하는 것은 아니다. 개나 레몬, 또는 홍역 같은 것에 속하는 무언가는 인간의 제도를 요구하지 않는다. 또한 사회적 사실에는 사회적이지 **않은** 사실의 존재도 필요하다. 즐라탄이 골을 넣었다는 사실에는 그의 신체와, 공간을 통한 공의 움직임과 관련된 사실도 필요하다. 물론 내게 언어가 없다면 이러한 사실을 설명할 수 없을 테니, 언어가 사회적 구성물일 수도 있다(오직 한 사람만 사용하는 언어를 상상하는 것이 가능하기 때문에 '수도 있다'라고 표현했다). 인류가 지구에서 모두 사라진다면 이러한 사실들에 대한 설명도 모두 사라지겠지만, 그렇다고 사실 자체가 사라지지는 않을 것이다. 우리가 여기 있지 않더라도, 혹은 아무도 관련된 지식을 모른다고 해도 개와 레몬, 홍역은 여전히 존재할 것이다. 람세스 2세는 분명히 기원전 1223년에 결핵으로 죽었다. 당시 누구도 **결핵**이라는 개념을 **알지** 못했다고 해도 말이다.

　　특정 개념은 우리의 제도뿐만 아니라 가치관과도 연결되어 있기 때문에 우리를 혼란스럽게 만든다. 이는 때때로 미끄러운 경사

••• 관련된 논의는 다음을 참조. Carlshamre. 2020. chapter 6.

면이며, 동시에 분명히 가치관에 의해 오염된 자연적 범주를 암시한다. 젠더 개념이 가장 좋은 예다. 우리의 가치관은 무엇이 '실제' 여성을 규정하는지 아이디어를 제공하고, 사람을 분류하는 방식에 영향을 미침으로써 해로운 구조 유지에 기여한다.[*] 이보다 나쁜 예는 **인종** 개념이다. 이 개념은 과학적인 차원에서 중립적으로 들릴 수도 있다. 하지만 실제로는 과학적 기반이 부족하고, 가치관에 의해 편향되어 있다. 최근 철학자들이 이처럼 문제가 되는 개념들에 관심을 가지면서 새로운 개념들이 자리를 잡기 시작했다. 개념이 누군가에게 피해를 입히고 억압의 존속을 강화할 때, 철학자는 그 개념을 비판하고, 피해를 주는 가치관으로부터 분리된 더 낫고, 새로운 개념을 제시해야 한다.[**]

트럼프와 포스트모더니즘

지식이 힘의 문제이며, 힘 있는 자의 관점이 지배적이라는 생각 뒤에는 활용 가치 있는 통찰이 깔려 있다. 세상은 무한히 복잡하고, 세상에 대한 모든 설명은 뭔가를 누락하며, 누락된 것은 힘의 문제일 때가 많다. 역사 연구가 대표 사례다. 저자 에리크 구스타프 예

---

[*]   관련된 논의는 다음을 참조. Carlshamre. 2020. p.136-137.

[**] 다음을 참조. Sally Haslanger. *Resisting Reality: Social Construction and Social Critique*(2012).

이예르^{Erik Gustaf Geijer}의 표현대로 스웨덴 역사는 왕의 역사다. 즉, 강력한 리더가 역사를 주도했다. 오랫동안 역사책에서 그렇게 묘사해왔지만, 시간이 흐르면서 그러한 관점은 비판받기 시작했다. 힘을 가진 특정 개인에 집중함으로써 복잡한 인과관계를 단순화하고 다양한 핵심 관점을 놓쳤다는 것이다.

1960년대와 1970년대를 거치면서 우리 사회는 '민중'에 대한 시각을 강조할 필요성을 자주 언급하기 시작했다. 농노와 노동자, 그리고 농부가 어떤 과정을 거쳐왔는가? 오래지않아 민중은 백인뿐만 아니라 다른 민족들, 더불어 여성과 아이들, 트랜스젠더와 장애인 등을 포괄하게 됐다. 이러한 맥락에서 관점을 둘러싼 논의는 의미가 있다. 물론 그 의미는 모든 것이 단지 다양한 관점에 관한 것이지 역사적 진실에 관한 것이 아니라는 데 있다. 다양한 관점이 존재한다는 사실을 강조해야 할 이유는 노예와 여자, 아이들 등이 오랜 세월과 역사 속에서 맡았던 역할의 경험이 **더 많은** 지식을 제공하기 때문이다. 아무리 많은 관점이 존재한다고 해도 세상의 실제 모습은 바뀌지 않는다.

페미니스트 인식론 또한 여성의 지식을 진지하게 받아들이는 것의 중요성을 강조해왔다. 이는 단지 남성들이 역사적으로 여성의 경험을 무시해왔다는 사실뿐 아니라, 역사가 남성, 특히 힘 있는 남성만 주목해왔다는 사실과 관련되어 있다. 이는 또한 남성이 어떻게 여성의 **지식**, 가령 다양한 형태의 억압에 대한 여성의 지식을 무시해왔는지에 관한 것이기도 하다. 1980년대를 거치면서 페미니스트 인식론은 발전을 거듭해 오늘날 다양한 핵심 주제와 함께 주요 연구 분야로 자리 잡았다. 한 주요 접근법은 지식의 사회적 측면을 검토하고, 개인의 사회적 지위가 그가 알고 있는 것과 그것을 얻는 방법에 있어 어떻게 일조하는지를 강조한다. 예를 들어 남성 지배적 인식론은 지나치게 개인주의적이고, 협력이 필요한 지식에 충분한 관심을 기울이지 않는다는 전통적인 비판이 있다.•

> "객관성과 진실에 대한 믿음에 의문을 제기하면
> 좋은 근거와 이유에 대한 믿음을 훼손하게 된다."

포스트모더니즘 사조가 다양한 관점의 중요성을 강조함으로써 어느 정도 긍정적인 영향을 미쳤는지, 혹은 어느 정도 피해를 입혔는지 판단하기는 쉽지 않다. 내 생각에 일부 분야, 특히 학계(인문 사회과학의 특정 부분)에는 부정적 영향을 미쳤지만, 학계 외부에 끼친 영향은 판단하기가 어렵다. 사람들이 포스트모던 이론을 보편적으로 받아들여서 객관적 현실이라는 개념에 의문을 품게 된 것이 가장 큰 위험은 아닐 것이다. 그보다 중대한 위험은 다양한 관점에 대한 논의가 선전과 거짓 정보에 **"이것은 거짓이다!"** 하고 손쉽게 대응하기 어

•   이에 대한 훌륭한 검토는 다음을 참조. Elizabeth Anderson, 'Feminist Epistemology and Philosophy of Science', *The Stanford Encyclopedia of Philosophy* (Fall 2012 Edition), Edward N. Zalta(ed.), https://plato.stanford.edu/archives/spr2017/entries/feminism-epistemology/.

렵게 만든다는 데 있다. 철학자 티머시 윌리엄슨이 지적했듯이 관용을 중요하게 생각하는 사람들이 자주 포스트모던 사고방식을 활용한다. 그들은 다른 이를 공격하는 것을 두려워하고, 믿음을 진실과 거짓으로 분류하는 것은 관용적 접근 방식이 아니라고 생각한다. 문제는 이러한 입장이 트럼프와 같은 선동가들이 몸을 숨기는 연막을 만들어준다는 것이다.●● 이 모두가 단순히 관점의 문제라면, 트럼프의 관점은 무엇이 문제란 말인가?

문학자 케이시 윌리엄스Casey Williams는 〈뉴욕타임스〉의 철학 칼럼 '더스톤The Stone'에 기고한 글에서 이 문제를 분석하고자 했다.●●● 윌리엄스는 포스트모던 사상가들이 어떻게 (최근 몇십 년간) 인문학과 사회과학 분야에서 사실과 진실은 사회적 구성물이며, 객관적 지식이란 존재하지 않는다고 주장해왔는지 강조했다. 이러한 사상가들은 트럼프에 어떻게 대응해야 할까? 윌리엄스는 객관성과 진실에 대한 믿음에 의문을 제기할 것이 아니라, 설령 사실이 만들어진 것일지라도 모두 똑같이 만들어진 것은 아니라고 주장함으로써 대응해야 한다고 말했다.

이러한 비판적 방법을 트럼프가 말하는 현실에 의문을 제기

●● Joe Humphreys. 'Unthinkable: How Do we "Know" Anything?'. *The Irish Times* 05/03/2017. 티머시 윌리엄슨은 그의 저서 《내가 옳고, 네가 틀려!》에서 네 명의 다른 사람들이 지식과 진실에 관한 문제를 토론하도록 하면서 상대주의를 논한다. 이 대중 과학서는 상대론과, 이와 관련된 다른 문제에 관심이 있는 사람이라면 읽을 가치가 충분하다.

●●● Williams, C. 'Has Trump Stolen Philosophy's Critical Tools?'. *The New York Times* 17/04/2017.

할 때 사용할 수 있다. "주장이 사실인지 거짓인지 묻는 것이 아니라, 그 주장이 어떻게, 왜 만들어졌으며, 사람들이 이를 받아들였을 때 어떤 영향을 미칠 것인가를 물어야 한다. 지식이 어떻게 만들어지고 사용되는지에 관심을 집중함으로써 트럼프와 같은 정치인들이 그들의 말에 책임을 지도록 만들 수 있다." 이는 철학적, 전략적 차원에서 대단히 독특한 생각이다.

모든 사실이 사회적 구성물이지만, 그들 중 일부는 다른 것보다 "더 낫다"라는 말의 의미는 무엇일까? 물론 트럼프가 이민과 실업, 범죄 통계와 관련해 그런 말을 했던 이유에 주목하는 것도 나쁘지 않다. 그는 자신의 지지자들을 만족시키기 위해 그런 말들을 했다. 하지만 핵심은 그의 주장이 근거 없는 거짓임을 보여주는 것이다. 객관성과 진실에 대한 믿음에 의문을 제기하면 좋은 근거와 이유에 대한 믿음을 함께 훼손하게 되는데, 이는 곧 위험한 선동가가 내놓은 주장에 대응할 기회가 없다는 것을 의미한다.●

또한 이러한 포스트모던 접근 방식을 지식과 진실에 대한 믿음을 약화시키고자 하는 냉소주의자들이 적극 활용한 것도 분명하다. 한때 푸틴의 선전 기관이 '다양한 관점'에 대한 서구의 수사법을 활용한다는 주장이 제기됐다.●● 그리고 극우 세력이 이러한 방식을 활용한다고 믿을 만한 근거도 있다. 미국의 대표적 극우 인사인 마이크 세르노비치Mike Cernovich의 인터뷰 기사에서 특히 고약한 사례를 찾아볼 수 있다.●●● 그는 우파 극단주의의 입장과 대안적 '사실'을 쏟아내는 소셜미디어 〈세르노비치 미디어Cernovich Media〉를 운영한다. 세르노비치는 여성을 유혹하는 방법을 제시하는 블로그로 활동을 시작했다. 니체의 인용구(진정한 남자는 여자를 가장 위험한 장난감으로서 원한다고 한 대목)에서 영감을 받아 블로그에 '위험과 놀이Danger and Play'라는 이름을 붙였다.

이후 그의 블로그는 정치적 성격을 띠게 됐으며, 2016년에는 힐러리 클린턴Hillary Clinton을 공격하기 위해 사용됐다. 대표적인 사례로 세르노비치는 클린턴이 파킨슨병을 앓고 있다는 낭설을 퍼뜨렸다. 또한 그는 대선이 있던 해에 엄청난 가짜 뉴스를 만들어내기도 했다. 클린턴이 아동 성착취와 관련된 소아성애자 집단을 이끌고 있다는 것이었다. 이러한 행위의 목표는 기성 언론의 '내러티브'를 외면하면서 대안적 세계관을 내놓는 것이었다. 남성은 페미니스트에게 억압받고, 이민자들은 미국을 망치고 있으며, 이슬람인은 모두 테러리스트라는 세계관 말이다. 이는 트럼프 행정부의 전 우파 민족주의 고문이었던 스티븐 배넌Stephen Bannon의 세계관과도 대단히 흡사하다. 특히 세르노비치는 인터뷰를 통해 기성 언론이 거짓말을 하고 있다고 주장했다. "트위터 이전에는 어떻게 알 수 있었죠? 저는 대학에서 포스트모더니즘을 공부했습니다. 모든 게 다 내러티브라면, 지배

●   브뤼노 라투르는 최근 자신의 초기 냉소주의와 거리를 두고 있다. 기후 변화를 부정하는 이들이 그 동일한 유형의 냉소주의를 사용하고 있기 때문이다. 라투르의 인터뷰 기사를 참조. Jop de Vrieze. *Science*. AAAS, 10/10/2017.

●●   'In his op-ed 'Trump's Method, Our Madness'(The New York Times 20/03/2017). 조엘 화이트북Joel Whitebook 또한 푸틴의 측근인 블라디슬라프 수르코프Vladislav Surkov가 포스트모더니즘 배경을 갖고 있으며, 포스트모더니즘과 독재를 결합하는 뚜렷한 전략을 갖고 있다고 언급했다.

●●●   Andrew Marantz. 'Trolls for Trump'. *The New Yorker* 31/02/2016.

적 내러티브에 대한 대안이 필요합니다." 그러고는 웃음을 지으며 이렇게 덧붙였다. "제가 라캉을 읽은 사람처럼 보이지는 않죠?"•

　　나는 직업 철학자의 입장에서 포스트모더니즘이 철학에서 아주 중요한 위치를 차지한 적은 없다는 점을 지적하고 싶다. 지리적 차이는 있겠지만, 세계적인 관점으로 볼 때 오직 소수의 철학자들만이 푸코^{Michel Paul Foucault}와 데리다^{Jacques Derrida}, 리오타르^{Jean-François Lyotard}를 비롯한 여러 유명 포스트모던 사상가에 주목했다. 절대다수는 관심을 보이지 않았다.•• 그 분야의 주요 영역은 분석철학과 언어철학, 논리학, 과학철학, 심리철학, 인식론, 형이상학, 윤리학, 정치철학 등 전문화된(확장된) 연구 분야로 구성된다.

　　포스트모더니즘이 학계에 미친 큰 영향은 주로 철학 외부에서 이뤄졌다. 철학에서는 포스트모던 사고방식이 주변적 역할에 머물렀음에도 불구하고, 인문학과 사회과학에서는 상당한 영향력을 발휘했다. 철학자의 입장에서 볼 때, 철학적 배경이 없는 학자들이 해당 이론을 진정 이해하고 평가하는 데 필요한 도구도 갖추지 않은

• 　　자크 라캉^{Jacques Lacan}(1891~1981)은 많은 포스트모던 사상가에게 영감을 준 프랑스 정신분석학자다.

•• 　　철학에서 말하는 '포스트모던'이라는 용어는 리오타르의 1979년 저서 《포스트모던의 조건 La condition postmoderne》(유정완 역, 민음사, 2018)에서 비롯됐다. 학계 외부에(그리고 철학 외부에) 산재하는 논의의 상당 부분은 비록 그 정도를 구체적으로 밝히지는 못한다고 해도 분명 이들 철학자에 대한 오해로 이어지고 있다. 여기서 나는 푸코와 데리다, 리오타르에 대해 논하고 있지 않다. 다만 철학자가 아닌 사람들이 이들 철학자로부터 가지고 와서 일반적으로 '포스트모던'이라고 일컫는 개념에 대해 다룬다.

상태에서 이러한 급진적인 철학 이론을 기꺼이 수용하려는 모습은 대단히 낯설게 느껴졌다. 개인의 전문 분야가 아닌 영역을 다룰 때에는 신중하게 모색하는 것이 마땅한 과학적 태도다. 아마도 그들은 포스트모던 사고방식을 받아들이는 게 여러모로 자유로워 보이기 때문에 그렇게 했을 테지만, 이는 어떤 이론을 지지하는 바람직한 자세가 아니다.

물이 반쯤 차 있는 컵의 진실

물론 철학 이론만이 객관적 사실을 향한 회의주의의 토양이 되어준 것은 아니었다. 스코티 넬 휴스가 사실의 본질과 관련해 특정한 철학적 입장을 받아들였기 때문에 더 이상 사실은 없다고 말했다고 보기는 어렵다. 그보다 그는 최근 사회에서 유행하는 생각을 가지고 장난을 친 것이었다. 모든 것은 그저 **해석**의 문제일 따름이라는 생각 말이다. 그는 사실이 여론조사 또는 악명 높은 비유인 반쯤 남은 물컵과 같은 것이라고 말한다. 즉, 각자가 자신의 입장에 따라 해석을 한다는 것이다.

물이 반밖에 없다거나 반이나 남았다는 설명은 내가 앞서 언급한 대로 논쟁의 여지가 없는 사례다. 동일한 사실(예를 들어, 물컵 안에 물이 200밀리리터 있다)은 얼마든지 다른 방식으로 설명 가능하다. 그러나 물컵 사례의 요점은 명백히 다른 구석이 있다. 세상에서 벌어지는 일을 해석하는 방식에 우리의 태도가 영향을 끼친다는 것이다.

비관론자들은 물이 반밖에 없다고 하고, 낙관론자는 반이나 남았다고 설명한다. 아마도 휴스가 말하려던 내용도 이런 것일 테다. 다시 말해, 우리는 여론조사에서 얻은 것과 같은 다양한 데이터를 갖고 있지만, 이를 해석하는 방식은 언제나 자신의 이해관계에 달려 있으며, 어떠한 해석도 다른 해석에 비해 더 우월하지 않다는 것이다.

휴스가 2016년 11월에 수백만 명이 불법적으로 투표했다는 트럼프의 거짓 주장을 옹호하기 위해 이러한 사고방식을 활용했다는 사실은 다소 놀랍다. (공화당에서는 중대한 문제라고 오랫동안 주장해왔음에도 불구하고) 모든 증거가 부정 선거가 미국에서 대단히 작은 문제라는 사실을 말해준다. 물론 정확한 집계 수치를 찾아내는 것은 까다로운 일이다. 그러나 수백만 명이 불법으로 투표했다고 믿을 만한 증거는 조금도 없으며, 그 증거를 다른 방식으로 해석할 수 있는 여지도 없다는 것은 분명하다. 트럼프는 증거에 기반해서 주장하지 않았다. 단지 일반 투표에서 자신이 클린턴보다 거의 300만 표나 적게 받았다는 사실을 해명하기 위한 의도에서 그렇게 주장한 것이다.

모든 것을 다르게 해석할 수 있다는 생각은 켈리앤 콘웨이가 말한 '대안적 사실'을 뒷받침한다. 트럼프의 취임식에 참석하기 위해 얼마나 많은 사람이 내셔널몰에 갔는지는 분명 아무도 정확히 세어보지 않았다. 입장권을 판매한 것도 아니고, 한 명씩 통과하는 개찰구도 없었다. 그저 하늘에서 찍은 군중 사진을 기반으로 추측했을 뿐이다. 백악관 대변인 션 스파이서는 언론이 사진을 고의적으로 잘못 해석하고 신임 대통령에 대한 대중의 열광을 축소시키려 했다고 비난했다. 그러나 이는 똑같은 데이터를 동등히 유효한 방식으로 다양하게 해석하는 경우를 보여주는 적절한 예시가 아니었다. 항공사진을 기반으로 군중의 규모를 예측하는 조사 방법은 이미 존재하고 있으며, 전문가들도 이에 동의했다. 2009년 오바마 취임식 때 모인 군중이 훨씬 더 높은 밀도로 넓게 퍼져 있었다. 트럼프의 취임식과 비교해 약 30퍼센트 더 많은 사람들이 모였다.●

> "트럼프 승리에 대한 전문가들의 예측 실패는
> 지나치게 협소한 관점의 결과였다."

더 좋은 예는 여론조사다. 선거 이후 전문가들의 예측이 크게 빗나가면서 여론조사에 대해 광범위한 논의가 이뤄졌다. 〈뉴욕타임스〉 같은 매체는 선거를 몇 주 앞두고 클린턴이 승리할 가능성을 85퍼센트로 내다봤다. 트럼프는 퉁명스런 표정으로 여론조사원들이 **자신의** 지지자들을 만나지 않았으며, 이는 자신을 향한 음모의 일환이라고 주장했다. 이후 선거에서 승리하자 그의 주장에 힘이 실렸고, 그와 그의 측근들은 여론조사 기관의 실패를 언급하면서 전문가와 언론의 주장을 반박했다. 또한 트럼프는 이들 기관이 이념적으로 오염된 방식으로 데이터를 해석했다고 주장했다.

●　　Matt Ford. 'Trump's Press Secretary Falsely Claims: "Largest Audience Ever to Witness an Inauguration, Period"'. *The Atlantic* 21/01/2017.

진실은 더 복잡하다. 미국은 주 기반의 선거인단 시스템으로 대선을 치르기 때문에 사전 여론조사가 까다로울 수밖에 없다. 한 주의 선거인단 수 자체도 주의 인구에 비례해 결정되지 않는다. 연방 형성 과정에서 작은 주들은 인구를 기준 삼을 때보다 더 많은 선거인단을 확보하도록 정해졌기 때문이다. 이는 남북전쟁으로부터 시작된 오랜 갈등의 산물이다. 그 결과, 캘리포니아주의 한 표는 와이오밍주의 3.6표와 맞먹는다. 대부분 이것이 비민주적이라고 주장했지만, 이전에는 일반적으로 전국에서 가장 많은 표를 얻은 후보자가 선거에서도 승리했기 때문에 이러한 사실이 크게 문제되지 않았다.• 대선의 결과를 정확히 예측하기 위해서는 더 이상 전국적으로 누가 가장 많은 표를 받을 것인지 예측하는 것만으로 충분하지 않다.

2016년에 이러한 문제가 여실히 드러났다. 주요 여론조사의 평균 오차 범위는 3퍼센트를 넘지 않았다. 여론조사 기관들은 미시건주와 위스콘신주처럼, 2012년에는 오바마에게 압도적으로 투표했지만 2016년에 트럼프에게 근소하게 더 많이 투표하는 주가 있으리라는 사실을 예측하지 못했다. 이들 주의 근소한 차이 덕분에 트럼프는 여론조사와 달리 304명이라는 놀라운 수의 선거인단을 확보할 수 있었다. 더불어 트럼프 승리에 대한 전문가들의 예측 실패가 지나치게 협소한 관점의 결과였다고 볼 수 있는 근거도 있다. 그와 같은 사람이 대통령으로 선출된다는 것은 **상상조차 하기 힘든** 것으로 여겨졌다. 미국 정치 분석가 숀 트렌드Sean Trende는 2016년 6월 기사에서 전문가들이 브렉시트 투표 결과를 예측하지 못한 것을 언급하면서 인식적 편견이나 편향으로 인해 무언가를 상상조차 할 수 없는 가정에 대해 설명했다.** 투표 이전에 이뤄진 여론조사 결과를 보면 확신할 수 있는 그 어떤 근거도 찾아볼 수 없었다. 대부분의 분석가는 확실한 예측을 하기에는 그 차이가 너무도 미미하다고 했다. 그럼에도 불구하고 전문가들은 한목소리로 탈퇴파가 패할 것이라 예측했다. 트렌드에 따르면, 그들은 다른 대안은 불가능하다는 가정을 기반으로 삼았다. 그리고 브렉시트가 재앙이 될 것이라 생각하는 동질적인 견해와 배경을 가진 집단에 속해 있었기 때문에 자신들의 입장을 끝까지 고수했다. 결국 그들은 탈퇴파가 이길 것임을 보여주는 증거를 놓치고 말았다. 이를 통해 트렌드는 미국 대선에서도 똑같은 일이 벌어질 수 있다고 경고했다. 이제는 모두가 트렌드가 옳았으며, 트럼프의 승리를 예측하지 못한 전문가들의 무능함 뒤에는 불확실한 추정이 자리 잡고 있었다는 사실을 알고 있다. 아마 미국 내에서도 전문가들이 동질적인 집단을 구성한 탓에 그러한 가정이 강화됐을 것이다. 그들은 결국 트럼프의 승리를 가리키는 증거를 놓치고 말았다.***

이로 보아, 데이터가 불완전할 때 우리가 자신의 가정에 기반

- 그렇지 않은 경우는 다섯 번 있었다. 1824년 존 퀸시 애덤스John Quincy Adams, 1876년 러더퍼드 헤이스Rutherford B. Hayes, 1888년 벤저민 해리슨Benjamin Harrison, 2000년 조지 W. 부시George W. Bush, 그리고 2016년 도널드 트럼프가 승리했을 때다.

- ● Sean Trende. 'Trump, Brexit and the State of the Race'. *Real Clear Politics* 28/06/2016.

- ●●● Nate Silver. 'There Really was a Liberal Media Bubble'. *FiveThirtyEight* 10/03/2017. 실버의 사례는 그가 선거 전 민주당 인사들에게 클린턴의 승리가 절대 확실하지 않다고 경고한 전문가 중 한 사람이라는 점에서 흥미롭다.

하여 해석한다는 주장에는 일리가 있다. 이는 자신의 입장에 맞게끔 증거를 해석한 경우라기보다는, 실질적으로 해석을 통제하는 무의식적 가정들의 결과에 해당한다. 이런 일은 더 명백하고 보편타당한 원리에 따라 실험 결과를 해석해야 하는 과학 분야에서도 일어난다.

과학자들에게는 많은 데이터가 있지만, 이것들이 정확히 무엇을 의미하는지는 알 수 없다. 이를 판단하려면 다양한 이론적 숙고와 논의가 필요하다. 이때 과학자들은 데이터를 가장 잘 설명해주는 이론을 찾는다. 일례로 〈메트로〉 2017년 1월 25일 자의 인터뷰에서 나를 포함한 세 명의 전문가에게는 진실이 무엇이냐는 질문이 주어졌다. 당시 고체물리학 교수 크리스텔 프린츠Christelle Prinz는 진실은 가공되지 않은 데이터로 구성되며, "나머지는 단지 해석들"이라고 주장했다. 그러나 그는 그러한 해석들이 추가로 검증될 수 있으며, 이를 통해 진실에 다가설 수 있다고 지적했다.

실험 데이터를 기반으로 진실에 도달하는 것이 얼마나 어려운지는 관련 연구 분야에 달렸다. 3장에서는 다양한 심리학 실험에 대해 논의해볼 것이다. 이러한 실험을 수행하는 사람이라면 누구나 설정된 상황에서 충분히 많은 사람의 반응과 관련된 데이터를 수집하고, 주어진 가설을 평가하기 위해 결과로부터 통계자료를 취합한다. 신뢰할 수 없는 가설을 걸러내는 데 사용할 수 있는 분명한 기준이 있다고 해도, 일반적으로 데이터는 하나 이상의 가설을 뒷받침한다. 그러므로 심리학 실험에서는 결론을 지나치게 성급히 도출하는 것에 언제나 주의를 기울여야 한다. 또한 데이터를 확신하기 위해 실험을 반복해 수행하는 것도 중요하다. 특히 심리학에서는 이 부분이

어려울 수 있으며, 많은 실험을 정확히 반복해 수행하는 것이 불가능하다고 지적되어 왔다.●

복잡한 점은 무엇이냐면 ……

　　때때로 데이터는 상당히 의도적으로 조작되기도 한다. 한 사례로, 최근 스웨덴에서 범죄 통계와 이민을 둘러싸고 한 차례 논의가 벌어졌다. 흥미롭게도 여기에도 배후에 트럼프가 있었다. 2017년 2월 18일, 트럼프는 연설에서 느닷없이 스웨덴을 거론했다. 트럼프는 그 전날 밤 (그가 대부분의 '정보'를 얻는 통로인) 〈폭스뉴스〉에서 스웨덴의 이민과 범죄에 대한 보도를 보고는 이렇게 말했다. "우리는 어젯밤 스웨덴에서 벌어진 일을 목격했습니다. 스웨덴, 누가 이 사실을 믿을까요. 스웨덴, 그들은 많은 이민자를 받아들였습니다. 그리고 생각지도 못했던 문제가 벌어지고 있습니다." 전날 저녁에 어떤 특별한 일도 벌어지지 않았기에 스웨덴 사람들은 그가 무슨 말을 하려던 건지 궁금해했다. 테러리스트 공격 같은 것은 분명 없었다. 트럼프는 테러가 아니라 당시 스웨덴에 머물고 있던 다큐멘터리 영화

●　관련 논의는 다음을 참조. 'How Reliable are Psychology Studies?'. *The Atlantic* 27/08/2015. 이는 물론 우리 인간이 복잡한 존재이며, 통제된 실험을 수행하기 어렵게 만드는 다양한 요인으로부터 쉽게 영향을 받는다는 사실과 관련 있다. 말인즉 고체물리학과 같은 자연과학 분야에서 실험을 수행하기가 더 쉽다는 뜻이다.

제작자 아미 호로비츠^{Ami Horowitz}가 〈폭스뉴스〉에 출연해 주장한 것을 말하고 있었다. 호로비츠는 2015년 스웨덴이 난민 입국을 대규모로 허용한 이후 성범죄와 무기 관련 범죄가 급격하게 증가했다고 주장했다. 또한 스웨덴 당국이 성범죄 가해자의 출신을 숨기고 있다고도 주장했다.

호로비츠의 주장은 일부 잘못됐고 또한 오해를 불러일으킬 소지가 있었다. 트럼프의 언급 이후 높아진 국제적 관심에 대응하는 차원에서 스웨덴 정부는 범죄 통계와 이민에 관련된 자세한 정보를 웹사이트에 공개했다.● 그중 이민자 수가 증가하면서 스웨덴 내 살인 범죄율이 1990년 인구 10만 명당 1.3건에서, 2015년 1.1건으로 떨어졌다는 점이 주목을 받았다.●● 경찰에 보고된 성폭행 범죄의 수가 2012년 이후로 증가했다는 내용도 있었지만, 여기에는 여러 요인이 작용했다. 우선 성폭행의 정의가 바뀌었고, 캠페인을 통해 사람들이 관련 범죄를 묻어두지 않고 신고하도록 장려해왔다. 그리고 스웨덴은 관련 범죄를 다른 나라와 다른 방식으로 기록했다. 가령 한 여성이 1년 동안 매일 남편에게 성폭행을 당한 경우 대부분의 나라에서는 이를 오직 한 건으로 기록한 데 반해, 스웨덴에서는 365건으로 기록했다. 또한 스웨덴 정부는 1997년부터 2001년 사이에 이뤄졌던 범죄 용의자와 출신 국가 사이의 상관관계 조사가 2005년 이후로 이뤄지지 않았다고 언급했다. 마지막 조사 결과에서는 이민자 출신이 범죄 용의자가 될 가능성이 2.5배 더 높다고 보여졌다. 그러나 스웨덴 정부는 어린 시절 사회적·경제적 차이가 이러한 차이를 만들 수 있음을 보여주는 연구를 함께 언급했다.

호로비츠는 증거에 기반했다기보다 정치적인 의도에서 해당 발언을 했던 것으로 보인다. 한편, 스웨덴 정부의 몇몇 발표 내용 역시 오해를 불러일으킬 소지가 있었다. 2019년 스웨덴의 살인 범죄율이 1990년보다 낮아진 것은 맞다. 하지만 스웨덴 정부는 미국과 서유럽, 그리고 북유럽의 나머지 국가들에서도 같은 기간 동안 살인 범죄율이 전반적으로 떨어졌다는 사실은 언급하지 않았다. 스웨덴 경제학자 티노 사난다지Tino Sanandaji는 한 기사에서 스웨덴 정부가 몇 가지 주요 통계자료를 언급하지 않았다고 지적했다. 살인 범죄율 감소는 스웨덴보다 서유럽 전반에 걸쳐 더 뚜렷하게 나타났다. 조사가 마지막으로 진행됐던 2014년 동안에는 1.3건에서 0.6건으로 떨어졌다. 노르웨이 역시 1.1건에서 0.4건으로 줄어들어 스웨덴보다 더 큰 감소폭을 보였다.●●● 하지만 북유럽 국가 같은 작은 나라의 폭력 범죄 관련 통계자료를 다룰 때에는 항상 조심해야 한다. 이를 잘 보여주는 사례가 2011년 노르웨이의 통계자료다. 당시 노르웨이에서는 전반적 흐름이 완전히 역전되어 살인 범죄율이 2010년 인구 10만 명당

● 'Facts about Migration and Crime in Sweden'. 스웨덴 정부Government Offices of Sweden. 2017.

●● 스웨덴 국립범죄예방연구소 2017년 보고서(2017년 3월 30일)는 사망에 이르는 폭력 사건이 2016년에 다소 감소했다고 지적했다. 21세기 들어 2015년에 그러한 폭력 사건의 발생 건수는 최고치를 기록했지만(총 112건), 그럼에도 1989~1991년 동안에 비하면 낮은 수치. 2018년에 나온 보고서에 따르면 2017년의 사망에 이르는 폭력 사건의 수는 총 113건으로 2016년 106건에 비해 살짝 증가했다.

●●● Sanandaji, T. 'What is the Truth about Crime and Immigration in Sweden?'. *National Review* 25/02/2017.

0.6건에서 2011년 2.2건으로 급증했다.[*] 노르웨이는 왜 갑자기 폭력적인 나라가 된 것일까? 바로 극우파 테러리스트 아네르스 브레이비크Anders Breivik 때문이었다.

이민과 범죄 사이의 상관관계 역시 스웨덴 정부가 내놓은 것보다 훨씬 복잡했다. 그렇다. 1990년 이후로 이민이 증가했다는 사실은 이민 증가가 살인사건의 증가로 이어지지 않았다는 사실을 보여준다. (비록 이민을 허용하지 않았더라면 그 수치가 더 낮았을 수는 있지만) 이민과 살인 범죄율 사이에 상관관계가 있는지에 대해서는 아무런 답을 내놓을 수 없다. 이 문제를 논의하려면 2005년을 끝으로 마무리된 통계 조사와 같은 조사를 여러 번 시행해야 할 것이다.[**] 이 연구와 관련해 스웨덴 정부는 범죄 용의자 대다수가 스웨덴에서 스웨덴인 부모로부터 태어났다는 사실을 지적했으며, 이민자의 압도적 다수가 어떤 범죄로도 의심을 받은 바 없다는 사실을 강조했다. 정확하기는 하지만 다소 이상한 주장이다. 이민자 대다수가 범죄 용의자가 아니라는 것은 전혀 놀라운 주장이 아니기 때문이다. 만약 그렇다

---

[*] UN 마약 및 범죄 사무국 국제 살인 통계 데이터베이스UN Office on Drugs and Crimes International Homicide Statistics Database.

[**] 몇몇 연구가 추진되기는 했다. 2017년 5월 22일, 〈다겐스 뉘헤테르〉 사설에 대응하여 범죄학 교수 예지 사르네츠키Jerzy Sarnecki는 1974년 이후로 시행된 20여 개의 연구에서 과잉 보도가 입증되었음을 강조했다. 그해 5월 〈다겐스 뉘헤테르〉는 총기와 관련된 새로운 범죄 흐름에서 이민자 출신의 젊은 남성들이 많은 부분을 차지한다고 언급했다. 100명 중 90명에게 적어도 한 명의 해외 출신 부모가 있었다는 것이었다(2017년 5월 21일 자 기사). 그러나 범죄 발생 당시에 이들 중 누구도 망명 신청자가 아니었다는 점에 주목할 필요가 있다.

면 범죄 용의자 수는 어마어마하게 늘어날 것이다. 여기서 질문은 범죄 용의자의 **대다수**가 이민자인지 아닌지가 아니라(만약 그렇다면 매우 놀라울 것이다), 2005년 연구가 보여줬듯이 이민자들이 범죄 용의자들 사이에서 과잉 대표되고 있는 것은 아닌지를 묻는 것이어야 한다.

이처럼 상황은 복잡하다. 심지어 스웨덴 정부가 내놓은 정보조차 편향되어 있다(물론 호로비츠나 트럼프가 보여준 사실상 오류와는 비교할 수 없지만). 또 다른 문제는 우리가 통계 해석에 익숙하지 않아 통계를 통해 여론을 호도하기가 쉽다는 것이다. 기저율 오류base rate fallacy(어떤 사건이 일어날 통계적 확률을 무시할 때 나타나는 오류-옮긴이)처럼 널리 알려진 다양한 인식 편향이 존재한다.

둘째를 임신했을 당시 내 나이는 마흔에 가까웠다. 그때 나는 기형아 출산의 리스크가 **두 배**나 더 높다는 말을 들었다. 너무도 암울한 소식이었고 걱정도 됐다. 그러나 지금 생각해보면 당시 나는 너무나 쉽게 저지를 수 있는 실수를 했다. 애당초 기형아 출산의 일반적 리스크를 고려하지 않은 것이다. 기형아를 출산하는 일반적인 확률은 100명 중 0.02명에 불과하다. 위험이 두 배가 된다고 해도 0.04명으로 여전히 무시해도 될 정도로 낮았다. 이민자와 범죄 용의자에 대한 2005년 통계자료에서도 섣불리 어떤 결론을 이끌어내기 전에 우리는 기저율부터 파악해야 한다.●●●

●●● 복지 전문가 안드레아스 베르크Andreas Bergh는 우리가 가능성이 대단히 낮은 통계자료를 평가하려 애쓰는 것이 문제를 만든다고 강조했다('Brott ska bade raknas och vägas'. *Dagens Nyheter* 05/05/2017).

인과관계를 논하기 시작하면 상황은 더 복잡해진다. 〈폭스뉴스〉는 성범죄와 무기 관련 범죄의 건수가 이민 증가의 **결과**로, 특히 2015년에 밀려든 난민 물결로 인해 크게 증가했다고 추정했다. 그러나 이 주장은 옳지 않다. 폭력 범죄의 증가가 수년에 걸쳐 점진적으로 일어났기에, 2015년에 밀려든 거대한 규모의 난민과 연결 지을 수 없기 때문이다. 범죄 건수와 이민자 수 사이에 설령 **상관관계**가 존재한다고 해도, 그것이 **인과관계**의 존재를 말해주는 것은 아니라는 점을 유의해야 한다. 이는 연구자들이 매우 신중하게 접근해야 할 부분이다. A와 B 사이에 상관관계가 있다는 사실이 A가 B의 원인이라는 사실을 말해주지는 않는다.

이제는 논란의 여지가 없는 흡연과 암의 관계에 대해 생각해보자. 흡연자가 폐암에 걸릴 가능성이 높다는 주장은 이미 1960년대부터 나왔다. 미국의 대표 담배 기업들은 흡연이 폐암의 원인이라는 사실이 입증되지 않았다는 내용을 널리 퍼뜨리기 위해 노력했다(이에 대해서는 4장에서 다시 살펴볼 것이다). 결국 그들의 주장은 거짓으로 드러났지만, 진실일 수도 있었다. 가령 흡연과 암이 유전적 요인과 같은 제3의 요인에 의해 야기됐을 수도 있다. 만약 그랬다면, 흡연과 암 사이의 상관관계가 인과관계로 이어지지 않았을 것이다. 그 대신 유전적 요인과 흡연, 그리고 유전적 요인과 암 사이의 서로 다른 두 인과관계의 결과였을 것이다.

또 다른 일상적인 예시를 살펴보자. 하루에 소비되는 아이스크림 수와 그날의 익사 사고 건수 사이에도 상관관계는 있다. 그러나 당연하게도 이는 인과관계로 이어지지 않는다. 아이스크림 소비와 익사 사고 사이에는 제3의 요인이 있다. 바로 더운 날씨다.

그렇다면 우리가 다루는 것이 인과관계인지, 혹은 상관관계인지 어떻게 알 수 있을까? 영국 철학자 데이비드 흄David Hume이 자신의 저서 《인간이란 무엇인가A Treatise of Human Nature》(1739~1740)를 발표한 이후 많은 철학자들이 이 질문에 대해 논의했다. 흄은 우리가 인과관계를 **관찰**할 수 없다고 지적했다. 우리가 관찰할 수 있는 것이라고는 첫 번째 사건이 일어나고, 그다음 다른 사건이 일어난다는 사실뿐이라는 것이다. 녹색 당구공이 빨간 당구공을 때리면 빨간 당구공이 구르기 시작한다. 분명 우리는 녹색 당구공이 빨간 당구공을 때렸고, 이것이 근본적으로 빨간 당구공을 굴러가게 만든다는 결론을 내릴 수밖에 없다. 하지만 우리는 인과관계를 **볼** 수 없다. 우리가 보고 있는 것은 단지 상관관계다.

> "'엘리트 집단'이 사실을 은폐한다는 주장은
> 본래 문제를 넘어 확산되는 경향이 있다."

그렇다고 하면 이민과 범죄 사이에는 무슨 관계가 있을까? 2005년에 수행된 연구는 범죄 용의자 중 이민자가 2.5배 많기 때문에 둘 사이에 어느 정도 상관관계가 있음을 보여준다. 그러나 스웨덴 정부는 이민자 범죄와 비이민자 범죄의 결정적 차이가 사회적·경제적 요인과 관련되어 있음을 보여주는 연구를 인용했다. 가난과 소외가 범죄를 설명할 수 있다는 생각은 낯설지 않다. 이민자 출신이 스웨덴 출신 사람보다 열악한 사회적·경제적 환경 속에서 살아갈 위험이 높다는 점에서, 2005년 통계자료가 그러한 상황의 결과로 설명될 수 있다는 판단은 합리적으로 보인다.● 가령 특정 집단이 '얼마나 최근에' 스웨덴에 유입됐는지와 그 집단 내부에서 범죄가 '얼마나 많이' 발생하는지 사이에는 분명한 연관성이 있다. 시간이 흘러 그 집단이 새로운 사회에 안착하면 범죄는 점차 줄어든다. 벡셰대학교 국가경제학과 교수 얀 에크베리Jan Ekberg는 〈다겐스 뉘헤테르〉 2017년 5월 21일 자 인터뷰 기사에서 경제와 통합의 문제를 강조했다. 여기서 에크베리는 "노동이야말로 범죄를 예방하기 위해 절대적으로 중요한 요소다"라고 말했다.

이민과 범죄에 관한 통계자료가 꼭 만들어져야만 할까? 쉽게 대답하기 힘든 질문이다. 한편으로, 그러한 통계자료가 이민자 출신과 범죄 용의자 사이의 상관관계를 보여준다면, 많은 사람들로 하여금 범죄 증가가 이민자 출신**에 의해** 발생한 것이라고 쉽게 결론 내리도록 만들 위험이 있다. 그러면 사람들은 그들의 민족적 배경과 그들의 **이국성**이 범죄 행동으로 이어졌다고 유추하게 될 것이다. 상관관계가 있다고 해서 그런 결론을 내려서는 안 된다. 그럼에도 불구하고 그러한 결론은 틀림없이 소셜미디어상에서, 특히 이민자에게 적대적인 사람들 사이에서 급속도로 퍼져 나갈 것이다. 이런 상황에서 상관관계와 인과관계를 구분해야 한다는 주장이 영향력을 발휘할 것이라 믿기는 힘들다.

또 한편, 이민과 범죄에 관한 연구를 수행하지 **않는다면**, 이민자에 적대적인 사람들은 학자, 정부, 언론 등 '엘리트 집단'이 사실을 은폐하고 있다고 비난할 것이다. 나는 후자가 전자보다 더 해로울 수 있다고 생각한다. '엘리트 집단'이 사실을 은폐한다는 주장은 본래 문제를 넘어 확산되는 경향이 있기 때문이다. 만약 범죄 용의자 중 이민자가 어떻게 과잉 보도되고 있는지 감추고자 한다면, 다른 것들도 감춰지지 않겠는가? 이는 효과적인 민주주의를 뒷받침하는 정치인과 학자, 그리고 언론에 대한 믿음을 허물어뜨리는 음모론으로 순식간에 번지게 될 것이다. 따라서 (어차피 음모론이 불거지더라도) 뭔가를 은폐하고 있다고 주장할 만한 근거를 없애는 편이 더 낫다. 이에 대해서는 4장에서 다시 살펴보도록 할 것이다.

한편 시장조사 기관 *DN/Ipsos*에서 시행한 한 조사는 언론에 대한 불신이 소속 정당과 밀접한 관련이 있다는 점을 보여준다.●● 자신이 우파 정당인 스웨덴 민주당 당원이라고 밝힌 사람 중 71퍼센트가 스웨덴이 언론에 비친 모습에 비해 덜 안전한 국가라고 생각하는 것으로 나타났다. 좌파 정당인 스웨덴 녹색당 당원의 경우에는 반대 결과가 나왔다. 73퍼센트가 스웨덴이 언론에 비친 모습보다 더 안전한 국가라고 믿는 것으로 나타났다. 또한 언론학자 요나스 올손

●　　그러나 이는 복잡한 문제다. 안드레아스 베르크는 사회·경제적 요인으로 통계자료를 표준화하고 나서도 과도한 표현이 어느 정도 그대로 남았으며, 또한 사회적·경제적 배경을 평가하는 것이 힘든 과제라고 지적했다(*Dagens Nyheter* 05/05/2017).

●●　　Hans Rosén. 'DN/Ipsos: 4 av 10 känner sig tryggare än mediernas bild'. *Dagens Nyheter* 01/03/2017.

Jonas Ohlsson은 이전 설문조사들에서 이민과 관련해 강력히 부정적인 입장을 가진 사람들은 자국 주요 언론을 불신할 뿐만 아니라, 언론에서 이민과 범죄 사이의 연관성에 대한 청사진을 보여주지 않는다고 믿는 경향이 있음을 확인할 수 있다고 말했다. 이러한 관점에서 보았을 때 어떤 식으로든 사실을 은폐하고 있다는 인상을 줄 수 있는 움직임을 피하는 것이 매우 중요하다.

언론연구소Institute of Media Studies 의뢰로 SOM 인스티튜트SOM Institute가 2017년에 추진했던 한 조사 역시 비슷한 경향을 보여줬다. 스웨덴 사람들은 의료보험이나 비즈니스와 같은 사안에 있어 언론에 대해 상대적으로 높은 신뢰도를 보였다. 반면 이민과 관련해서는 신뢰도가 낮았다. 아주 높은 신뢰도를 보인 집단은 단 5퍼센트에 불과했고 27퍼센트는 중간 수준의 신뢰도를 보였다. 의료보험에 대해서는 9퍼센트가 아주 높은 신뢰도를 보였고, 44퍼센트가 중간 수준의 신뢰도를 보였다.• 이 조사 또한 신뢰가 정치적 태도와 밀접한 연관이 있음을 보여줬다. 언론에 대한 신뢰는 스웨덴 민주당을 지지하는 사람들 사이에서 가장 낮았다.

스웨덴의 범죄 통계와 이민을 둘러싼 논의는 정치적으로 논쟁의 여지가 있는 복잡한 사실과 관련해 우리가 직면한 과제를 잘 보여준다. 이민에 반대하고 언론을 불신하는 사람들은 이민과 범죄 사이에 관계가 있음을 보여주는 그 어떤 것이든 강조할 것이다. 반대로 이민에 호의적인 사람들은 둘 사이에 실질적인 관계가 없음을 보여주는 그 어떤 것이든 강조할 것이다. 〈폭스뉴스〉가 명백히 다른 어떤 매체보다도 사실을 많이 호도하고 있기는 하지만, 전반적으로 보아도 사람들이 자신이 알고 있는 것에 대해 정확한 그림을 내놓는 경우는 드물다. "모든 사람은 자신의 방식대로 해석한다"라고 말한 스코티 넬 휴스의 관점에 힘이 실리는 대목이다. 그렇다고 해서 사실이 존재하지 않는다거나, 데이터를 그 어떤 오래된 방식으로도 해석할 수 있다고 결론을 내리는 것은 분명 잘못된 일이다.

올바른 결론은 복잡하며 정치인, 학자, 기자 등을 포함해 우리는 이를 아주 명료하게 만들어야 한다. 우리는 모르는 것이 많고, 우리가 알고 있는 것은 보통 복잡하다. 또, 우리는 통계자료를 정확히 해석하기 위해 각별한 주의를 기울여야 한다. 사실 우리는 아직 중요한 질문에 다가가지 못했다. 설령 범죄 증가를 이끈다고 해도 이민은 전반적으로 스웨덴에 긍정적 효과를 가져올까? 어쩌면 스웨덴은 그 자체로 몇 배의 보상을 얻을 수도 있다. 스웨덴의 경제 성장은 좋은 노동력 공급에 의존하며, 그렇기에 생산 활동에 부족한 만큼 충분한 인력이 스웨덴으로 이민을 온다. 스웨덴의 성장이 해외에서 유입되는 노동력 증가에 의존한다는 사실을 말해주는 연구들이 있다.●●

- ●   *Den nationella SOM-undersökningen*. 2016. University of Gothenburg.
- ●● 스웨덴 공공 고용청이 2016년에 내놓은 보고서 〈순 이민, 취업과 노동력―내일을 위한 노동시장의 과제Nettoinvandring, sysselsättningoch arbetskraft-utmaningar för morgondagens arbetsmarknad〉는 이러한 주장을 뒷받침한다. 보고서에 따르면 복지와 경제 목표를 충족시키기 위해 연간 6만 4천 명의 순 이민이 필요하다. 보고서는 경제적 이민자가 이러한 공백을 메워야 하는지에 대해서는 구체적으로 밝히지 않고 이것이 '정치적 선택'이라고 언급하면서, 자격 있는 노동자의 이민과 자격 없는 노동자의 이민 사이에는 중대한 차이가 있다고 지적한다.

복잡성 문제는 대중 과학에서도 나타난다. 과학적 발견은 이따금 매우 복잡하며 어떤 면에서는 대중 과학과 잘 어울리지 않는다. 옥스퍼드 국립역사박물관 큐레이터 마크 카널^{Mark Carnall}은 2017년 2월 1일 자 〈가디언〉 기사에서 이러한 사실을 잘 보여주는 사례를 제시했다. 과연 공룡은 어느 시기에 살았을까? 대중 과학에서는 가장 오래된 것으로 알려진 공룡이 2억 3천만 년 전에 살았으며 6천 600만 년 전에 모두 멸종했다고 밝히고 있다. 그러나 카널은 당연해 보이는 사실 뒤에 가장 오래된 화석을 중심으로 전개되는 복잡한 이야기가 숨어 있다고 말한다.

최초의 공룡이 어떤 흔적을 남겼을 가능성은 거의 없다. 공룡의 한 유형인 조류는 여전히 존재하며, 우리는 이러한 유형에 속하지 않는 공룡이 얼마나 다양하게 존재했는지 그리 잘 알지 못한다. 카널은 우리가 이런 종류의 복잡성을 외면하고 우리 자신이 모르는 것을 분명하게 밝히지 않음으로써, 확신에 대한 거짓된 인상을 만들어낸다고 생각한다. 동시에 그는 우리 지식의 한계를 분명하게 밝히는 것과 관련된 위험도 존재한다고 생각한다. 우리가 이론을 뒷받침하는 증거를 실제로 가지고 있을 때도 이를 단지 추측에 불과한 것으로 여기게끔 만들 수 있기 때문이다. 그러므로 도전 과제는 결정적 증거를 가진 명백한 사실이라는 인상을 주지 않으면서도, 그것이 단지 교육받은 추측에 지나지 않는다는 인상 없이 과학적 발견을 전달하는 것이다.

대중 과학의 맥락에서 자신의 전문 지식을 널리 전파하려는 학자라면 이것이 대단히 어려운 과제임을 잘 안다. 그들은 적어도 직접적으로 오해를 불러일으키는 말을 하지 않으려 노력하면서도, 어쩔 수 없이 여러 복잡성을 단순화하고 회피할 수밖에 없음을 알고 있다.•

이와 관련된 두 가지 위험이 있다. 첫째, 과학이 아주 쉬운 분야이며 누구든 해당 주제에 대한 이론을 만들어낼 수 있다는 인상을 줄 수 있다. 전문성이 과대평가됐다며 말이다.•• 둘째, 대중 과학의 단순화는 과학자들이 그들의 생각을 끊임없이 바꾸며, 결과적으로 그들에게 귀를 기울일 이유가 없다는 생각을 키울 수 있다. 우유가 몸에 좋다고 말하다가도, 또 어느 날 나쁘다고 말할지 모른다는 식으로 말이다. 그렇게 되면 사람들은 과학자가 전달하려는 지식을 받아들이지 않는다. 그렇다고 과학자들이 모든 대중 과학에서 물러서는 것은 분명 선택 사항이 아니다. 이는 대중 과학을 부정적으로 축소시키고 말 것이다.

다음 장에서 우리는 지식의 습득을 가로막는 심리 기제에 대

• 나 역시 이 위험을 감수하고 있으며, 내 철학 분야 동료들이 이 책에서도 단순화 사례를 발견할 것이라고 생각한다. (철학을 공부하는 사람들을 위해) 하나만 언급해보자. 내가 1장에서 언급했던 지식을 위한 세 가지 조건으로는 충분하지 않을 것이다(진실되고 타당한 근거가 있는 믿음). 우리는 이를 1963년에 발표된 에드먼드 게티어Edmund Gettier의 짧고 뛰어난 글('Is Justified True Belief Knowledge?') 덕분에 알 수 있다. 나는 게티어의 주장이 이 책의 논의와 무관하기 때문에 특별히 강조하지 않았다. 이 책에서 내가 하는 모든 이야기는 **충분조건**이 아니라, 세 가지 **필요조건**에만 기반을 두고 있다.

•• Scharrer, L. et al. 2016. 'When Science Becomes Too Easy: Science Popularization Inclines Laypeople to Underrate their Dependence on Experts'. *Public Understanding of Science*.

해 보다 면밀히 들여다볼 것이다. 지금까지 논의를 통해, 우리는 대안적 사실 같은 것은 없다는 결론을 내릴 수 있다. 사실은 세상이 존재하는 방식이며, 세상은 오직 한 가지 방식으로만 존재하기 때문이다. 같은 사실에 대한 대안적 **설명**은 존재한다. 대안적 분류 방식인 대안적 **개념**은 존재하지만, 어떤 개념이 세상의 어떤 것과 일치하는지는 우리에 의해 결정되지 않는다. 데이터의 대안적 **해석**이 존재하지만, 그 해석이 옳은지 여부는 세상이 존재하는 방식에 의해 결정된다. (비록 옳은 해석이 무엇인지 우리가 절대 분명히 알 수 없다고 해도 말이다.) 더 나아가, 실제 세상이 **될 수도 있었던** 대안적 방식도 있다. 1990년대 이후로 미국에서 폭력 범죄가 증가했을 수도 있었다. 그러나 사실은, 1993년부터 2018년 사이에 51퍼센트가량 떨어진 것이다. 트럼프 취임식에 모인 군중이 기록적인 규모일 수도 있었다. 그러나 사실은, 오바마가 취임했을 때 모인 군중의 규모가 더 컸다는 것이다.

3

사고는

어떻게
왜곡되는가?

인간은 이성적 동물이 맞을까?

아리스토텔레스는 인간을 이성적인 동물이라고 했다. 인간이 동물과 마찬가지로 다양한 지각 능력을 갖추고 있을 뿐만 아니라, 생각하고 계획을 세울 수 있는 이성도 가졌다는 것이다. 더 나아가 아리스토텔레스는 심지어 이성이 인간을 규정하는 요소라고 여겼고, 인간의 가장 큰 행복은 이성적인 활동에 몰두하는 것이라고 생각했다.● 그의 전철을 밟은 많은 철학자 또한 이성을 인간의 진정한 특성이라 강조했다. 가령 데카르트는 이성이 인간과 동물을 구분하며, 그러므로 인간에게는 동물과는 달리 영혼이 있다고 믿었다.

●   아리스토텔레스는 '에우다모니아eudamonia'를 언급했다. 학자들은 이 용어를 어떻게 옮길 것인지 여전히 논의 중이다. 일반적인 번역은 '행복'이지만, 아리스토텔레스가 의미한 바가 우리가 흔히 말하는 행복과 완전히 같지는 않다. 이보다는 인간으로서 '잠재력'과 조화를 이루며 잘 살아가는 삶에 더 가깝다.

그런데 과연 우리는 얼마나 이성적인 존재일까? 일상생활에서든 아니든 우리가 여러 면에서 비이성적임을 보여주는 사례가 많다. 우리는 끊임없이 사고의 함정에 빠져들고 타당한 근거가 없는 것들을 믿는다. 게다가 우리는 의지박약이다. 내 목표는 오래 사는 것이고, 단것을 적게 섭취하면 목표를 이룰 가능성이 더 높아질 것임을 알지만, 나는 단것들의 유혹에 너무나 쉽게 무너진다. 나는 내 원대한 목표에 따라 행동하지 않고, 이는 결코 이성적인 모습이 아니다.

철학자들이 말하는 **이론적**theoretical 이성과 **실천적**practical 이성을 구분할 필요가 있다. 이론적 이성은 이론적 지식과 관련 있다. 이는 이성적인 것을 **믿는** 것에 관한 것이다. 타당한 근거가 있는 것을 믿는 것은 이성적이고, 근거가 없는 것을 믿는 것은 비이성적이다. 그리고 반대나 찬성할 근거가 없을 때(혹은 반대나 찬성할 강력한 근거가 똑같이 있을 때) 그 문제와 관련해서 믿음을 갖지 않는 것이 이성적이다. 이성과 진실은 연결되어 있지만 서로 다른 것이다. 타당한 근거를 가진 뭔가를 믿는 것은 자신이 믿는 것을 보다 **개연성 있게** 만들어주는 증거를 기반으로 믿는 것이다. 그러나 1장에서 언급했듯이, 타당한 근거를 기반으로 믿는다고 해도 틀릴 가능성은 여전히 남아 있다. 따라서 뭔가에 대해 부정확한 견해를 갖는 것이 전적으로 이성적인 것일 수 있다. 이성적으로 접근하지 **않고** 희박한 근거를 기반으로 뭔가를 믿을 때 우리는 대부분 오류를 범하게 된다.

"지식이 부족한 사람은
목표를 성취할 수 없을 것이다."

실천적 이성은 실천적 지식과 마찬가지로 행동과 관련이 있다. 이러한 유형의 이성은 때로 **도구적**instrumental 이성이라고 불린다. 목적을 달성하기 위한 방법에 대한 것이기 때문이다. 내 목표가 오두막을 따뜻하게 만드는 것이라면, 나는 그 방법을 알아야 하고 그에 따라 행동해야 한다. 나는 장작을 가지고 와서 불을 지피면 오두막이 곧 따뜻해질 것이라는 사실을 안다. 목표에 비춰볼 때, 내가 나무를 가지고 와서 불을 지피는 것은 이성적인 행동이다. 내 목표가 두통을 낮게 하는 것이고, 이를 위한 최고의 방법이 진통제를 먹는 것임을 알 때, 내가 약을 먹는 것은 이성적인 행동이다.

목표를 달성하기 위해 나는 세상에 진실한 믿음을 가져야 하지만, 내 행동이 얼마나 이성적인지는 내 믿음이 진실인지 아닌지 여부와 상관없다. 만약 내가 두통을 낮게 하는 최고의 방법이 나무에 거꾸로 매달리는 것이라고 믿는다면, 그렇게 매달리는 것이 내게는 이성적인 행동이다. 아마도 나는 목표를 달성하지 못하겠지만, 세상에 대한 내 믿음에 비춰볼 때 그 행동은 실천적으로는 이성적인 것이다. 이는 앞서 논의했던 지식의 가치 문제와 결부된다. 지식이 부족한 사람은 목표를 성취할 수 없을 것이다.

실천적 이성과 이론적 이성을 구분하는 것은 여러 가지 이유에서 중요하다. 당신이 내게 오바마가 사실은 다른 문명에서 온 녹색 도마뱀이라는 황당한 음모론을 믿는다고 말하기만 하면 백만 달러를 준다는 제안을 했다고 가정해보자. 우리는 앞서 믿음을 어느 정도까지 다스릴 수 있는지에 대해 논의했다. 아무리 많은 돈을 준다고 해도 내가 이러한 말도 안 되는 소리를 믿도록 만들 수는 없을 것이다. 하지만 그것이 가능하다고 해보자. 나는 지금 경제적으로 절박한 상황이다. 당신이 제안한 액수는 오바마가 녹색 도마뱀이라고 나 자신을 설득할 수 있을 만큼 크다. 그래도 여전히 내 믿음이 이성적인가 하는 의문은 남는다. 나는 돈을 원하고, 돈을 구하기 위해서라면 무엇이든 할 생각이다. 이걸 이성적이라 할 수 있을까?

이 문제를 놓고 철학자들이 많은 논의를 해왔다. 나는 실천적 이성과 이론적 이성을 구분해야 한다고 생각한다. 내가 오바마를 녹색 도마뱀이라고 믿는 것은 실천적으로 이성적일 수 있다. 그렇게 믿어야만 내가 돈을 얻는 목표를 성취할 수 있기 때문이다. 그러나 단지 돈을 얻을 수 있다고 해서 그러한 믿음이 **이론적으로** 이성적인 것은 절대 아니다. 내 믿음을 뒷받침할 아무런 근거가 없기 때문이다.

돈을 얻을 수 있기 때문에 뭔가를 믿는 것은 뭔가가 진실이기를 **바라기** 때문에 믿는 것보다 나은 게 없다. 희망적 사고wishful thinking는 잘 알려진 현상이다. 비록 그렇게 믿을 만한 근거는 없고 믿음에 반대되는 근거만 많다고 해도, 당신은 자신의 몸매가 멋진 것이 진실이길 희망하며, 자신의 몸매가 멋지다고 스스로를 설득할 수 있다. 트럼프는 희망적 사고의 대가다. 그는 자신이 취임할 때 해가 빛나기를, 그리고 군중의 수가 오바마 때보다 더 많기를 희망했다. 또한 러시아가 실제로 대선에 개입했다고 정보기관들이 만장일치로 동의함에도 그들이 개입하지 않은 것이 진실이기를 희망했다. 러시아의 개입이 자신의 승리를 볼품없게 만들 수 있기 때문이다. 트럼프는 이 모두가 진실이라 굳게 믿은 것처럼 보인다. 그러나 그도 자신의 믿음을 반박하는 결정적인 증거가 있다는 것을 알았고, 이는 그의 믿음이 이성적이지 않음을 의미한다.

그렇다면 우리는 얼마나 이성적인가? 내가 보기에 우리는 **근본적으로는** 이성적이다. 물론 때로 이론적·실천적 이성 양쪽 차원에서 모두 상황이 잘못 돌아가기도 하지만 말이다.• 우리는 애매모호한 근거를 가지고 뭔가를 믿고, 자기 믿음의 논리적 결과를 인식하지 못하고, 너무 지치거나 스트레스를 받아서 실제 모순된 믿음을 갖고 있다는 사실을 미처 알아차리지 못하기도 한다(나는 지갑을 들고 나왔다고 믿지만, 동시에 집에 두고 왔다는 사실을 알기도 한다). 또 우리는 의지가 약하다. 우리는 금연하고, 살을 빼고, 운동을 자주 하려고 하며, 이런 목표를 달성하기 위해 무엇을 해야 할지 알고 있다. 하지만 실행하지 않는다.

이러한 실패는 항상 일어나서 오히려 눈길을 끈다. 어떻게 나쁜 일이 벌어질 수 있는지에 대해 읽어보는 것 또한 흥미롭다. 한 예로, 카너먼은 확률 차원에서 우리가 어떻게 잘못 생각할 수 있는지에 대한 풍부한 사례를 제시했다. 앞서 언급한 기저율 오류의 예처럼

• 댄 애리얼리Dan Ariely는 《상식 밖의 경제학*Predictably Irrational*》(정석훈 역, 청림출판, 2018)에서 이와 관련한 많은 예시들을 소개했다.

말이다.[•] 하지만 실패에 지나치게 집중하면 일상에서 우리의 이성이 얼마나 중요한지 놓치게 된다고 생각한다. 앞서 강조했듯이, 우리는 증거에 매우 민감하다. 뭔가를 믿으려면 믿음을 지지하는 충분한 증거를 마련하는 것이 가장 좋은 방법이다. 내 감각이 내게 비가 오고 있다는 증거를 제시할 때, 나는 비가 온다고 믿을 것이다.

우리가 이론적으로 이성적이지 않고, 많은 지식을 갖고 있지 않았다면 단 하루도 살 수 없을 것이다. 이러한 지식은 크게 흥미롭지는 않지만 기초적이며, 옷을 입고, 아침을 먹고, 출근을 하고, 업무를 처리하기 위한 전제조건이다. 냉장고를 확인해봤기 때문에 그 안에 우유가 있다는 사실을 알고 있는 것은 그리 흥미로운 일이 아니다. 실천적 이성에 대해서도 같은 방식으로 말할 수 있다. 내가 생활 전반에 걸쳐 실천적으로 이성적이지 않다면 나는 내 일상적 목표를 달성하지 못할 것이다. 나는 옷을 입고, 아침을 먹고, 출근을 하고, 업무를 처리하길 원한다. 나는 이러한 목표를 성취하기 위해 어떤 수단이 필요한지 알고 있으며 그에 따라 행동한다. 나는 옷을 입기를 원했고 그렇게 했다. 마찬가지로 크게 흥미롭지는 않지만, 이는 실천적 이성의 결과다.

나는 인간이 아주 이성적인 동물이며, 이것이 인간 고유의 특성이라는 점에서 아리스토텔레스의 주장이 대부분 옳다고 생각한다. 그렇다면 지금부터 우리가 길을 잃도록 만드는 심리적 기제에 대해

[•]   Kahneman. 2011. *Thinking, Fast and Slow*. Farrar, Straus and Giroux.

면밀히 들여다보도록 하자.**

왜 우리는 그처럼 이상한 것을 믿을까?

사람들은 이상한 것을 많이 믿는다. 예를 들어, 미국 성인의 거의 절반이 유령을 믿고, 26퍼센트는 마녀가 있다고 믿는다. 도합 11퍼센트는 인간의 탈을 쓴 도마뱀들이 세상을 조종하고 있을 가능성을 배제할 수 없다고 생각한다. 절반 이하가 진화론을 받아들이고, 네 명 중 한 명이 태양이 지구를 돈다고 믿는다. 진화론과 관련해서는 EU의 상황이 조금 더 낫다. 70퍼센트가 진화론을 믿는다.***
스웨덴에서는 16퍼센트가 유령을 믿고, 37퍼센트가 과학적으로 설명할 수 없는 현상, 즉 초자연적 현상을 믿는다. 게다가 6퍼센트는 1969년 7월 20일에 있었던 아폴로 11호의 달 착륙이 사실 영화 세트장에서 촬영된 것이라고 믿는다.****

***

●●   우리의 인식 기제가 특정한 상황에서 우리를 어떻게 속이는지에 대한 연구는 인식이 잘못되지 **않았을** 때 어떻게 작동하는지에 대한 중요한 지식을 전달한다는 점을 언급할 필요가 있다. 한 예로, 환각에 영향받는 상황에서 시험함으로써 우리는 감각이 어떻게 작동하는지에 대한 광범위한 지식을 얻었다.

●●●   구체적인 데이터 출처는 다음과 같다. Mandelbaum, E. Quilty-Dunn, J. 2015. 'Believing Without Reason, or: Why Liberals Shouldn't Watch Fox News'. *The Harvard Review of Philosophy* Volume XXII. 여기에는 인용된 모든 데이터의 출처가 포함되어 있다.

●●●●   *The Swedish Skeptics' Association*. 2015. 'VoF-undersökningen 2015'.

이러한 어리석음은 웃음을 자아낸다. 물론 사람들이 유령과 마녀의 존재를 믿는다고 해도 문제가 되지는 않는다(물론 17세기 마녀 화형은 분명 심각한 문제였다). 그러나 오늘날 우리가 기초적인 과학적·사회적 사실을 받아들이지 않는다면 그것은 문제가 된다. 한 예로, 미국인 중 32퍼센트가 기후 변화가 인간으로 인해 발생했다는 사실을 믿지 않는다.[•] 2012년 당시 공화당원 중 63퍼센트가 여전히 2003년에 미국이 침공했을 당시 이라크가 대량살상무기를 보유하고 있었다고 믿었고, 64퍼센트는 오바마가 미국에서 태어나지 않았다고 믿었다. 미국인 대다수는 폭력 범죄가 증가하고 있다고 믿지만, 통계자료를 통해 1993년 인구 1천 명당 79.8건에서 2015년 18.6건으로 급격히 떨어지고 있다는 사실을 확인할 수 있다.[••] 스웨덴에서는 7퍼센트가 미국 및 서구 사회가 우크라이나 사태를 고의적으로 일으켰다고 믿으며, 40퍼센트가 유전자조작식품(GMO)이 건강에 해롭다고 믿는다. 하지만 모든 연구에서 그렇지 않다는 것이 드러났다.[•••]

어떻게 이런 일이 가능한 것일까? 이는 두 가지 질문에 달렸다. 사람들은 이와 같은 거짓을 **도대체** 어떻게 믿게 되는 걸까? 그리

[•] 기후학자들의 97~99퍼센트가 인간의 활동이 현재 일어나고 있는 기후 변화의 주원인이라고 생각함에도 말이다(이 문제는 4장에서 다시 살펴본다). 32퍼센트라는 수치의 출처는 다음과 같다. Yale Climate Opinion Maps. Jennifer Marlon et al.

[••] Tristan Bridges. 'There's an Intriguing Sociological Reason so Many Americans are Ignoring Facts Lately'. *Business Insider* 27/02/2017.

[•••] *The Swedish Skeptics' Association*. 2015. 'VoF-undersökningen 2015'.

고 어떻게 **계속해서** 그러한 믿음을 고수할 수 있는 것일까? 첫 번째 질문에는 어렵지 않게 대답할 수 있다. 내가 수차례 강조했던 것처럼, 우리는 믿음 대부분을 다른 사람으로부터 얻는다. 운이 좋다면, 제대로 기능하는 학교와 신뢰할 만한 언론, 똑똑한 친구, 솔직한 정치인 등 좋은 출처로부터 믿음을 얻는다.•••• 그러나 운이 나쁘다면, 다른 방식으로 정보를 얻는다. 부적절한 교육, 신뢰하기 힘든 언론, 무지한 친구, 그리고 정치 선동가로부터 말이다. **재능과 무관하게 누구도 이에 저항할 수 없다.**

우리는 다른 사람들의 말을 믿을 수밖에 없다. 재능 있는 사람은 대상이 논리적인지, 모순적인지 판단할 수 있지만, 어느 누구도 자기 주변에서 얻은 정보가 정확한지 독립적으로 판단할 수는 없다. 특히 전문성이 필요한 지식과 관련된 경우에는 더욱 그렇다. 이는 인식 노동 분할의 결과다. 신뢰하는 사람에게 정보를 얻었거나, 정치인에게 조종당한다면, 당신은 사실은 그렇지 않은데도 불구하고 자신의 믿음에 타당한 근거가 있다고 생각할 것이다. 우리는 이를 인간 지식의 딜레마로 볼 수 있다. 즉, 평범한 수준의 신뢰 성향은 속임수에 쉽게 속도록 만들고, 일관된 회의주의는 세상에 대한 보편적인 지식을 얻지 못하도록 가로막는다.

우리가 믿음을 대부분 다른 이들에게서 얻는다는 사실은 우

•••• 물론 우리가 최고의 출처에서 정보를 얻는다고 해도 때로 틀릴 수 있다. 그러나 그 위험은 악의적인 출처로부터 정보를 얻을 때와 비교해서 현저하게 낮다. 이 사안은 6장에서 다시 다룬다.

리가 애초에 이러한 믿음이 왜 정당화되는지에 대해 대체로 모호하게 이해할 뿐임을 의미하기도 한다. 우리는 모두 흡연이 폐암을 일으킨다고 믿지만, 일상적 용어로라도 그 이유에 대해 설명할 수 있는 사람은 많지 않다. 또한 우리는 자신이 다른 이들에게 배운 것을 충분히 이해한다고 생각한다. 특히 전혀 이해하지 못한 것에 관해서조차 종종 이해했다는 느낌을 **강하게** 갖는다는 사실을 심리학 실험을 통해 확인할 수 있다.* 바로 그 이해의 느낌이 강력한 믿음과 연결된다. 다시 말해, 우리 모두는 거의 알지 못하는 것에 대해서도 완전히 확신하며 돌아다닌다. 이런 태도가 문제를 일으키는 것은 당연하다.

2014년 〈워싱턴포스트〉는 러시아 침공 이후 미국이 우크라이나에 군사적 개입을 시도해야 하는지를 놓고 미국인들의 입장을 들어보는 설문조사를 실시했다. 우크라이나가 지리적으로 어디에 있는지 모르는 응답자일수록 군사적 개입이 좋은 생각이라고 강하게 확신했다. 심지어 우크라이나가 남미에 있다고 생각하는 이들은 무력 개입에 열렬한 지지를 보냈다.

그러므로 지식의 사회적 속성은 운이 나쁜 사람이 말도 안 되는 온갖 종류의 이야기를 믿게 될 수도 있다는 것을 지시한다. 또한 '시끄러운' 환경일수록 메시지에 저항하기가 더 힘들다는 사실을 연구를 통해 확인할 수 있다. (연신 이미지가 번쩍이고, 자막이 화면 아래로 흘러가는 등) 정신을 산만하게 만드는 TV 뉴스는 인지 고갈을 유발하며, 거짓이나 증거가 없는 것에 대한 우리의 저항력을 약화시킨다.**

게다가 무지는 비판적 사고 능력에 영향을 미치며 악순환의 고리를 빠르게 형성한다. 온실가스 효과에 대해 전혀 알지 못한다면, 나는 기후 변화를 부정하는 이들의 반박에 맞서 내 주장을 지키기 힘들 것이다. 그리고 진화가 어떻게 이뤄지는지 이해하지 못한다면, 창조론자의 공격에 제대로 대응하지 못할 것이다. 그 결과, 잘못된 인식을 더 많이 고수하게 되어 그러한 인식을 더 많은 습득하게 될 것이며, 오류를 수정하기 더욱 힘들어질 것이다.

두 번째 질문으로 넘어가보자. 왜 우리는 타당한 반대 증거가 있음에도 뭔가를 **계속해서** 믿는 것일까? 그것은 자기 믿음에 대한 반론을 이해하고 정확하게 평가하기 위한 지식을 충분히 갖추고 있지 않기 때문이다.•••

이러한 악순환은 우리의 사고를 잘못된 방향으로 이끄는 다양한 인지 기제에 의해 더욱 강화된다. 심리학자들은 이를 인지 편향cognitive bias이라고 부른다. 나는 그것이 왜곡된 결과로 이어진다는 점에서 인지 왜곡cognitive distortion이라는 표현을 쓴다. 하지만 편의를 위해 편향이라는 표현을 쓰도록 하겠다. 사람들은 인지 편향으로 인해 끝내 믿을 만한 근거가 있는 것을 믿지 않게 된다. 또한 실천적 이성의 차원에서 우리를 오해로 이끄는 기제도 있다. 예를 들어, 우리는 위험을 평가하는 데 어려움을 겪는다. 비행기 여행처럼 덜 위험한 선

•   다음 예시를 참조. Fernbach. 2013. 'Political Extremism is Supported by an Illusion of Understanding'. *Psychological Science* 24 (6): 939-946.

••   이에 관한 논의는 다음을 참조. Mandelbaum, E. Quilty-Dunn, J. 2015. 'Believing Without Reason, or: Why Liberals Shouldn't Watch Fox News'.

•••   비판적 사고를 위해 지식이 필요하다는 사실은 5장의 근본 전제다.

택을 뒤로하고, 자동차 여행처럼 더 위험한 선택을 하는 것이다.* 우리는 믿음(우리는 차량 사고로 목숨을 잃을 위험이 비행기 사고로 사망할 위험보다 훨씬 더 높다는 사실을 알고 있다)과 목표(사고로 생을 마감하고 싶지는 않다)의 차원에서 이성적으로 행동하지 않는다. 지금부터는 이론적 이성을 오류에 빠뜨리는 기제에 대해 살펴보도록 하자.

확증 편향

확증 편향은 잘 알려진 왜곡 중 하나다. 우리는 자신이 이미 믿고 있는 것을 확인시켜주는 정보를 추구하고, 자신의 믿음과 모순되는 정보를 외면한다. 이러한 과정은 어느 정도는 의식적으로, 또 어느 정도는 무의식적으로 이뤄진다. 이는 우리가 자신의 믿음과 연관된 출처를 찾는 행위와 관련이 있을 것이다. 우리는 자신의 세계관과 어울리는 신문을 읽고, 자신의 믿음을 확인시켜주는 블로그를 팔로우하고, 생각이 비슷한 사람들과 이야기를 나누려 한다. 이러한 성향은 최근 분열된 언론 상황과 위험한 방식으로 상호작용한다. 오늘날처럼 자신의 믿음을 '확인받기' 쉬운 적은 없었다. 우리는 자신의 믿음을 '확인'시켜주는 출처를 쉽게 발견하고 자신의 믿음에 반대될 법한 출처를 쉽게 피할 수 있다. 이에 대해 다음 장에서 자세히 살펴볼 것이다.

자신이 이미 믿고 있는 사실을 확인하려는 시도는 분명 자신의 믿음이 진실인지 검증하기 좋은 방법이 아니다. 모든 백조는 하얗다고 가설을 세울 때, 이를 검증하는 최고의 방법은 하얀 새들을 찾아 돌아다니는 게 아니다. 그 대신 수준 높은 반론들을 확인하고 잠재적인 반대 증거를 적극적으로 찾아야 한다. 즉, **검은** 백조를 찾아다녀야 한다. 그래서 철학자들은 자신의 믿음이 **거짓임을 입증하려** 시도해야 한다고 강조해왔다. 이 측면에서 가장 잘 알려진 인물이 칼 포퍼Karl Popper다.●● 그는 (얼마나 많든 간에) 더 많은 양의 긍정적 사례로는 가설을 검증할 수 없기 때문에 긍정적 사례와 부정적 사례 사이에 비대칭이 존재한다는 사실을 지적하며, 가설을 반증하는 데 필요한 것은 단 하나의 사례, 한 마리의 검은 백조라고 말했다.●●● 포퍼에 따르면, 과학자들은 자신의 이론을 반증하려는 모든 시도를 다 해야 한다. 또한 포퍼는 과학을 유사과학과 구별하는 기준이 과학 이론을 원칙대로 검증할 수 있는지 여부와, 이론을 잠재적으로 반증할 수 있는 관찰 가능한 결과를 가지고 있는지 여부라고 주장했다.

포퍼의 뒤를 이은 과학철학자들은 과학자들이 실제로 그가

●   위험을 평가하는 능력과 관련해서 다양한 요인이 영향을 미친다: 위험이 커지고 있는지(대비가 필요하다), 얼마나 많은 통제력을 확보하고 있는지(스키를 탈 때처럼 통제력이 있다고 느낄 때 위험을 과소평가한다), 위험이 시간적으로 얼마나 가까이 있는지(흡연의 피해는 먼 미래에 영향을 미친다), 얼마나 기억에서 쉽게 떠올릴 수 있는지.

●● Popper, K. 1959. *The Logic of Scientific Discovery*. 포퍼는 또한 내 책 제목*Alternative Facts: On Knowledge and Its Enemies*에 영감을 준 유명한 작품인《열린 사회와 그 적들*Open Society and Its Enemies*》(1945)의 저자이기도 하다.

●●● 헛간 내 가축처럼 한정된 수를 대상으로 다룬다고 확신하지 않는 이상 말이다. 이 경우, 긍정적 사례가 충분하면 가설(헛간에 있는 모든 가축의 다리는 네 개다)을 검증할 수 있다. 그러나 과학적 일반화는 이 경우에 해당하지 않는다.

주장했던 방식대로 노력하고 있는지 의문을 제기했다.[●] 과학자들은 정말로 반증 사례를 발견했을 때 즉각 자신의 이론을 포기할까? 거의 그렇지 않다. 과학자들도 다른 사람들처럼 확증 편향을 갖고 있으며, 자신의 이론을 포기하지 않으려고 안간힘을 쓴다. 과학자들은 기존 이론을 기반으로 연구를 진행하다가 이를 반박하는 사례를 맞닥뜨리면 그것을 진짜 반증 사례로 인정하기보다 도구의 결함 등으로 인해 관찰에 문제가 있었다고 생각하거나, 이론에 약간 수정이 필요하다고 판단하거나, 혹은 새로운 가설을 보충해야 한다고 결론을 내린다. 특정 상황에서는 이러한 행동이 이성적일 수도 있다. 그러나 한 가지만큼은 분명하다. 자신이 이미 믿고 있는 것을 확증하기 위해 최선을 다하고 어떻게든 반증을 피하려는 태도는 지식을 얻기에 좋지 않다는 것이다.

1960년대 초반 이후 심리학자들은 확증 편향에 대해 연구했다. 영국 철학자 피터 와슨Peter Wason은 이 분야의 개척자 중 한 사람이다. 포퍼는 그의 출발점이었다. 와슨은 동일한 증거를 두고도 꽤 다른 가설이 양립할 수 있다는 점 때문에 가설을 확인할 증거만 찾는 사람이라면 누구나 쉽게 엇나갈 수 있다고 생각했다. 예를 들어, 혈액 내 특정 물질(x-물질)의 결핍이 특정 질병(y-질병)의 유일한 원인이라는 가설을 받아들이고자 할 때, x-물질이 부족할 때마다 환자가 y-질병에 걸린다는 점을 확인하는 것만으로는 충분치 않다. 우리는 y-질병

[●]   Khun, T.S. 1962. *The Structure of Scientific Revolutions*, University of Chicago Press.(토머스 쿤 저/김명자, 홍성욱 역,《과학혁명의 구조》, 까치, 2013.)

을 일으키는 **다른** 원인이 존재할 수 있다는 점도 고려해야 한다. 다시 말해 그 가설을 반증할 수 있는 원인, 즉 x-물질의 결핍 없이도 y-질병이 나타날 수 있는 다른 원인을 찾기 위해 노력해야 한다.

와슨은 '똑똑한 젊은이'들이 얼마나 확증 증거만을 찾는지, 또 얼마나 자신의 가설을 고수하려 드는지 확인하기 위한 한 가지 실험을 고안했다.•• x-물질의 결핍이 y-질병을 유발한다는 가설을 반증하기 위해서는 x-물질의 결핍이 y-질병과 함께 나타나는 사례를 검토하는 것은 물론, x-물질의 결핍 없이 y-질병이 나타나는 경우가 있는지도 확인해야 한다. 해당 실험에서 와슨은 실험 참가자들이 주로 그들의 가설(x-물질의 결핍이 y-질병을 유발한다)을 확증하려고 했으며, 부정적 사례(x-물질의 결핍 아닌 다른 원인으로 y-질병이 나타난 경우)를 찾지 못했다고 결론을 내렸다. 그런 경향 때문에 참가자들은 아주 간단한 실험이었음에도 불구하고 올바른 해답을 찾는 데 어려움을 겪었다. 다시 말해, 그들은 손 닿을 거리에 있는 지식에 접근하는 데 실패했다.

우리 모두가 확증 편향으로 고통받는다는 사실을 보여주는 실험은 수없이 많다. 우리는 과학적으로 검토된 유형의 가설을 검증하는 데 익숙하지 않을 뿐만 아니라, 일반적으로 이미 갖고 있는 믿음을 확증하려 한다. 특정 분야에 대한 지식이 더 많다고 해서 이러한 왜곡에 덜 취약한 것도 아니다. 찰스 태버Charles Taber와 밀턴 로지

••   Wason, P.C. 1960. 'On the Failure to Eliminate Hypotheses in a Conceptual Task'. *The Quarterly Journal of Experimental Psychology* Volume XII. 1960.

Milton Lodge는 한 실험에서 정치적 사안에 폭넓은 지식을 지닌 집단과 그렇지 않은 집단으로 피실험자들을 나눴다.• 그런 다음 총기 규제와 수출입 할당제처럼 논쟁적 사안에 관한 다양한 주장을 모두 읽어 보게 하고 각자 생각할 시간을 줬다. 해당 사안에 지식이 부족한 사람들은 자신의 견해를 지지하는 주장을 반대 견해를 지지하는 주장보다 두 배나 더 많이 받아들였다. 그들은 뚜렷한 확증 편향을 보였다. 한편 폭넓은 지식을 지닌 이들의 상황은 더욱 심각했다. 그들은 자신의 견해를 지지하는 주장을 훨씬 더 많이 채택했으며, 반대 주장은 하나도 받아들이지 않았다.

이는 특기할 부분이다. **우리 모두는 확증 편향을 갖고 있다.** 이 책의 독자 역시 어쩌면 내가 특정 성향의 언론만을 인용한다고 지적할지 모른다. 〈뉴욕타임스〉, 〈가디언〉, 〈워싱턴포스트〉, 〈뉴요커〉, 〈뉴욕리뷰오브북스〉 그리고 스웨덴 〈다겐스 뉘헤테르〉 말이다. 나는 〈폭스뉴스〉는 거의 보지 않고 보수주의 신문도 거의 읽지 않는다. 2장에서 언급했듯이, 심리학 실험들에 대해 반신반의하는 자세를 갖는 것이 현명하다. 실험이 보여주는 데이터를 해석하는 측면에도 문제가 있고, 반복 실험에서 똑같은 결과를 얻는 데도 한계가 있기 때문이다. 그러나 확증 편향은 관련 증거가 아주 많은 현상이다. 그러한 왜곡이 존재하고 그로부터 벗어나기 쉽지 않다는 사실에는 의심할 여지가 없다.

• Taber, C. S. 2006. 'Motivated Skepticism in the Evaluation of Political Beliefs'. *American Journal of Political Science* Volume 50.

'정치적으로' 의도된 합리화

지식을 받아들이지 못하게 가로막는 또 다른 중요한 심리적 기제는 심리학자들이 '의도된 합리화'라 부르는 것이다. 이는 진실 추구가 목적이 아니라, 소중한 믿음의 보호가 목적인 유형의 사고와 관련 있다. 믿을 만한 타당한 근거가 있는 것을 믿는 것이 아니라, 자신이 믿고 싶은 것을 믿는 경우 말이다. 이는 우리가 의식적으로 행하는 것이 아니며, 또한 우리가 받아들이기로 **선택한** 태도도 아니다. 그보다는 소중한 믿음이 위협을 받을 때 발동하는 무의식 기제다.

일단 누구든 위협을 받으면 위협적 증거를 기각할 방법을 찾기 위해 자신의 추론 능력을 사용하게 된다. 이러한 점에서 의도된 합리화는 일종의 왜곡된 사고방식이며, 지식 저항의 핵심에 자리 잡고 있다. 이를 이끄는 원인은 다양하다. 선입견 문제일 수도 있다. 나는 레드와인이 건강에 도움이 된다고 믿고자 하며, 레드와인이 암을 유발한다는 사실을 보여주는 증거를 애써 외면하려 한다. 또한 이는 가치와 세계관(기후 변화를 부정하는 사람들은 보수적 세계관을 갖는 경향이 있다), 자기 정체성에 대한 욕구("이것이 **내가** 믿는 바다!"), 공포와 혐오 (백신 회의론), 그리고 사회 정체성에 대한 욕구("이것이 우리 집단이 믿는 바다!")의 문제일 수 있다.**

●● 훌륭한 설문조사는 다음에서 확인할 수 있다. Hornsey, M. J. & Fielding, K. S. (2017). Attitude roots and Jiu Jitsu persuasion: Understanding and overcoming the motivated rejection of science. *American Psychologist* 72(5), 459-473. http://dx.doi.org/10.1037/a0040437.

최근 정치적 상황에서 특히 흥미로운 것은 사회적 정체성에 대한 욕구의 역할이다. 미국 학자 댄 카한Dan Kahan은 우리가 증거에 반응할 때 정치적 정체성에 대한 욕구가 어떤 영향을 미치는지를 보여줬다.* 수학에 능한 사람도 (총기 규제나 지구 온난화와 같은) 정치적 사안과 관련된 통계자료를 살펴볼 때 갑자기 계산 실수를 범한다. (크림이 습진을 얼마나 잘 회복시키는지와 같은) 정치적으로 중립적인 문제를 제시했을 때, 수학에 능한 이들은 그렇지 않은 이들보다 훨씬 더 정확하게 계산했다. 또, 그들의 이념적 성향과 잘 맞는 대답을 내놓을 수 있는 정치적 문제를 제시했을 때 수학에 서툰 사람들이 25퍼센트 더 높은 정답률을 기록한 반면, 수학에 능한 사람들은 45퍼센트나 더 높은 정답률을 보였다.** 수학적 재능이 있는 사람들은 자신의 믿음을 비판적으로 따져볼 때보다 강화할 때 기술을 더 정확하게 활용한 것이다.***

카한은 이를 **정치적으로** 의도된 합리화라고 불렀다. 그가 강조했듯이 정치적으로 의도된 합리화는 확증 편향일 뿐만 아니라, 증

•   Kahan, D. M. Peters, E. Dawson, E.C. Slovic, P. 2013. 'Motivated numeracy and enlightened self-government'. *Behavioural Public Policy* 1. 그리고 Kahan, D. M. 'The Politically Motivated Reasoning Paradigm'. *Emerging Trends in the Social and Behavioral Sciences* online 29 November 2016. DOI: 10.1002/9781118900 772.etrds0417.

••   Brian Resnick, 2017. 'There May be an Antidote to Politically Motivated Reasoning. And it's Wonderfully Simple'. *Vox* 07/02/2017.

•••   이는 인지 능력이 지식 저항을 강화하는지, 혹은 반대로 옹호를 구성하는지에 관한 논의의 주제다. 다음을 참조. Västfjäll et al. 2018. 이 연구는 스웨덴에서 이뤄졌으며, 이민 문제의 의도된 합리화와 관련 있다.

거에 접근하는 방법에 **동기를 부여하는** 정치적·이념적 믿음과도 관련되어 있다. 다시 말해, 우리는 자신이 지지하는 정치적·이념적 집단의 믿음과 일치하는 믿음을 고수하길 원하고, 무의식적 차원에서 이를 위해 믿음을 재확인시켜주는 증거만을 받아들인다. 이러한 인지적 왜곡은 자연히 민주주의 사회에 특별한 도전과제를 부여한다. 우리는 다양한 가치를 가지고 있고, 어떤 목표를 위해 노력해야 하는지 논의할 수 있다. 하지만 논의에서 우리는 실증적 사실에 동의할 수 있어야 한다. 만약 우리가 세상의 기본 사실에 대한 증거를 받아들이는 과정에 다양한 정치적 입장이 영향을 미친다면, 민주적 논의가 제대로 작동하기 위한 전제조건으로서 공통 기반을 발견하는 것이 불가능할 것이다.

정치적으로 의도된 합리화는 증거를 얼마나 **중요하게 평가하는지**에 대한 것일 수도 있다. 카한의 연구팀은 증거를 (정치적 혹은 문화적으로) 자신의 이념과 관련됐다고 인식하는지, 반대된다고 인식하는지에 따라 증거에 부여하는 중요도가 달라진다는 사실을 보여줬다. 한 실험을 통해 카한은 상황을 조작해 사람들이 자신의 이념적 입장과 관련된 믿음을 지지한다고 믿을 때는 동일한 증거에 중대한 가치를 부여하고, 반대 입장과 관련된 믿음을 지지한다고 믿을 때는 더 낮은 가치를 부여한다는 점을 확인했다.●●●●

●●●● Kahan, D.M. Peters, E. Dawson, E.C. Slovic, P. 2013. 'Motivated Numeracy and Enlightened Self-Government'. *Behavioural Public Policy* 1.

"우리는 자신의 정치적 집단의 믿음과
일치하는 믿음을 고수하길 원한다."

　　우리가 자신의 정치적 믿음을 토대로 정보의 출처를 평가하는 경향도 이와 유사하다. 만약 어떤 전문가가 기후 변화, 총기 규제, 혹은 이민 등과 관련해 우리의 이념적 입장과 일치하지 않는 주장을 한다면, 우리는 자신의 견해에 의문을 제기하기보다 대개 그의 전문성을 의심한다. 실험들에 따르면 사람들은 전문가를 그들의 학술적 가치가 아니라, 그들이 어떤 실증적 논지를 받아들였는지를 기준으로 평가한다.[•] 이는 당연히 지식 저항의 차원에서 대단히 중요한 의미를 지닌다. 우리가 지식의 상당 부분을 전문가에게 의존한다는 점을 고려할 때, 전문가의 이야기를 수용하지 않으려는 태도는 지식 습득을 가로막는 주요한 장애물이다.

　　정치적 견해가 **감각**으로부터 증거를 인식하는 방식에도 영향을 끼칠 수 있다는 가설을 뒷받침하는 실험 결과도 나와 있다. 카한은 한 실험에서 피실험자들에게 시위 영상을 보여줬다.[••] 그런 다음 피실험자들에게 해당 장면이 낙태 시술을 하는 병원 앞에서 일어나고 있는 시위라고 설명하자, 피실험자들은 사람들이 떠밀리고 있

[•]　　Kahan, D. M. 'The Politically Motivated Reasoning Paradigm'.

[••]　　Kahan, D. M. et al. 2012. "'They Saw a Protest': Cognitive Illiberalism and Speech-Conduct Distinction'. *Stanford Law Review* 64.

으며, 접근하지 못하도록 방해를 받고 있다고 인식했다. 반면 이들과 정치적 성향이 비슷한 또 다른 피실험자들에게 군대 내 동성애자 차별에 대한 항의 시위라고 설명하자, 그들은 조용하고 평화로운 시위라고 인식했다. 이처럼 우리의 믿음이 상황을 인식하는 데 영향을 미친다는 사실은 잘 알려진 현상이다.●●●

철학자들은 우리의 생각과 기대가 인지에 영향을 미친다는 점에서 이러한 현상을 '인지 침투cognitive penetration'라고 부른다.●●●● 이 현상은 자극과 믿음 사이의 관계에 특정 형태의 단순한 견해를 갖는 것이 옳지 않음을 보여준다. 감각적 자극은 항상 우리의 믿음으로부터 영향을 받으며, 믿음으로부터 완전히 중립적인 증거를 제공하지 않는다. 특정 상황에서는 실제 우리의 믿음이 경험에 영향을 미칠 수 있다. 만약 정치적 태도가 우리가 보는 것에 영향을 미치는 것이 사실이라면, 이는 분명 주요한 인지적 장애물이다. 우리의 감각에서 비롯된 정보가 지식의 핵심 출처를 구성하기 때문이다.

양극화된 사회일수록, 그리고 문화적·정치적으로 서로 다른 이념적 집단으로 뚜렷하게 분열된 사회일수록, 정치적으로 의도된 합리화의 위험은 더 크게 드러난다. 그래서 우리는 지금 특이한 현상을 목도하고 있다. 이념의 차이는 단지 공익에 대한 가치와 인식의 차이를 의미하는 것이 아니라, 우리가 **세상**을, 기본적인 사실을 인식

●●●　Silins, N. 2016. 'Cognitive Penetration and the Epistemology of Perception'. *Philosophy Compass* 11.

●●●●　심리학자와 신경과학자들은 상위 인식(사고)이 하위 인식(지각)에 개입한다는 점에서 이를 하향식 과정이라고 설명한다.

하는 방식의 차이를 의미한다. 카한은 이를 **사실 양극화**fact polarisation라고 언급했다. 그는 오늘날 미국 사람들이 세금과 같은 전통적 정치 문제들보다 기후 변화나 폭력 범죄의 규모와 같은 경험적 사실의 차원에서 더욱 양극화되어 있다고 주장한다.•

게다가 사실과 관련된 믿음은 완전히 독립적임에도 다른 믿음과 연동이 되는 경향이 있다. 가령 당신이 탄소 배출이 기후 변화를 일으킨다는 주장을 믿지 않는다면, 총기 소지 권리가 치명적 총격 사건의 감소로 이어질 것이라 믿을 것이고, 10대를 대상으로 하는 인유두종바이러스HPV 백신 접종이 자궁암을 막지 못할 것이라 믿을 것이고, 또한 사형 제도가 범죄율을 낮출 것이라 믿을 것이다(정치적 스펙트럼의 반대편에 있는 사람들의 경우, 반대로 말할 수 있을 것이다). 이는 매우 이상한 상황이다. 이들 믿음에는 어떠한 합리적 연결점도 없다.

사실상 양당 체제인 오늘날 미국의 정치적 양극화는 사람들이 상대 당에 대해 점차 부정적 태도를 취하기 시작하던 1980년대에 시작됐다. 예전에는 지지 정당이 개인 정체성의 핵심적 부분이 아니었지만, 변화가 시작됐다. 1980년대 이후로 지지 정당은 점차 개인의 정체성과 연결됐고, 이에 따라 정치는 점차 개인적으로 바뀌어갔

• 그러나 사실 양극화는 한 집단이 다른 집단보다 더 나은 정보를 갖고 있다는 사실의 표출일 수 있다는 점을 언급할 필요가 있다. 정치적 정체성이 기존의 믿음과 연계되어 달라지기 때문에 카한이 제시한 많은 효과들이 믿음 차이에 주목함으로써 더 잘 설명될 수 있음을 보여주는 최근 연구 결과가 있다. Pennycook, G. & Rand, D.G. 2019. Lazy, not biased: Susceptibility to partisan fake news is better explained by lack of reasoning than by motivated reasoning. *Cognition* 188, pp. 39-50.

다. 2009년 설문조사 결과, 부부 가운데 한 사람은 민주당을 지지하고 다른 한 사람은 공화당을 지지하는 '혼합' 비중이 9퍼센트에 불과했다.** 양극화는 스웨덴에서도 일어나고 있다. 앞서 살펴봤듯이, 스웨덴에서 이뤄진 한 설문조사는 지지 정당이 현실에 대한 인식과 밀접히 관련되어 있음을 보여준다.

물론 가장 큰 위험은 양극화가 양극화를 부추긴다는 점이다. 정치가 양극화될수록 우리는 '상대편'을 더욱 비판적으로 바라보고, 끼리끼리 뭉쳐 자신의 집단에 속한 사람들과 그 집단의 믿음을 강화하는 사람들의 말만 믿게 된다. 정치인들은 그들의 '기반'이라고 생각하는 사람들을 결집하기 위해 자연스레 양극화를 부추긴다. 그들은 상대편을 부패하고 위험한 이미지로 묘사함으로써 자신의 인기를 높이고, 이는 더욱 심한 양극화로 이어진다. 우리는 양보와 협력에서 멀어져 극단주의와 양립 불가능한 갈등의 국면으로 접어들게 된다. 트럼프가 이를 분명히 보여주는 대표적 인물이지만, 유럽에서도 비슷한 경향을 찾아볼 수 있다. 민주주의가 본질적으로 타협을 전제하고, 우리가 시민으로서 다양한 이해관계와 가치를 갖고 있다는 사실을 받아들이는 것을 기반으로 삼는 제도라는 점을 고려할 때 이러한 현상은 민주주의에 심각한 위협이다.

이러한 양극화를 부추기는 인지적 왜곡으로 편승 효과band-

** Iyengar, S. Westwood, S. J. 2015. 'Fear and Loathing across party lines: New evidence on group polarization'. *American Journal of Political Science* Volume 59. Issue 3. Amanda Taub. 'The real story about fake news is partisanship'. *The New York Times* 11/01/2017.

wagon effect라는 것도 있다. 이는 뭔가를 그저 다른 사람들이 생각하는 것과 마찬가지로 생각하는 성향을 말한다. 우리는 주변 사람들과 똑같은 방식으로 생각할 때 편안함을 느끼고, 그렇지 않을 때 불편함을 느낀다. 당연히 다른 사람들과 똑같이 생각할 만한 좋은 근거가 있을 수 있다. **모두가** 틀릴 수는 없지 않겠는가? 하지만 사실 모두가 틀릴 **수** 있다. 특히 그들이 동일한 출처로부터 잘못된 정보를 얻었다면 말이다. 이는 대안 매체를 통해 가짜뉴스가 퍼져나가고 있는 오늘날 언론 상황의 심각한 문제다.

　　잘 알려진 또 다른 현상은 내집단 편향ingroup bias이다. 이는 자신의 집단에 속한 사람을 긍정적으로 바라보려는 성향을 말한다. 이러한 유형의 편향은 지극히 기본적인 차원에서 우리에게 영향을 미친다. 한 예로, 피해자가 어떤 집단에 속해 있느냐에 따라 동정 여부가 결정되는 것으로 확인됐다.[*] (소속 집단을 암시하는) 셔츠 색상이나 민족성에 따라서 말이다.

인지 왜곡을 어떻게 설명할 수 있을까?

　　인지 왜곡은 대체 왜 발생하는 것일까? 지식의 습득을 방해하는 기제가 어떻게 진화 과정에서 살아남을 수 있던 것일까? 카한

---

[*]　다음을 참조. *Emotion Lab*. Karolinska Institutet(www.emotionlab.se/node/4). by Andreas Olsson.

은 정치적으로 의도된 합리화가 우리의 소속감을 향한 욕구와 결부되어 있다고 말한다. 자신의 믿음이 집단 전체의 믿음과 다를 때 우리는 자신이 진짜로 그 편에 서 있지 않다는 신호를 전하게 되고, 이는 집단 내 자신의 위치에 즉각적 영향을 미치게 된다. 우리는 다른 사람과 똑같이 생각할 때 편안함을 느낄 뿐만 아니라, 육체적으로나 정신적으로 의존하고는 한다. 이러한 점에서 다른 사람들의 생각과 멀어지는 것은 대단히 위험한 일이다.●● 카한은 이러한 측면에서 정치적으로 의도된 합리화가 '이성적'인 것이라고 주장했다. 집단의 일원이 되는 것이 중요하다는 사실을 감안하자면, 집단의 믿음에 반하는 증거를 무시하거나, 증거를 편향되게 해석하는 것은 지극히 이성적인 태도다. 그러나 이는 오직 실천적 이성에만 해당되는 이야기다. 이론적 차원에서는 정치적 믿음을 바탕으로 증거를 해석하는 것이 결코 이성적일 수 없다. 내가 속한 당이 어디인지는 기후 변화나 백신, 혹은 범죄 통계와 관련된 진실과 무관하다.

정치적으로 의도된 합리화가 소속감을 향한 우리의 욕망과 관련되어 있을 가능성은 매우 높다. 그러나 이것이 확증 편향을 모두 설명하지 못한다. 확증 편향은 정치적인 사안에 대한 믿음뿐만 아니라 우리의 믿음 전반에 영향을 미치기 때문이다. 심지어 소속감과 관련 없는 믿음에도 영향을 미친다. 지식이 생존에 중요한 역할을 하

●● 그중 한 위험은 전염병 확산과 관련이 있다. 매츠 르칸더Mats Lekander는 자신의 책에서 질병의 위험이 어떻게 출신이 다른 사람에 대한 공포심을 증가시키는가에 대해 썼다. Lekander, M. 2017. *Ditt inre liv. Krafter som styr din hälsa.* Fri Tanke.

고, 동물들이 확증 편향으로 어려움을 겪는다는 사실을 보여주는 증거가 전혀 없다는 점을 고려할 때, 확증 편향의 진화적 가치를 이해하는 것 또한 쉽지 않다.● 일반적인 생각은 자신의 믿음이 입증되는 것이 기분을 좋아지게 한다는 것이다. 기분이 좋아진다는 것은 맞을 수 있지만 그것이 진화적 설명이 되기에는 많이 부족하다.

다쳤을 때 고통을 느끼는 것이 왜 진화적 차원에서 도움이 되는지를 이해하기란 어렵지 않다. 우리는 고통에 반응한다. 예를 들어 뜨거운 냄비에 손이 닿았을 때 재빨리 손을 움츠려 자신의 몸을 보호한다. 성욕을 느끼는 것이 진화적 측면에서 유리한 이유를 이해하는 것 또한 어렵지 않다. 그런데 자신의 믿음을 입증할 때 좋은 기분을 느끼는 것은 진화적 측면에서 왜 유리할까? 잘못된 믿음을 확인하고 유지하는 것이 해로워 보임에도 말이다.

이에 대해 인지 왜곡이 서로 다른 두 인지 시스템, 시스템 1과 시스템 2 때문에 발생한다는 이론이 있다.●● 시스템 1은 빠르고 직관적이며 대부분 무의식적으로 작동한다. 반면에 시스템 2는 느리고

●　　Mercier, H. Sperber, D. 2017. *The Enigma of Reason*. Harvard University Press. p.217.(위고 메르시에, 당 스페르베르 저/최호영 역, 《이성의 진화》, 생각연구소, 2018.)

●●　　서로 다른 두 가지 시스템이 존재한다는 생각은 다음에서 확인할 수 있다. Kahneman, D. 2011. *Thinking, Fast and Slow*. Farrar, Straus and Giroux. 이 생각은 상당한 영향력을 미쳤다. 그러나 이와 관련된 논의가 여전히 진행 중이며, 카너먼 자신도 대단히 신중한 모습을 보였다. 그가 두 가지 서로 다른 시스템이 존재하는 듯이 설명하는 것이 실용적이라고 믿고 있다는 사실을 언급할 필요가 있다.

이성적이며 인지적 노력이 필요하다. 앞서 언급한 것처럼, 암묵적 편견은 일반적으로 시스템 1에서 기인한다. 또한 시스템 1은 소위 인지적 휴리스틱스(이성적 분석보다는 제한적 정보와 경험적 지식만으로 판단하는 의사 결정 방식 – 옮긴이)나 경험의 법칙을 뒷받침한다. 이들은 대부분의 상황에서 효과적으로 작동하지만, 때로 당신을 잘못 이끌 수 있다. 시스템 1은 주변 상황이 요구하는 신속한 의사 결정을 가능케 한다. 그러나 오류를 바로잡기 위해서는 시스템 2가 작동해야 한다. 시스템 2 덕분에 우리는 무엇이 타당한 주장인지, 우리의 믿음이 실제로 설득력 있고 충분한 증거에 기반을 두고 있는지 판단할 수 있다. 이러한 측면에서 인지 왜곡은 시스템 1이 제시한 지름길의 결과라 볼 수 있다.

확증 편향이 인지적 지름길 역할을 한다고 가정하는 것도 무리는 아니다. 우리가 자신의 믿음에 의문을 품고 믿음에 반하는 논거를 찾는 과정에 많은 시간을 허비한다면, 에너지는 금세 고갈될 것이다. 이는 자신의 이론을 검증하려는 과학자에게는 효과적이겠지만, 믿음과 행동 간 중요한 접점이 존재하는 일상생활에서는 그렇지 않을 것이다. 리더 역할을 수행하는 이들은 관리자가 지나치게 신중하면 도움이 되지 않는다고 지적한다. 그러한 태도가 종종 의사 결정을 어렵게 만들기 때문이다.

동시에, 확증 편향이 전적으로 직관적이고 무의식적인 인지적 지름길의 결과라고 간주하기는 힘들어 보인다. 만약 그렇다면, 시스템 2, 즉 반성적 사고가 작동할 때 확증 편향이 나타나지 않아야 할 테지만 실험 결과는 그렇지 않다는 사실을 보여준다. 오히려 확증 편향은 반성적 사고에 의해 강화되는 것처럼 보인다. 비판적 사고 능력이 강한 사람일수록 편향이 더 뚜렷이 나타나기 때문이다. 어떻게 그럴 수 있을까? 비판적 사고, 다시 말해 이성적 능력이 어떻게 증거를 억압하고 무시할 수 있을까?

이 질문은 위고 메르시에[Hugo Mercier]와 당 스페르베르[Dan Sperber]가 쓴 책의 핵심 주제다.[●] 그들의 가설은 확증 편향이 개인 차원에서는 선호하지 않는 지식이어도, **집단** 차원에서는 선호되는 지식이라는 것이다.[●●] 많은 실험에서 개인이 홀로 생각할 때 다양한 유형의 인지적 함정에 빠진다는 것을 확인할 수 있었다. 두 사람의 주장에 따르면, 혼자 하는 사고는 **편향**되고 **게으르다**. 우리는 자신의 믿음을 고수하고, 세부적으로 발전시키지 않은 주장을 바탕에 두고 행동하려 한다. 반면 개인이 함께 문제를 다루고 해결할 때 이러한 인지적 함정을 효과적으로 피할 수 있음을 보여주는 결과가 보인다. 확증 편향은 우리 개개인이 자신의 견해를 지지하는 주장을 발견하는 데 능하고, 반대 주장을 발견하는 데 서툴다는 것을 가리킨다. 하지만 메르시에와 스페르베르가 지적한 것처럼, 우리는 **다른** 사람의 견해에 대한 반대 주장을 발견하는 데 대단히 능하다. 그렇다고 우리에게 견해를 확인하려는 일반적인 경향이 있는 것은 아니다. 우리는 단지 **우리 자신**의 견해를 확인하고 싶어 할 뿐이다.

[●] Mercier, H. Sperber, D. 2017. *The Enigma of Reason*. Harvard University Press.

[●●] 이는 집단 선택에 관한 가정을 하지 않는다(개인의 차원에서 유전자가 결정되기 때문에 문제가 될 수 있다). 대신에 핵심은 집단이 개인의 지식에 유리하며, 그래서 개인의 생존에도 유리하다는 것이다.

메르시에와 스페르베르는 확증 편향이라는 말보다 '내 편 편향mysΙde bias'이라는 표현을 써야 한다고 주장한다. 두 사람에 따르면, 자신에게 초점을 맞추는 이런 행위는 확증 편향이 제공하는 기능을 설명하는 열쇠다. 이는 다른 견해를 가진 여러 개인을 한 자리에 모으는 경우에, 다른 사람의 주장을 평가하는 데 능한 개인을 모으게 된다는 것을 의미한다. 이로써 우리는 개인적 차원에서는 성취할 수 없는 비판적 평가를 이끌어낼 수 있다. 해당 상황에서 우리는 반대 주장을 고려하고, 자기 자신의 주장을 발전시키고, 입증되지 않은 생각을 거부하게 된다. 비록 개인은 충분한 역량을 갖추고 있지 않다고 해도 집단은 진실에 도달할 수 있다.

메르시에와 스페르베르에 따르면, 이는 서구의 이성에 대한 전통적인 관점이 근본적으로 잘못됐음을 보여준다. 논쟁력은 원래 개인의 뛰어난 능력이 아니라 의사소통의 한 형태이며, 우리가 함께 할 때 가장 잘 드러나는 것이다. 자신의 믿음을 검증하기 위해 해야 할 것은 데카르트가 그랬던 것처럼 물러나서 고독하게 사고하는 것이 아니다. 이는 우리가 지식 저항에 맞서기 위한 방법과 관련한 여러 흥미로운 결과를 내포하고 있다. 6장에서 다시 살펴보기로 한다.

스웨덴 룬드의 한 연구팀이 수행한 여러 흥미로운 실험은 확증 편향이 궁극적으로 '내 편 편향'의 한 형태라는 생각을 간접적으로 뒷받침한다. 확증 편향이 존재한다는 사실은 우리가 진실한 믿음을 가지려는 것보다 자신이 이미 믿고 있는 것을 확인하는 데 더 많은 관심을 기울인다는 점을 말해준다. 룬드의 실험은 우리가 믿음의 내용보다 **누구의** 믿음인지에 대해 더 많은 관심을 기울인다는 것을 보여준다. 우리는 자신이 **믿는** 견해가 자기 자신의 견해라고 주장하는 경향이 있다. 그것이 실제 자신의 견해인지와는 상관없이 말이다. 이는 '내 편 편향'을 뒷받침하는 가설과 강력한 연관을 맺고 있다.

그 실험에서 피실험자들은 다양한 유형의 선택을 했고, 이후 선택의 결과는 조작을 거쳤다. 첫 번째 실험에서 그들은 남성 피실험자에게 한 번에 두 명씩 여성의 사진을 보여주고 그들이 보기에 더 매력적인 여성을 선택하도록 했다.* 그리고 남성 피실험자에게 다시 한번 사진을 보여주면서 그 여성을 선택한 이유가 무엇인지 이야기하도록 했다. 이때 남성들은 분명 남성이 여성에게서 어떤 부분을 매력적으로 느끼는지를 테스트하는 실험이라고 생각했다. 한편, 연구원들은 그 과정에 개입해 몇몇 경우 사진을 바꿔서 남성이 선택하지 **않은** 여성의 사진을 보여줬다. 약 30퍼센트의 남성이 사진을 바꿨다는 사실을 눈치채지 못했다. 그들은 그저 '눈 감고 선택'을 했던 셈이다. 그럼에도 불구하고 그들은 자신이 특정 여성을 선택한 이유를 구체적으로 설명했다. 사실 그 여성들은 자신이 선택한 여성이 아니었음에도 그들은 여성의 머리나 입, 혹은 눈을 언급했다. 자신이 실제로 하지 않은 선택에 대한 이유를 만들어냈다. 심리학자들은 이러한 현상을 **작화증**confabulation이라 부른다.

어쩌면 이 이상한 결과를 두고 누가 매력적이고, 왜 매력적인

●   Johansson, P. Halls, L. Sikström, S. Olsson, A. 2005. 'Failure to detect mismatches between intention and outcome in a simple decision task'. *Science* Volume 310. Issue 5745.

지 결정하기 힘들다는 사실과 상관있다고 생각할 수 있다. 하지만 연구팀이 이후에 수행한 실험은 우리가 눈을 감고 선택을 하며, 아주 믿기 힘든 상황에서도 이야기를 조작하려 한다는 사실을 보여준다.••

한 예로, 그들은 총선을 앞둔 시점에 사람들에게 의료보험이나 유류세, 핵무기, 실업급여 등 주요 사안에 대한 설문지를 작성하도록 했다. 사람들이 이러한 문제에 대해 자신이 무슨 견해를 가지고 있고, 왜 그렇게 생각하는지를 알고 있다고 가정하는 것은 합리적이다. 그럼에도 피실험자의 92퍼센트는 이후 조작된 대답을 받아들였다(유류세 인상에 찬성한다고 말해놓고도 나중에 이에 반대했다). 그리고 피실험자들은 자신에게 주어진 대답을 선택한 이유를 적극적으로 정당화하려 했다. 심지어 10퍼센트는 정치적 입장을 바꾸기까지 했다. 그들은 정치적 스펙트럼의 어느 한쪽에 분명히 속하는 견해로부터 반대쪽에 해당하는 견해로 옮겨 갔다. 도덕적 믿음과 관련해서도 비슷한 실험이 이뤄졌고, 똑같은 결과가 나왔다. 자신의 대답이 바뀌었음을 눈치채지 못한 많은 피실험자들이 자신의 견해라고 잘못 믿은 생각을 기꺼이 지지하려고 했다.

물론 이러한 결과를 어떻게 해석해야 할지 명확하지는 않다. 우리는 특정한 믿음을 가진 것이 아니라, 그저 뭐가 되었든 풀어내는 걸까? 그렇지는 않을 것이다. 실험의 결과가 사람들이 정치에 얼마나 관심이 있는지와 상관없이 동일했으니 말이다. 이에 대해 구체적

••   Hall, L. Johansson, P. Strandberg, T. 2012. 'Lifting the veil of morality: Choice blindness and attitude reversals on a self-transforming survey'. *PLOS ONE* 7(9).

해석을 제시하지는 않겠다. 다만 그것이 메르시에와 스페르베르가 강조한 사실과 연관이 있다는 사실은 매우 눈길을 끈다. 우리는 어떠한 대가를 치르더라도 자신이 생각하는 자신의 믿음을 옹호하고자 한다. 피실험자들이 자신의 대답이 바뀌었다는 것을 알아채지 못하고 계속해서 바뀐 대답을 정당화하려 든다는 것(그리고 정당화를 잘한다는 것)이 사람들이 진정 신경 쓰는 것은 자신이 생각하는 **무언가**가 아니라 스스로를 방어하는 것임을 보여준다.

　　왜 진화가 이러한 종류의 집단적 해결책을 선호하는 것일까? 메르시에와 스페르베르는 인간의 고유한 협동 능력과 관련이 있다고 말한다. 협력을 통해 인간은 혼자서는 불가능한 목표를 달성할 수 있기에 협동 능력에는 분명한 진화적 가치가 있다. 우리는 협력을 통해 다리를 놓고, 땅을 개간하고, 야생 동물로부터 자신을 지킬 수 있다. 공동의 목표를 성취하기 위해서는 지식을 기반으로 한 협력이 필수적이며, 그렇기에 진화는 개인의 지식보다 집단의 지식에 초점을 맞추었다는 것이다.

　　이는 내가 1장에서 왜 지식이 단지 진실인 주장보다 진화적으로 더 큰 가치를 갖고 있는지에 대해 논의했던 내용과 연결된다. 타당한 근거와 증거에 대한 요구는 어떤 기능을 충족시킬까? 나는 우리가 서로를 설득하고 함께 협력하려면 서로에게 타당한 근거를 제시해야 하기 때문에 이러한 조건이 사회적으로 중요한 역할을 수행했다고 주장했다.

　　이는 또한 우리가 지식에 관한 한 분업을 한다는 사실과도 관련이 있다. 만약 한 개인이 모든 지식을 만들어낸다면, 그의 인지 능력이 매우 신뢰할 만하다는 점이 굉장히 중요할 것이다. 앞서 언급한 대로 이는 동물에게서 지식이 작동하는 방식이다. 메르시에와 스페르베르에 따르면 동물은 어떠한 형태의 확증 편향도 보이지 않는다. 그러나 지식이 우리의 공동 산물이라면, 한 개인이 인지적으로 오류를 범하지 않아야 한다는 점은 덜 중요하다. 그보다는 공동 인식이 제대로 작동하는 것이 더 중요해진다. 이러한 관점에서 보자면 현재 우리의 양극화는 재앙과도 같다. 상반된 입장에 선 사람들이 서로를 멀리하고 함께 이야기를 나누지 않을수록 우리가 진실에 도달할 가능성은 그만큼 낮아진다.

우리의 완고함, 그리고 역화 현상

우리 인간이 이성적 존재가 아니라고 주장하는 이들은 확증 편향을 종종 그 좋은 예시로 거론한다. 그러나 이러한 편향을 무슨 수를 써서라도 자신의 이성을 **유지**하려는 시도로 볼 수도 있다. 만일 내 믿음에 반하는 증거를 받아들이지 않는다면, 내게는 믿음을 바꿀 이유가 없다! 이것은 1월의 어느 아침, 바깥 날씨를 보지 않기 위해 방문을 꽁꽁 걸어 잠그는 것과 비슷하다. 방 안에만 있으면 밖에 눈보라가 친다고 믿을 이유가 없다. 자신에게 유리한 방향으로 증거를 평가하는 것은 분명 이성적인 태도가 아니지만, 다양한 확증 편향 사례는 실제로 자신의 믿음에 반대되는 증거를 발견하거나 받아들이기를 회피하는 것과 관련된 것이다. 지식을 얻는 것이 목표라면 실천적 차원에서 이성적이지 않은 것이겠지만, 이는 이론적 이성이 자신의 견해를 바꾸지 않고서도 온전히 유지될 수 있다는 것을 의미하기도 한다.

이외에도 우리 이성에 중대한 위협을 가하는 여러 다양한 경향이 존재한다. 예를 들어 증거가 부족하다는 사실을 충분히 알면서도 믿음을 고수하는 경우가 있다. 1970년대 스탠퍼드대학교에서 수행한 한 유명한 실험은 학생들을 자살에 관한 연구에 참여하도록 했다.● 연구원들은 학생들이 유서를 읽고 어떤 것이 실제로 자살을 선택한 사람이 쓴 진짜 유서이고, 어떤 것이 위조된 것인지 판단하도록 했다. 학생들이 모든 유서를 읽고 난 후 연구원들은 일부 학생을 따로 불러 그들이 진짜 유서를 감별하는 특별한 능력을 갖고 있다는 이야기를 들려줬다. 그들이 25건 중 24건을 맞췄다고도 했다. 반면 다른 학생에게는 그들이 25건 중 10건밖에 맞추지 못했다는 부정적 이야기를 들려줬다. 물론 모두 속임수였고 이후 학생들에게 사실대로 알려줬다. 평균적으로 봤을 때, 대부분 맞췄다는 이야기를 들은 학생들은 나머지 학생들과 마찬가지로 진짜 유서를 감별하는 데 서툴렀다.●●

그런 다음 연구원들은 정말로 확인하고 싶었던 것을 검증했

● Ross, L. Lepper, M.R. Hubbard, M. 1975. 'Perseverance in Self-Perception and Social Perception: Biased Attributional Processes in the Debriefing Paradigm'. *Journal of Personality and Social Psychology* Volume 32(5).

●● 일부 유서는 진짜였고 실제로 로스앤젤레스 경찰국에서 입수한 것이었다. 만약 오늘날 이러한 형태의 실험을 한다면 대단히 신중해야 할 필요가 있다.

다. 그들은 학생들에게 진짜 유서를 감별하는 데 있어서 자신이 얼마나 성공적이었는지 스스로 평가하도록 했다. 결과가 흥미로웠다. 앞서 자신에게 특별한 능력이 있다고 생각했던 학생들은 여전히 자신이 평균보다 훨씬 더 성공적이었다고 생각했다. 그들은 연구원들이 자신들을 속임으로써 부여한 믿음을 고수했다. 그 믿음에 대한 증거가 허물어졌음에도 불구하고 말이다. 그들에게는 더 이상 자신이 평균보다 낫다고 생각할 아무런 이유가 없었지만 계속해서 그렇게 생각했다. 따라서 그들의 믿음은 비이성적이었다. 연구원들은 이러한 현상을 믿음 보존belief perseverance이라 설명했다.

믿음 보존은 어떤 주장이 잘못됐음을 받아들인 후에도 흔적을 남긴다는 점에서 이상한 현상이다. 이는 믿음들 **사이**에 중요한 연결점이 존재하기에 나온 결과다. 나는 믿음이 행동과 연결되어 있다는 사실을 강조해왔다. 내 행동은 내 목표와 내 믿음에 달려 있다. 만약 내가 차를 몰아 출근하려 하고, 주차장에 주차를 했다고 믿는다면, 나는 주차장으로 걸어갈 것이다. 그러나 이는 믿음이 명백히 다른 믿음들과 연결된 경우의 이야기다. 내 차가 주차장에 있다고 믿는다면, 더불어 나는 내가 차를 갖고 있고, 주차장이 존재하며, 내 차가 거리에 있지 않고, 주차장 진입 열쇠가 필요하고, 지난밤 내린 눈에 내 차가 덮여 있지 않다는 것 등을 믿는 것이다. 이러한 방식으로 각각의 믿음은 여러 다른 믿음과 연결되어 있고, 이러한 믿음은 또다시 다른 믿음들과 연결되어 있으며, 계속 이어진다.

내가 새로운 믿음을 갖는 즉시(가령 내 차가 주차장에 없다는 것을 발견하면) 이는 즉각적으로 다른 믿음들에 영향을 미친다. 나는 내가 예전에 가졌던 믿음 중 일부를 수정해야 하고, 내가 발견한 것을 반영하는 새로운 믿음을 추가해야 한다. 이는 더 많은 수정으로 이어진다. 종종 표현되듯, 추론은 제멋대로다. 믿음 보존이 보여주는 것은 비록 어떤 믿음을 포기한다고 해도, 자신이 이전에 믿었던 것의 결과인 믿음을 놓아버리지는 않는다는 점이다. 다시 말해 본래의 믿음은 그것이 거부된 이후에도 계속해서 영향을 미친다.

한 유명 실험에서 피실험자들은 화재 사건이 묘사된 허구의 경찰 보고서를 읽도록 요청받았다.* 그 보고서는 시간 순서로 내용이 정리되어 있었다. 맨 앞에는 선반 위에 얹어놓은 가소성 유성 페인트에서 불길이 시작됐다는 설명이 있었다. 그러나 다음 문장에서는 이 정보가 수정됐고, 이전 주장이 잘못됐다고 지적했다. 선반 위에 가소성 물질이 없었다고 말이다.

당신이 이성적이라면 가소성 물질이 있었다는 첫 번째 믿음을 수정할 것이다. 그러나 실험 결과, 사람들은 첫 번째 주장을 거짓으로 받아들이고 난 후에도 첫 번째 믿음을 저버리지 않았다. 예를 들어 피실험자들이 보고서를 모두 읽고 난 후 연구원들이 그들에게 무엇이 화재를 일으켰는지 묻자, 많은 이가 가소성 물질에 의해 불길이 시작됐다고 답했다. 동시에 보고서에 주장이 있는지 묻자, 피실험자들은 선반 위에 가소성 물질이 있었다는 설명이 잘못됐다고 답했

● 이에 대한 논의는 다음을 참조. Mandelbaum, E. & Quilty-Dunn, J. 2015. 'Believing Without Reason, or: Why Liberals Shouldn't Watch Fox News'. *The Harvard Review of Philosophy* Volume XXII.

다. 그들은 화재 원인을 결정하는 과정에서 그들이 잘못됐다고 생각하는 진술을 가설로 사용한 것이다. 당연히 이는 잘못된 정보를 바로잡을 기회를 방해한다. 이는 정보가 잘못됐다는 사실을 받아들이고 난 뒤에도 개인의 믿음망에 오랫동안 흔적이 남을 수 있음을 의미한다.

> "상반된 입장에 선 사람들이 서로를 멀리하고
> 함께 이야기를 나누지 않을수록,
> 우리가 진실에 도달할 가능성은 그만큼 낮아진다."

심지어 곧바로 폐기된 정보조차 이후 오랫동안 흔적을 남길 수 있다.** 만약 피실험자에게 특정 출처가 신뢰하기 어렵다는 정보를 준다면, 처음에는 그 출처로부터 나온 정보를 믿으려 하지 않을 것이다. 하지만 시간이 지나면 상황은 달라지고, 피실험자는 결국 그 정보를 더 크게 신뢰하게 된다. 이는 팩트 체크와 관련해 아주 중요한 문제와 관련되어 있다. 사람들이 기억하는 것은 어떤 주장이 거짓이라거나 근거가 없다는 정보가 아니라 **주장**("300만 명이 불법 투표를 했다!") 그 자체다. 그렇기 때문에 언론에서 이를 올바른 방식으로 바로잡는 것이 대단히 중요하다. 그리고 무엇보다 거짓 주장을 반복하

** 다음을 참조. Mandelbaum, E. & Quilty-Dunn J. 2015.

지 않거나, 혹은 적어도 그것을 강조하지 않는 것이 중요하다.

상황은 심각해 보인다. 어떤 믿음이 증거가 부족하거나 거짓이라는 것을 알더라도 그 믿음은 그대로 **자리**를 지키며 흔적을 남긴다. 오히려 우리의 믿음에 반하는 증거가 믿음을 **강화**시킬지도 모른다. 연구자들은 백신의 역효과와 같은 과학적 미신을 없애기 위한 노력의 일환으로 이러한 내용을 연구했다. 그리고 그것이 대단히 힘든 일임을 지적했다.[•] 극단적인 경우 사람들은 미신을 거부하지 않을 뿐아니라, 오히려 그 미신의 진실함을 더욱 확신하기까지 한다. 이처럼 기이한 현상을 일컬어 **역화 현상**backfire effect이라고 한다. 정치적으로 격론을 부른 사안의 경우에서도 비슷한 결과를 확인할 수 있었다. 2003년 미국의 침공 전 이라크에 대량의 파괴 무기가 있었다는 주장처럼 말이다.[••]

바로잡는 것이 오히려 잘못된 믿음을 강화할 수 있다는 사실은 팩트 체크를 하는 이에게 중대한 과제를 안겨다준다. 정보 수정은 다양한 방식으로 역화 현상을 초래할 수 있다. 단지 언급됐다는 이유만으로도 정보 수정은 미신에 대한 믿음을 강화할 수 있다. 더 많이 이야기할수록 더 넓게 확산된다. 이는 내가 방금 언급한 것과 연결된다. 사람들은 어떤 정보가 사실 거짓이었다는 주장이 아니라 정보 그자체를 기억하려 한다. 반론이 너무 많으면 반작용을 야기할 수 있

[•] Cook, J. Lewandowsky, S. 2011. *The Debunking Handbook*.

[••] Flynn, D. J. Nyhan, B. Reifler, J. 2017. 'The Nature and Origins of Misperceptions: Understanding False and Unsupported Beliefs about Politics'. *Advances in Political Psychology* 38.

다. 만약 내가 백신이 자폐증을 유발하지 않는다는 사실을 뒷받침하는 주장을 너무 많이 쏟아낸다면 당신은 아마도 반발할 것이다.

또한 팩트를 체크하는 행위 자체가 의심을 살 수도 있다. 실제로 바로잡음이 오히려 잘못된 주장에 대한 믿음을 강화하는 역화 현상이 일부 음모론 수용과 관련된다는 게 그럴 듯한 가설이다. 만약 누군가가 팩트 체크를 하는 사람이 뭔가 다른 의도를 숨기고 있다고 믿는다면, 팩트 체크를 하는 행위 그 자체가 자신의 믿음이 사실이라고 믿을 이유를 제공한다. 그렇지 않다면 왜 계속해서 그 이야기를 하겠는가?●●●

역화 현상은 우리가 근본적으로 이성적 존재라는 가정에 중대한 이의를 제기하는 인지 왜곡의 한 유형으로 보인다. 그러나 나는 우리가 이 결과를 신중히 해석해야 한다고 생각한다.●●●● 가장 먼저, 우리가 자신의 믿음에 반하는 증거를 얻었을 때 해당 믿음을 강화하는 것이 일반적인 경우는 아님을 기억할 필요가 있다. 앞서 강조했듯이, 그렇게 행동한다면 우리는 단 하루도 살아갈 수 없을 것이다. 가령 길을 건너기에 안전하다고 생각하지만 갑자기 트럭이 다가오는 것을 본다면, 나는 내 믿음을 아주 신속하게 수정해야 한다.

●●● 음모론에 대한 믿음이 과학 거부의 공통분모라는 주장이 있다. Lewandowsky, S., G.E. Gignac & K. Oberauer(2013). 'The Role of Conspiracist Ideation and Worldviews in Predicting Rejection of Science'. *PLOS ONE* 10/02/2013.

●●●● 역화 현상을 보여주는 실험은 반복하기가 까다로운 것으로 드러나고 있다. 이러한 사실을 깊이 있게 들여다본 최근 연구가 있다. 아직 결론은 나지 않은 상태다. 대중 과학의 차원에서 이뤄진 검토는 다음을 참조. Brian Resnick. 'Trump Supporters know Trump Lies. They Just Don't Care'. *Vox* 10/07/2017.

그럼에도 우리는 특정 **유형**의 믿음과 관련해서는 증거에 저항하려는 성향을 갖고 있다. 유서를 감별하는 데 정말로 능하다는 말을 들은 피실험자들이 이러한 믿음을 저버리려 하지 않은 것은 우연이 아니다. 우리 모두는 자신의 최고 모습을 생각하길 원하고, 자신에게 특별한 재능이 있다는 자그마한 암시도 고수하려 한다. 물론 자신의 세계관이나 정체성에 핵심이 되는 믿음의 경우 앞서 논의했던 정치적으로 의도된 합리화와 연결되어 있다. 자신의 이념적 성향과 내가 누구인지 드러내는 인식의 바탕이 되는 믿음에 이의를 제기하는 증거와 맞닥뜨린다면, 당신은 아마도 이에 저항하려 들 것이다.

또한, 당신이 증거를 거부할 만한 근거를 가지고 있다고 믿을 수 있다는 점에 주목하는 것 역시 중요하다. 만약 당신이 이미 '다른 쪽'에 속한 사람들을 신뢰하기 힘들다고 믿고 있다면, 당신은 아마도 그들과 관련된 모든 증거를 신뢰하지 않을 것이다. 그러니 반대 증거를 허물어뜨렸다고 생각하고, 스스로를 전적으로 이성적이라고 여길 수 있다. 다음 장에서는 거짓 정보와 선전이 어떻게 이러한 형태의 반응에 기여하는지 살펴볼 것이다.

4

거짓말과 가짜 뉴스, 그리고 선전은

우리의 판단에 어떤 영향을 미치는가?

언어와 거짓말

우리는 타인이 어떻게 주요 지식의 원천을 대신하는지 살펴봤다. 지식에는 분업이 존재한다. 개인의 경험과 전문성은 다른 사람에게 전달된다. 이는 인간의 고유한 특성이다. 우리는 동물들이 하지 못하는 방식으로 지식을 전달하고 축적한다. 앞서 언급했듯이, 이는 우리에게 언어가 있다는 사실과 연관이 있다.

동물들에게도 언어가 전혀 없는 것은 아니다. 동물들은 다양한 형태의 신호를 사용하고, 일부는 기호 사용법을 배울 수도 있다. 보노보 침팬지가 적절하게 훈련을 받는다면 (그들 중 적어도 일부는) 세 살 아이의 언어 능력과 비슷한 수준에서 기호 사용법을 배울 수 있다. 실제로 칸지Kanzi라는 이름의 침팬지는 2천 개가 넘는 기호를 습득했고, 어린아이와 비슷한 수준으로 기호를 사용할 줄 안다. 칸지는 당장 눈앞에 보이지 않는 물건에 대해서도 말할 수 있고, 새로운 것들을 표현할 수 있으며("마시멜로우 구워줘!"), 감정에 대해 이야기할 줄도 안다("아파?").● 그러나 성인의 관점에서 볼 때 세 살 아이의 언어 능력이 그리 인상적인 것은 아니다. 이러한 측면에서 우리와 동물 사이에는 거대한 간극이 존재한다. 우리 모두는 (재능이나 관심과는 무관하게) 무한한 표현 능력과 더불어 언어를 쉽게 습득한다. 이러한 언어를 시간과 공간에 걸쳐 사용함으로써 우리는 내밀하고 개인적인 세계부터 우주의 구조에까지 이르는 모든 것에 대해 이야기를 나눌 수 있다.

그런데 원숭이는 왜 세 살 아이의 수준을 넘어서지 못하는 걸까? 우리는 이에 대해 많은 것을 알고 있지 않지만, 원숭이와 인간 사이의 또 다른 중대한 차이와 관련이 있을 것이다. 바로 우리의 성찰 능력. 우리는 세상에 대해 생각할 뿐 아니라('비가 오고 있다'), 세상에 대한 우리의 **생각**에 대해서도 생각한다('나는 비가 오고 있다고 생각한다'). 그리고 세상에 관한 **다른 사람**의 생각에 대해서도 생각한다('그는 비가 오고 있다고 생각한다'). 이러한 통찰 능력을 연구자들은 '마음 이론theory of mind'이라고 부른다. 이는 모든 인간 상호작용의 기반을 이루는 중요한 자산이다. 당신이 의미하는 바를 이해하고, 당신과 협력하고, 그리고 당신이 다음에 무슨 일을 할지 예측할 수 있는 것도 통찰력 덕분이다. 또, 이는 우리가 믿는 세상의 모습과 실제 세상의 모습 사이의 차이를 이해할 수 있다는 것을 의미한다. 나는 나의

●　Segerdahl, P. Fields, W. Savage-Rumbaugh, S. 2005. *Kanzi's Primal Language: The Cultural Initiation of Primates into Language.*

믿음과 다른 사람의 믿음이 오류에 빠질 수 있음을 이해할 수 있으며, 이를 남을 속이는 데 이용할 수 있다.

우리는 이러한 능력을 타고나지 않는다. 이 능력은 세 살 무렵부터 발달하기 시작한다. 세 살 아이는 다른 사람이 잘못된 믿음을 가질 수도 있다는 사실을 이해하지 못한다. 한 유명 실험은 아이에게 분필 상자 안을 들여다보도록 했다. 아이는 상자 안에 있는 것이 분필이 아니라 생일 초라는 사실을 발견한다. 이후 아이가 있는 방으로 다른 사람이 들어오게 한 뒤, 아이에게 그 사람이 분필 상자 안에 뭐가 들어 있다고 생각하는지 물어본다면, 아이는 대개 '생일 초'라고 대답한다. 그 사람이 분필 상자 안을 들여다보지 않았고, 그렇기에 그 안에 있는 것이 분필이 아니라는 사실을 알 수 없음에도 말이다.●● 아이는 세상이 존재하는 방식과 우리가 세상을 인식하는 방식 사이에 차이가 존재한다는 사실을 파악하지 못한다. 그러나 네 살이 되면 이해할 수 있다. 그 무렵 아이들은 협력이 가능해지고 언어 능력이 급격하게 발달한다.

동물들도 마음 이론을 갖고 있는지 확인하기 위한 광범위한 연구가 이뤄졌다. 동물들도 이와 관련한 기초 능력을 갖고 있음을 보여주는 몇몇 증거가 있다. 예를 들어 침팬지는 음식이 있는 곳을 알

●●　이 현상은 충분히 입증됐으며, 소위 '가짜 믿음 테스트'를 활용해 수없이 검증됐다. 이 현상에 대한 최초 언급은 다음에서 확인할 수 있다. Wimmer, H. and Perner, J. (1983). 'Beliefs about Beliefs: Representation and Constraining Function of Wrong Beliefs in Young Children's Understanding of Deception'. *Cognition* 13 (1): 103–128.

아내기 위해 다른 침팬지의 시선을 따른다고 한다. 상대의 시선을 따르기 위해서는 상대가 세상을 인식하는 방식과 관련된 일부 유형의 이론이 필요하다. 하지만 침팬지는 인식이 **잘못**될 수 있다는 점은 이해하지 못하는 것으로 나타난다.• 이것이 진실이라면 검증해볼 흥미로운 가설이 있다. 동물들이 세상이 존재하는 방식과 세상을 인식하는 방식 사이에 차이가 존재한다는 점을 이해할 수 없는 사실이 그들의 제한된 언어 능력과 연관이 있을까?

연관이 아예 없는 것으로는 보이지 않는다.•• 고급 언어 사용자가 되려면 언어가 세상을 **표상**한다는 점을 이해해야 한다. 우리는 언어를 사용해 무엇이 존재하고 무엇이 존재하지 않는지 설명할 수 있다. 진실에 대한 아리스토텔레스의 생각으로 비유하자면, 우리는 언어가 있기에 존재하는 것이 존재한다고 말할 수 있을 뿐만 아니라, 존재하지 **않는** 것을 존재한다고 말할 수 있다. 즉, 거짓말을 할 수 있다.

자연 신호와 언어 기반 신호 사이에는 중대한 차이가 있다.••• 먹구름과 비 사이에 인과관계가 존재한다는 점에서 구름은 비를 예고하는 신호다. 내가 "비가 온다"라고 말한다면 이 역시 비가 오고 있다는 신호지만, 나는 이 발언을 날씨와 무관하게 할 수 있기 때문에 신호의 유형은 완전히 다르다. 내가 잘못 알고 있는 것일 수도, 단순한 추측일 수도, 혹은 내가 속은 것일 수 있다.

언어 기반 신호는 자연 신호와 달리 신호를 어떻게 사용하느냐에 따라 세상을 표상하는 자의적이고 관습적인 기호다. 우리는 똑같은 대상을 완전히 다른 언어로 설명할 수 있지만("es regnet", "il pleut"

등 다양한 언어로 비가 온다는 말을 할 수 있다), 일단 어법이 만들어지고 단어들이 의미를 갖게 되면, 그 말들은 둘러싼 환경으로부터 분리된다. 우리는 이를 통해 진실을 쉽게 거짓으로 바꿔 말할 수 있다. 성인 언어 사용자는 언어의 이러한 속성을 이해한다. 그리고 이는 언어를 사용하는 데 있어서 중요한 역할을 한다.

> "지식의 사회적 속성은
> 한 사람이 근본적으로 잘못된 세계관을
> 가질 수 있음을 뜻한다."

이를 토대로 우리는 지식과 인간 언어의 세 가지 핵심 요소를 꼽을 수 있다. 첫째, 대다수 지식은 언어를 매개로 다른 누군가가 알고 있는 것을 우리에게 전달한 결과물이다. 그러한 의사소통은 구

- Call, J. & Tomasello, M. 2008. 'Does the Chimpanzee have a Theory of Mind? 30 Years Later'. *Trends in Cognitive Sciences* 12 (5). 그러나 이 사안은 논쟁의 대상이다. 원숭이가 마음 이론을 갖고 있다는 주장에 대한 옹호는 다음을 참조. Berit Brogaard. *Psychology Today* 01/11/2016. 비판은 다음을 참조. Hanoch Ben-Yami. 'Can Animals Acquire Language?'. *Scientific American* 01/03/2017.
- ●● 다음을 참조. Paul Bloom. 2000. *How Children Learn the Meaning of Words*. MIT Press. 폴 블룸Paul Bloom은 언어 학습의 주요 목적을 상대방의 의도 파악으로 꼽는다.
- ●●● Grice, H. P. 1975. 'Meaning'. *The Philosophical Review* 66 (03).

두로, 혹은 다양한 유형의 텍스트를 통해 이뤄진다. 둘째, 언어 기반 기호는 세상을 표상하고, 거짓을 진실이라 말하는 데 쉽게 활용될 수 있다. 셋째, 인간에게는 '마음 이론', 즉 다른 사람과 그들의 생각을 이해할 수 있도록 해주는 통찰력이 있다. 이는 협력뿐만 아니라 거짓말과 속임수의 기반을 형성한다.

우리는 언어를 통해 지식을 축적하고, 동시에 잘못된 믿음을 전파하고 강화한다. 침팬지는 감각 자극을 해석할 때 실수할 수 있다(돌멩이를 먹을 수 있는 것으로 착각할 수 있다). 하지만 그러한 잠재적 실수는 제한되어 있다. 반면 지식의 사회적 속성은 한 사람이 근본적으로 잘못된 세계관을 가질 수 있음을 뜻한다.

거짓말의 의미와 수법

얼버무리고 왜곡하고 거짓말하는 정치인들의 행위는 전혀 새로울 게 없다. 빌 클린턴Bill Clinton은 젊은 인턴인 모니카 르윈스키Monica Lewinsky와의 부적절한 관계가 밝혀졌을 때 상당히 한심한 태도로 대응해 많은 비난을 받았다. 처음 자신과 비서 사이에 무슨 일이 있었는지 묻는 질문에 클린턴은 이렇게 대답했다. "우리 사이에는 아무 일도 없습니다there is nothing going on between us." 그러나 이후 법적 소송으로 불거졌을 때 클린턴은 "'is'가 무엇을 의미하느냐"에 따라 저 말의 거짓 여부가 달려 있다고 해명했다. 클린턴이 그 질문을 받았을 당시에는 그 일이 더 이상 진행되지 않았기에 자신과 르윈스키 사이에 '**현재**^{is}' 아무 일도 없다고 한 것이 거짓은 아니라는 말이었다. 빌 클린턴에게 '야비한 윌리^{slick Willie}'라는 별명이 괜히 붙은 것이 아니었다. 그가 했던 말이 엄밀히 거짓은 아니라고 해도, 그것은 분명 오해를 불러일으키는 말이었다. 이렇듯 언어를 솔직하지 않게 사용하는 방식은 다양하다.

정치인들은 섹스 스캔들이나 뇌물 수수, 그리고 팩트 체크가 까다로운 일 등 개인적인 사건을 덮기 위해 거짓말을 흔하게 해왔다. 그러나 트럼프가 등장하면서 미국 정치계는 거짓말의 새로운 국면을 맞이하게 됐다. 그는 사실을 쉽게 확인할 수 있는 사안에 대해서도 명백히 거짓된 주장을 했다. 개인사는 물론이고 거의 대부분의 문제와 관련해서 말이다. 철학자들은 이를 뻔뻔한 거짓말이라 부르며, 정치적 도구로 활용되는 것에 우려를 표했다.[●]

트럼프가 얼마나 **자주** 그러한 거짓말을 했는지도 중요하다. 〈폴리티팩트^{PolitiFact}〉에 따르면 선거운동 기간 중 그의 주장 70퍼센트가 거짓이었고, 4퍼센트가 완전한 진실, 그리고 11퍼센트가 근접한 진실이었다. 〈워싱턴포스트〉는 트럼프가 2017년 1월 20일 취임 이후 발언한 내용 중 오해를 불러일으키거나 거짓인 주장의 횟수를 기록했다. 그해 5월 18일을 기준으로 586회에 달했다. 2020년 1월 20일을 기준으로 트럼프는 취임 후 3년 동안 오해를 불러일으키거나 거짓인 주장을 16,241회나 했다.

언론은 트럼프와 진실의 관계를 놓고 어떻게 대응해야 할지

● Teresa Marques, 'Disagreement with a Bald-Faced Liar?'.

오랫동안 망설였다. 트럼프가 거짓말을 하고 있다고 말해야 할 것인가, 아니면 단지 그가 말한 것이 잘못됐다고 말해야 할 것인가? 그리고 그 차이는 정확히 무엇인가? 미국 전역의 편집자들은 무엇을 거짓말이라고 정의할 것인지를 두고 자료를 샅샅이 뒤졌다. 그리고 주장이 잘못된 것만으로는 충분하지 않다고 결론을 내렸다. 거짓말이 성립하려면 **속이려는 의도**가 있어야 했다. 문제는 누군가의 의도를 판단하기가 쉽지 않다는 것이었다. 의도는 심리적이고 내면적인 상태이기 때문이다.

트럼프의 주장이 잘못됐다는 것을 보여주기는 쉽지만, 그가 청중을 속일 의도를 갖고 있었다는 것을 보여주기는 어렵다. 그래서 오랫동안 언론은 트럼프가 거짓말한다고 말하기를 자제했다. 대신에 그의 주장이 잘못되고, 근거가 없고, 검증이 되지 않았다는 식으로 표현했다. 그를 거짓말쟁이라고 언급할 경우 트럼프 지지자들이 소외될 것이라는 우려 또한 있었다. 미국 공영 라디오 〈NPR〉은 옥스퍼드 영어사전에 실린 '거짓말'의 정의("속일 의도를 가지고 하는 잘못된 주장")를 참조했고, 이를 기준으로 결국 트럼프가 거짓말을 하고 있다고 말하지 않기로 결정했다. 그의 의도가 무엇인지 판단할 수 없기 때문이었다. 반면, 〈뉴욕타임스〉는 트럼프의 근거 없는 거짓 주장이 거짓말이라고 아주 명료하게 묘사하기로 했다. 심지어 헤드라인에서도 말이다.●

●   Dan Barry. 'In a Swirl of "Untruths" and "Falsehoods," Calling a Lie a Lie'. *The New York Times* 25/01/2017.

철학자들은 거짓말이 성립하기 위해서는 일반적으로 다른 사람을 속이기 위한 의도, 즉 자신은 개인적으로 믿지 않음에도 다른 사람이 자신의 말을 진실이라고 믿도록 하려는 의도가 필요하다고 받아들이고 있다.●● 가령 내가 당신이 나쁜 거래를 했다는 것을 알면서도 당신이 걱정하길 원치 않아 당신이 좋은 거래를 했다고 믿도록 만들려 한다고 해보자. 나는 의도적으로 당신이 내가 가진 타당한 근거 중 어딘가가 잘못됐다고 믿도록 만들 것이다. 만약 당신이 내 말을 믿는다면, 당신은 두 번 속은 셈이 된다. 당신은 거래에 대한 잘못된 믿음을 얻었고, 또한 나의 믿음과 관련해서도 잘못된 믿음을 얻었다. 이러한 예시는 인지 수준이 상당히 높은 인간만이 거짓말을 할 수 있다는 사실을 의미하기도 한다.

앞서 언급했듯이 어린아이는 세상의 원래 모습과 사람들이 세상에 대해 생각하는 모습 사이의 차이를 이해하지 못한다. 아이들은 네 살이 되어서야 비로소 그 차이를 이해하기 시작하며, 그 무렵부터 거짓말을 시작한다. 아이들의 초기 거짓말은 그들이 한 일과 관련된 이기적 거짓말이다. "삽 내가 안 가져갔어요!" 이후 일곱 살이 되면 아이들은 선의의 거짓말, 즉 다른 사람의 기분을 상하지 않게 하는 거짓말을 배우게 된다. 이를 위해서는 다른 사람의 입장, 그러

●● 일부 철학자는 당신이 한 말이 거짓말로 간주되기 위해서 반드시 거짓일 필요는 없다고 생각한다. 내가 빌이 모니카와 혼외정사를 벌였다고 믿으면서도 그들이 불륜을 저지르지 않았다고 주장한다면, 나는 거짓말을 한 것이다. 비록 그들이 불륜을 벌이지 않았다는 것이 진실이라고 해도 말이다. 하지만 여기서 나는 사전적 정의를 고수하고자 한다.

니까 그의 생각과 감정을 이해하는 대단히 수준 높은 능력이 필요하다. 우리는 느리지만 분명히 거짓말하는 법을 배운다. 대체로 고결한 이유에서 말이다.

> "우리는 느리지만 분명히 거짓말하는 법을 배운다.
> 대체로 고결한 이유에서 말이다."

비록 누군가의 의도를 알 수 있는 직접적 지식이 없다고 해도 때때로 당신은 누군가 잘못된 주장을 할 때 거짓말하고 있음을 확신할 수 있다. 만약 당신이 그 누군가가 무엇이 진실인지 정보를 제공받았다는 사실은 알거나, 그가 무엇이 진실인지 모를 수 없는 상황임을 알고 있다면, 당신에게는 그가 거짓말하고 있다고 믿을 만한 타당한 근거가 있는 것이다. 그러나 자신의 믿음에 반대되는 아주 좋은 근거가 있음에도 불구하고 그가 **스스로**를 속여 거짓을 믿으려는 것일 수도 있다.

앞서 언급했듯이 인간은 희망적으로 생각하는 데 능하다. 우리는 종종 무언가가 진실이 되길 간절히 **바라는** 마음에서 우리 자신을 설득하곤 한다. 트럼프가 자신의 취임식 날 비가 내렸다는 것을 눈치채지 못했을 가능성은 낮다. 나중에 TV를 통해 그 자리에 모인 사람들이 우산을 쓰고 있는 장면을 봤을 것이다. 하지만 어쩌면, 정말 어쩌면, 그는 태양이 빛나고 있었다고 스스로를 설득했을지도 모른다. 정말 그랬다면, 그가 취임하는 동안 태양이 빛나고 있었다고 말한 것은 거짓말이 아니다. 거짓말 탐지기를 통과하기 위한 최고의 방법은 자신이 말하고 있는 것이 진실이라고 스스로를 설득시키는 것이라는 말이 있다. 트럼프를 아는 사람들은 그가 실제로 자신이 트윗한 모든 말을 믿는다고 주장한다.[●] 그러므로 (적어도 가끔씩) 트럼프가 거짓말을 하는 것처럼 보일 때, 실제로 그는 자신에게 거짓말을 하는 것일 수 있다.

그렇다면 나는 어떻게 내가 거짓이라고 믿는 것을 당신이 믿도록 만들 수 있을까? 물론 최고의 방법은 누구나 사용할 수 있는 언어적 도구, **주장**assertion을 활용하는 것이다. 언어 철학자들은 언어적 의미뿐 아니라 우리가 말을 통해 **무엇을** 할 수 있는지, 즉 말함으로써 수행할 수 있는 **행동**에 관심을 기울인다. 우리는 뭔가를 주장할 수 있을 뿐만 아니라 특정한 의도를 갖고 특정한 표현을 동원해 누군가에게 명령을 내리고, 약속을 하고, 위협을 가하거나 설득을 할 수 있다.

영국 철학자 존 오스틴John Austin은 이를 **발화 행위**speech act라고 가리켰으며, 이와 관련해 자신의 책 《말로 하는 방법How to do Things with Words》(1962)에서 구체적으로 논했다. 많은 철학자는 주장이 지식 전달에서 중요한 역할을 맡기 때문에 발화 행위 가운데 특별한 지위를 차지한다고 생각한다. 비가 내린다고 주장하는 사람은 자신이 비가 내린다는 사실을 **믿고** 있으며, 또한 그렇게 믿을 만한 **타당한 근거**가

●   Michael Scherer, 'Can President Trump Handle the Truth?', *Time Magazine* 27/03/2017.

있다는 사실을 전하고 있는 것이다. 말인즉, 남을 속이려는 사람은 주장을 악용하여 자신이 개인적으로 믿지 않거나 믿을 만한 충분한 근거가 없는 것을 주장할 수 있다. 그렇게 함으로써 **그들이 알지 못하는 뭔가를 안다는 인상을 전달한다.**

　이 논의의 초점은 거짓말에 맞춰져 있지만 근거 없는 주장 역시 지식에 똑같이 큰 위협을 가한다. 근거 없는 주장은 때로는 진실이고 때로는 거짓이며, 명백한 거짓말과는 구분된다. 근거 없는 주장은 일반적으로 '헛소리'로 여겨진다. 그 특성에 대해서는 잠시 후 다시 살펴볼 것이다. 트럼프는 거짓은 물론 아무런 근거도 없는 것을 주장하는 성향이 있다. 예를 들어 그는 2016년 선거 직후에 오바마 행정부가 뉴욕 5번가에 있는 자신의 집에 도청 장치를 설치했다고 주장했다. 현직 민주당 대통령이 공화당 대선 후보의 도청을 지시했을 수도 있다는 주장은 매우 중대한 고발이며, 미국 민주주의 시스템 전반에 대한 신뢰에 잠재적으로 피해를 입힐 수 있다. 그렇기 때문에 아주 강력한 근거가 필요하다. 그럼에도 트럼프는 아무런 근거가 없었던 것으로 보인다. 심지어 그는 이 모든 것을 〈브라이트바트 뉴스 _Breitbart News_〉(트럼프 행정부에서 우파 민족주의 고문으로 있었던 스티븐 배넌 _Stephen Bannon_이 이끈 극단적 보수주의 뉴스 매체)의 음모론으로 점철된 보고서에서 확인한 듯했다.●● 그의 주장은 의심의 여지없이 거짓이며(FBI는 트럼프가 도청당했다는 주장을 부인했다), 어떠한 유형의 실질적인 증거에도 기반을 두지 않았다. 이 점을 반드시 기억해야 한다. 비록 근거 없는 주장이 나중에 진실로 드러날 수 있다고 해도, 자신이 실제로 가지고 있지 않던 지식을 가지고 있었다는 잘못된 인상을 전달했다는 사실은 여전히 남는다.

거짓말을 하는 또 다른 방법은 **암시**hints 혹은 철학자들이 말하는 **함의**implication를 활용하는 것이다. 우리는 언어를 사용하며 자주 표면적으로 말하는 것 이상의 내용의 내용을 주고받는다. 가령 내가 비에른이 지난 목요일 이후 술을 마시지 않았다고 주장하면, 비록 비에른에게 술과 관련된 문제가 있다는 말을 명시적으로 한 것은 아니지만 암시와 함의를 통해 그러한 의미를 전달한 것이 된다.●●● 만약 비에른에게 술과 관련된 문제가 없다면, 내 주장은 적어도 오해를 불러일으킨 것으로 간주될 수 있다. 우리가 뭔가를 암시하기 위해 언어를 어떻게 활용하는지에 대한 연구는 언어철학과 언어학의 주요 연구 분야인 화용론의 한 분야다.

2017년 2월 14일, 트럼프는 당시 FBI 국장이었던 제임스 코미James Comey를 사적인 저녁 식사 자리에 초대했다. 일반적으로 미국 대통령들은 FBI 국장과 사적인 시간을 갖기 꺼린다. 다른 인사가 참석하지 않는 경우에는 특히 더 그렇다. 당시 FBI는 트럼프 행정부에서 국가안보보좌관을 지낸 마이클 플린Michael Flynn이 러시아와 공모

● 주장의 특성에 관한 자세한 논의는 다음을 참조. Marshall. 2018. 'How Donald Trump's Bullshit Earned Him a Place in the History of Assertion'. *3:AM Magazine*.

●● Chris Cillizza. 'Donald Trump was a Conspiracy-Theory Candidate. Now He's on the Edge of being a Conspiracy-Theory President'. *The Washington Post* 04/03/2017.

●●● 다음 예시를 참조. Paul Grice. 1989. *Studies in the Way of Words*. Harvard University Press.

를 했는지에 대해 한창 수사를 벌이고 있었다. 그날 저녁 트럼프는 코미에게 플린과 관련해 이런 말을 했다. "나는 당신이 이번 사건을 그냥 내버려두길 바랍니다."●

코미는 이를 러시아에 대한 수사를 중단하라는 압박으로 받아들였다. 이는 트럼프가 진행 중인 수사에 개입하고 정의를 가로막으려 했음을 시사하는 것이어서 상당히 충격적인 대목이다. 그러나 공화당 정치인들과 트럼프의 측근은 이러한 고발이 완전히 근거 무근이라고 주장했다. 트럼프는 "수사를 중단하라"라는 말을 꺼내지 않았으며, 자신은 그저 무언가를 바라는 자신의 심리 상태를 이야기한 것뿐이라고 했다.

언어철학자들은 이들 공화당 인사들이 분명 화용론에 대해 아무것도 알지 못했거나, 혹은 화용론 부정이라고 하는 새로운 유형의 부정을 활용한 것이라고 지적했다. 누구든 "나는 당신이 이번 사건을 그냥 내버려두길 바랍니다"라고 말한 사람은 자신의 심리 상태를 이야기한 것이 아니다. 뭔가를 중단하라는 명령을 전달한 것이다. 트럼프가 이러한 말을 뱉은 정황을 고려하자면 특히 그렇다.

트럼프가 부동산 시장에 몸담고 있던 시절에 쓴 회고록이자 그가 성경 다음으로 좋아하는 책이라고 알려져 있는 《거래의 기술 _The Art of the Deal_》에서 그는 자신이 사람들의 환상에 어떻게 대응하는지, 그리고 모든 것이 가장 크고 화려하길 **바라는** 그들에게 실제 어떻게

Schmidt, Michael S. 'Comey memo says Trump asked him to end Flynn investigation'. _The New York Times_ 16/05/2017.

진실의 조건

과장하는지 이야기한다. 그는 **진실한 과장**truthful hyperbole이라는 표현을 통해 자신의 행동을 설명했다. 분명 이와 비슷한 생각이 대선 기간 동안 과장된 많은 주장 뒤에 있었던 것으로 보인다. 그는 모든 것이 놀랍게 바뀔 것처럼 말했다. 오바마케어를 대체하게 될 의료보험은 더 싸고 더 포괄적인 형태가 될 것이었다. 석탄 광산은 다시 문을 열 것이고 믿을 수 없을 만큼 높은 수익을 올리게 될 것이었다. 하지만 비즈니스맨 시절과 선거 기간 동안 효과를 발휘했던 전략은 집권 시기에 잘 작동하지 않았다.

2019년을 기준으로 오바마케어를 대체할 새로운 의료보험 시스템은 나오지 않았다. 하원 내 공화당 인사들이 상원에 보낸 포괄적 법안을 포함해 대안으로 나온 제안은 조세 특혜를 받는 부유층을 제외한 대다수의 미국인에게 더 비싸면서도 품질은 낮은 의료보험을 제공할 것이다. 정치적으로 독립된 감사기관인 의회예산처의 추산에 따르면, 마지막 법안이 통과될 경우 오바마케어에서 보험 혜택을 받았던 2천 400만 명이 보장에서 제외될 것이다.●●

2017년 3월 23일, 〈타임매거진〉은 트럼프와의 인터뷰에서 트럼프와 진실의 관계 문제를 집중 조명했다. 그는 왜 그토록 많은 거짓말과 근거 없는 이야기를 하는 것일까? 트럼프는 자신이 거짓말을 한다는 의혹을 거부했다. 또한 비록 증거는 없지만 자신은 촉이

●● 그의 당선 후 새롭고 놀라운 의료보험은 어디서도 찾아볼 수 없었다. 대신 남은 것은 트럼프가 최선을 다해 훼손한 오바마케어다. 다음을 참조. Amy Goldstein. 'With the Affordable Care Act's future in doubt, evidence grows that it has saved lives'. *The Washington Post* 30/09/2019.

뛰어나고 결국 자신이 옳았음이 드러나게 될 것이라는 말로 스스로를 옹호했다. 그러나 '촉'을 기반으로 뭔가를 믿는 것은 지식을 가진 것과는 다르다. 그것이 설령 옳다고 해도 촉은 증거가 될 수 없기 때문이다.

예를 들어 그는 스웨덴에서 무슨 일이 일어났다고 말한 자신의 주장을 언급하며, 그로부터 며칠 뒤 스웨덴에서 실제 끔찍한 일이 벌어졌음을 고려할 때 자신이 옳았다고 말했다. 주장 이틀 뒤 스톡홀름 외곽 지역인 린케비에서 일어난 폭동을 이야기한 것이었다. 차량들이 불타고 돌들이 날아다녔다고 말이다. 그러나 며칠 뒤 벌어진 사건이 그가 주장할 당시 근거를 갖추지 않았다는 사실을 바꾸지는 못한다. 그리고 바로 그 지점에 그를 비판할 근거가 있다(그가 '거대한 폭동'과 수많은 사상자가 발생했다고 주장한 것을 고려하면 실제 벌어진 상황에 대한 그의 설명은 정확하지도 않았다).

비극적이게도 이후 2017년 4월 7일, 스톡홀름에서 테러 공격이 벌어졌다. 한 남성이 트럭을 훔쳐 드로트닝가탄거리의 보행자를 향해 돌진했다. 파리와 런던, 브뤼셀과 마찬가지로 스톡홀름 역시 테러 공격의 대상이 될 것이라는 우려는 오래전부터 제기되어 왔다. 그러나 트럼프는 3월 23일에 그러한 공격이 일어날 것이라는 사실을 알지 못했다. 그는 그저 이슬람 이민 반대 선전을 벌이고 있었을 뿐이다.

거짓말이라는 의혹에 직면했을 때 볼 수 있는 또 다른 흔한 회피 수법은 자신이 아무것도 주장하지 않았다고 말하는 것이다. 단지 농담을 하거나 풍자를 한 것뿐이라고 말이다. 트럼프 역시 이러한 수법을 사용했다. 오바마 행정부가 자신을 도청했다는 트윗과 관련해 사방에서 거센 비판을 받은 뒤 트럼프는 자신이 '도청'에 따옴표를 쳤다는 사실을 사람들이 놓쳤다고 말했다. 문자 그대로 받아들이면 안 된다는 것이다. 그렇다면 이 극도로 심각한 비난은 어떻게 이해해야 하는 것일까? 트럼프 행정부에서 고문을 지낸 켈리앤 콘웨이는 트럼프의 주장이 단지 다양한 방식으로 개인을 감시하는 것이 가능하다는 의미였다고 서둘러 해명했다. 그러고는 카메라로 변환되는 전자레인지 같은 것을 예로 들었다.●

자신의 주장과 스스로 거리를 두기 위한 또 다른 방법은 그저 다른 사람의 말을 **인용**했을 뿐이라고 발뺌하는 것이다. 특정 사람을 신뢰하기 힘들다는 내 주장에 만약 당신이 의문을 제기하면, 나는 그 말은 내가 아니라 비에른이 한 것이라고 즉각 대응할 수 있다. 내 주장에서 한 발 물러서서 다른 누군가에게로 책임을 돌리는 것이다. 이는 트럼프의 또 다른 전술이기도 하다. 〈타임매거진〉과의 인터뷰에서 자신의 여러 잘못된 주장에 대해 질문을 받은 트럼프는 그것을 주장한 것이 **자신**이 아니라고 답했다. 다만 "유명인사나 주요 방송사(주로 〈폭스뉴스〉)"의 말을 인용했을 뿐이라고 했다. 내가 아는 한, 트

● 뉴저지주 지역 신문인 〈레코드 *The Record*〉와의 인터뷰에서 콘웨이는 이렇게 밝혔다. "제가 드릴 수 있는 말씀은 오늘날 안타깝게도 서로 감시할 수 있는 방법이 너무나 많다는 겁니다. 카메라로 변하는 전자레인지를 포함해서 말이죠." 그러고는 이렇게 결론을 내렸다. "그것이 오늘날 삶의 한 측면이라고 생각합니다." 다음을 참조. Mike Kelly. 'Kellyanne Conway alludes to even wider surveillance of Trump campaign'. *The Record* 15/03/2017.

럼프는 단 한 번도 자신이 틀렸다고 인정하지 않았다. 수많은 독립된 출처가 그의 주장이 거짓임을 보여줬음에도 말이다.

2016년 가을, 트럼프는 2011년 이후 고집스럽게 제기해왔던 주장에서 한 발 물러섰다. 바로 오바마가 미국에서 태어나지 않았다는 주장이었다. 그러는 와중에도 그는 힐러리 클린턴이 그 모든 것을 지어낸 것이라고 주장했다. 하지만 그건 분명히 힐러리의 책임이 아니었다.● 이러한 점에서 트럼프는 지극히 독보적인 정치인이다. 진실에 약삭빠르게 대처하는 태도로 유명한 조지 W. 부시조차 결국 이라크가 대량 파괴 무기를 보유하고 있었다고 주장한 행정부의 실수를 인정했다. 이라크전쟁 전체가 잘못된 가정에 기반을 두고 있었음을 시인한 것이다. 힐러리 클린턴 또한 자신의 개인 이메일 서버와 관련해 벌어졌던 스캔들의 불편한 진실을 감추고자 했지만, 결국에는 잘못을 인정했다. 실제로 그는 FBI 조사가 시작되기 전, 자신이 관여한 일과 관련된 3만 3천여 건의 이메일을 삭제했다고 인정했다.

우리는 왜 거짓말을 할까?

거짓말은 유형에 따라 다양한 기능을 할 수 있다. 일반적으로 우리는 이기적인 이유에서, 가령 다른 사람이 뭔가를 하도록 만들기 위해 거짓말을 한다. 이러한 경우 거짓말은 우리에게 확실한 도구적 가치가 있다. 우리의 목표를 달성하기 위한 방법이 되어준다. 반면 이기적이지 않은 차원에서 그저 상대 기분을 상하지 않게 하기 위한 거짓말, 즉 선의의 거짓말도 있다. 이러한 유형의 거짓말은 도덕적 차원에서 비난받지 않는다. 사람들은 대부분 외모나 옷과 같은 사적 사안에 대해 매번 무심코 진실을 말하는 이를 예의가 없다고 생각한다. 또한, 진실을 말하는 것이 오히려 해가 될 수 있기 때문에 거짓말하는 것이 도덕적으로 정당화되는 경우도 있다. 비밀 경찰이 들이닥쳐 친구의 소재를 물을 때 친구를 숨겨주는 사례에 대해서는 많은 논의가 이뤄졌다.

일부 철학자는 거짓말이 언제나 도덕적으로 비난받아야 한다고 주장한다. 독일 철학자 이마누엘 칸트도 그중 한 사람이다. 그들은 거짓말로 사람의 생명을 구할 수 있는 상황이라 해도 이는 도덕적으로 잘못된 것이라고 믿었다. 그래도 사람들은 대부분 이러한 기준이 지나치게 엄격하다고 생각한다. 비록 다른 사람을 속이는 행위라는 점에서 거짓말을 해서는 안 된다는 도덕 규범이 존재하지만, 다른 도덕 규범이 이러한 도덕 규범을 덮어버리는 상황이 존재한다. 우리는 다른 사람에게 피해를 입혀서는 안 된다.●●

심리학자들은 '푸른 거짓말blue lie'에 대해서도 말한다.●●● 이는 이기적인 동시에 다른 사람에게 도움을 주는 거짓말을 뜻한다.

●   Maggie Haberman & Alan Rappeport. 'Trump Drops False "Birther" Theory, but Floats a New One: Clinton Started it'. *The New York Times* 16/09/2016.

●●   이에 관한 철학적 논의는 다음을 참조. Stokke, A. 'Lies, Harm, and Practical Interests'. *Philosophy and Phenomenological Research* 11/2017.

●●●   다음 예시를 참조. 제레미 애덤 스미스Jeremy Adam Smith 의 블로그. *Scientific American* 24/03/ 2017.

단, 동일 집단에 속한 사람에게 주는 도움만을 의미한다. 가령 상대 팀에 대한 거짓말을 한다면 그것이 비록 이기적이라 하더라도 당신은 자신이 속한 집단에 도움을 줄 수 있다. 캐나다 심리학자 강 리Kang Lee는 푸른 거짓말에 관한 실험을 했다. 그가 7세, 9세, 11세 아이들을 대상으로 실험을 진행한 결과, 나이가 많을수록 푸른 거짓말을 구사하는 데 더욱 능숙하다는 사실을 확인했다. 예를 들어, 체스를 둘 때 나이가 많은 아이들은 어린아이들에 비해 자기 팀을 응원하기 위해 거짓말을 할 가능성이 더 높았다. 푸른 거짓말은 집단 사고와 관련된 응집력을 가지며, 집단끼리 대치하는 상황에서 무기화될 수 있다. 이러한 특성으로 인해 집단에 속한 구성원들은 누군가 자기 집단을 위해 거짓말을 한다고 해서 기분 나빠하지 않는다. 오히려 그 거짓말이 집단을 보호하는 역할을 한다. 이는 상대 집단에 강한 감정을 갖고 있는 양극화된 환경일수록 더욱 활성화되는 경향이 있다. 이것이 바로 사람들이 경쟁 팀과 정적政敵, 적대국에 대한 거짓말을 쉽게 받아들이는 이유다.

연구자들은 이러한 부분이 트럼프가 그토록 자주 거짓된 주장을 해도 그의 지지자들이 신경 쓰지 않는 이유를 설명해준다고 말한다. 트럼프는 세계화된 지적 엘리트 집단이 아니라 지지자들 편에서 있는 것이다. 그리고 그는 그의 '팀'에게 힘을 북돋워주기 위해 거짓말을 한다. 선거 직후 〈뉴욕타임스〉는 트럼프의 한 지지자와 인터뷰를 했다. 그는 다양한 음모론을 퍼뜨리고 있는 보수주의 블로거 마크 다이스Mark Dice를 팔로우하고 있었다. 놀랍게도 그는 다이스가 신뢰하기 어려운 인물이라는 사실을 알면서도 그의 블로그 글을 읽는 것이 재미있다고 말했다. "일종의 재미죠. 하키랑 비슷해요. 모두들 응원하는 팀이 있죠. 상대편이 우리 선수를 떠밀고, 우리 선수가 그들을 되받아치는 장면을 보면 짜릿하잖아요."●

　트럼프가 어떻게 이전 미국 정치인들과 달리 거짓말을 일삼으면서도 빠져나갈 수 있었는지에 대한 여러 설명이 나와 있다. 우선 그는 자신이 하는 말을 믿는다는 인상을 전달했다(그리고 때때로 정말 믿었다). 의혹에 직면할 때면 완전히 부인하지는 않으면서도 자신의 거짓말로부터 살짝 거리를 뒀다. 그리고 "단지 인용을 한 것입니다", "말 그대로의 의미는 아닙니다" 등의 말을 덧붙였다. 그의 지지자들은 상대편과의 경기를 하는 마음으로 트럼프의 거짓말을 응원했다. 물론 트럼프에게는 (러시아는 물론이거니와) 〈폭스뉴스〉와 〈브라이트바트 뉴스〉를 비롯한 그를 떠받치는 거대한 선전 기계들이 있었다. 이들 언론이 그의 거짓말을 어색하게 다루는 모습도 눈에 띄었다.

　경제학자이자 정치학자인 로버트 라이시Robert Reich는 트럼프의 주장이 어떻게 거짓말에서 진실에 가까운 말로 둔갑할 수 있었는지를 보여주는 열 단계 모형을 제시했다.●● 먼저 트럼프가 어떤 발언을 하면 언론에서 전문가들이 그 말을 거짓이라고 지적하는 기사를 낸다. 그러면 트럼프는 그 언론을 배신자라 공격하고, 많은 사람이 자신의 말이 옳다고 생각한다는 트윗을 전한다. 언론은 트럼프의 주

●　Sabrina Tavernise. 'As Fake News Spreads Lies, More Readers Shrug at the Truth'. *The New York Times* 06/12/2016.

●●　Robert Reich. 'How Trump Lies about his Many Lies'. *Newsweek* 02/03/2017.

장에 논란의 여지가 있다고 설명하기 시작하고, 설문조사를 통해 얼마나 많은 사람이 트럼프의 말을 믿고 있는지를 보여준다. 그리고 이 모든 일은 트럼프의 주장이 거짓임을 설명하기보다 정치적 양극화를 반영한 것임을 설명하며 끝이 난다.

이것은 단지 언론이 이상해서 생긴 일이 아니다. 트럼프는 돈이 됐다. 2016년 가을 선거 캠페인 동안 트럼프가 벌인 서커스 덕분에 〈CNN〉은 약 1억 달러를 벌어들였다고 추산된다. 트럼프가 언론 지면을 장악한 상황에 대해 〈CBS〉의 CEO 레슬리 문베스^{Leslie Moonves}는 이렇게 말했다. "미국에는 불행한 일이지만 〈CBS〉에게는 좋은 일입니다."●

> "거짓말쟁이는 자신이 주장하고 있는 것을
> 자신이 믿지 않는다는 사실을 숨기려 하고,
> 헛소리꾼은 진실이 무엇인지에 대해
> 자신이 관심이 없다는 사실을 숨기려 한다."

그러나 트럼프를 단순히 노골적인 거짓말쟁이 정도로 치부하는 것은 적절치 않을 수 있다. 미국 철학자 해리 프랭크퍼트^{Harry Frankfurt}는 거짓말^{lying}과 헛소리^{bullshitting} 사이에 중요한 차이가 있다고 지적했다.●● 거짓말쟁이와 헛소리꾼 모두 뭔가를 주장하는 척한다. 차이가 있다면 거짓말쟁이는 잘못된 정보를 전달하려고 애쓴다는 점에서 그래도 진실을 신경 쓴다는 사실이다. 그러므로 거짓말에는 지식과 분명한 목적이 필요하다. 눈 하나 깜빡이지 않고 할 수 있는 행동이 아니다. 그리고 믿음들은 서로 연결되어 있기 때문에 거짓말은 더 많은 거짓말을 요하게 된다. 그래서 거짓말쟁이는 거짓말의 그물망을 유지하기 위해 많은 에너지를 쏟아야 한다. 반면, 헛소리꾼은 진실에는 아무런 관심이 없으며, 자신의 말이 진실인지 아닌지, 근거가 있는지 없는지, 일관적인지 아닌지 아랑곳않고 그저 주장만 내뱉을 뿐이다.

또, 헛소리꾼과 거짓말쟁이는 둘 다 자신에 대해 뭔가를 숨기려고 하지만, 숨기려 하는 것은 서로 다르다. 거짓말쟁이는 자신이 주장하고 있는 것을 자신이 믿지 않는다는 사실을 숨기려 하고, 헛소리꾼은 진실이 무엇인지에 대해 자신이 관심이 없다는 사실을 숨기려 한다. 결국 헛소리꾼의 관심은 세상의 실제 모습이 아니라 자신에게 잘 맞는 말을 전달하는 데 있다.

우리는 왜 헛소리를 할까? 프랭크퍼트에 따르면, 관련 지식을 가지고 있지 않은 주제에 대해 광범위하고 자신 있게 말해야 하는 상황에서는 누구든 헛소리를 할 위험이 있다. 그는 주로 공직자들이 이러한 상황에 처하기 때문에, 정치권과 같은 공직 생활에서 헛소리가 넘치는 게 전혀 놀라운 일이 아니라고 말한다. 헛소리에 대한

- Timothy Egan. 'The Post-Truth Presidency'. *The New York Times* 04/11/2016.
- Frankfurt, H. 2005. *On Bullshit*. Princeton University Press. (해리 G. 프랭크퍼트/이윤 역, 《개소리에 대하여》, 필로소픽, 2016.)

프랭크퍼트의 설명이 트럼프에게 아주 적절하다는 점은 미국 언론을 피해가지 않았다. 트럼프는 자신에게 잘 맞는 주장을 했고, 그 말은 때로는 사실일 수도 때로는 아닐 수도 있었지만, 중요한 건 그것이 자신의 의제를 뒷받침했다는 것이다.[•] 그리고 물론 트럼프는 정책과 관련된 사안에 거의 관심이 없었기 때문에 지식이 전혀 없는 주제에 대해서도 자주 이야기를 해야만 했다.

프랭크퍼트의 가설은 헛소리 또한 민주주의 사회에서 살아가는 사람이라면 모든 것에 대해, 혹은 적어도 사회와 관련된 모든 것에 대해 특정 입장을 반드시 가져야 한다는 인식의 결과물로서 발생한다는 것이다. 이는 흥미로운 생각이며 다음 질문과 연결된다. 인터넷은 어떤 방식으로 우리의 지식과 지식에 대한 태도에 영향을 미칠까?

인터넷이 지식에 끼치는 영향

3장에서 우리는 확증 편향과 정치적으로 의도된 합리화를 포함해 사실 양극화 뒤에 숨은 심리 기제를 살펴봤다. 그러나 사실 양극화는 본질적으로 새로운 매체 지형의 결과이기도 하다. 우리가 몇몇 TV 채널과 신문만을 살펴보던 때에는, 자신의 믿음에 부합하는

[•] Lauren Griffin. 'Trump isn't Lying, he's Bullshitting – and it's Far More Dangerous'. *The Conversation* 27/01/2017.

정보와 그 믿음에 반하는 정보를 모두 직면할 수밖에 없었다. 만약 당신이 아침 신문을 훑어본다면 당신은 찾아보려고 하지 않았던, 그리고 보고 싶지 않았던 정보와 마주하게 될 것이다. 하지만 오늘날 우리는 자신의 믿음에 이의를 제기하는 출처를 쉽게 피할 수 있다. 확증 편향을 유지하기가 더 수월해진 것이다.

TV 채널과 라디오 방송국의 수는 어마어마하게 많고, 특히 미국에서는 〈폭스뉴스〉를 비롯해 다양한 구독 채널이 정치적 차원에서 중요한 역할을 하고 있다. 또, 우리에게는 인터넷이 있다. 다양한 유형의 대안 매체가 인터넷 세상에 탄생했고, 우리는 언제든 자신과 잘 맞는 정보에 접근할 수 있게 됐다.

"사람들은 세상에 대해
인터넷이 등장하기 전보다 훨씬 더 많은
'잘못된' 믿음을 갖게 됐다."

인터넷과 구글 이전의 삶이 어떠했는지 떠올리기는 쉽지 않다. 어떻게 저녁 내내 1994년 월드컵 출전 명단이나 헨리 8세가 맞이한 아내의 순서에 대해 이야기하면서 시간을 보낼 수 있었을까? 이제 이와 같은 이야기는 30초면 해결된다. 그 시절을 떠올리면 낭만에 젖기 쉽지만, 우리는 인터넷 이전의 삶이 얼마나 불편했는지 상기할 필요가 있다. 1980년대에 유학을 고려했던 나는 미국의 대학교 주소가 필요했고, 스톡홀름에 있는 스웨덴국립도서관으로 가서 세계 모든 대학의 주소가 나와 있는 두꺼운 책을 뒤져야 했다. 마침내 집을 떠나게 됐을 때는 내가 가게 될 곳의 사진조차 보지 못한 상태였다. 그리고 그곳에 도착해 공부하는 동안 나는 스웨덴에서 무슨 일이 벌어지고 있는지 하나도 알 수 없었다. 매주 10분 동안 부모님과 통화하면서 겨우겨우 소식을 전해 들을 뿐이었다.

인터넷은 예전에 비해 우리에게 더 많은 지식을 가져다줬을까? 이 질문에 답하기는 불가능하다. 진실하고 타당한 근거를 갖춘 믿음의 수를 세어봐야 하기 때문이다(그리고 나서 어떤 방식으로든 인구 증가를 반영해야 한다). 이는 분명 불가능한 일이다. 그럼에도 추측을 요구받는다면 나는 사람들이 전에 비해 (예를 들어 세상의 오지에 대해서나, 대중문화에 대해서나) 더 많은 지식을 가졌다고 말하고 싶다. 그러나 동시에 인터넷이 등장하기 전보다 세상에 대해 훨씬 더 많은 **잘못된** 믿음을 가지고 있다고 생각한다.

우리에겐 두 가지 유형의 무지, 즉 근거 없는 잘못된 믿음과 믿음의 **부재**가 존재한다. 이는 잘못된 정보를 받아들인 것과 정보를 전혀 받아들이지 못한 것의 차이다. 내가 루마니아에서 가장 높은 산의 이름을 알지 못한다고 말한다면, 이와 관련한 아무런 믿음도 갖고 있지 않다는 의미다. 사안에 대해 아무것도 모르기 때문에 지식이 부족한 것이다. 즉, 정보가 전혀 없는 것이다. 다른 한편, 루마니아에서 가장 높은 산의 이름이 몽블랑이라고 믿는다면, 다른 차원에서 지식이 부족한 것이다. 나는 믿음을 갖고 있지만 그것은 잘못됐다. 즉, 잘못된 정보를 받아들인 것이다.

나는 우리의 심리 기제에서 믿음이 맡은 중요한 역할을 강조해왔다. 믿음은 다른 믿음으로 이어지고 욕구와 함께 행동을 촉발한다. 그렇기 때문에 정보를 얻지 못하는 것보다 잘못된 정보를 얻는 것이 더 큰 피해를 입힐 수 있다. 내가 기후, 백신, 범죄와 관련해 잘못된 믿음을 갖고 있다면, 이는 내 세계관과 행동에 부정적 영향을 미칠 것이다. 이러한 믿음으로 인해 나는 탄소 배출을 줄이는 데 관심을 갖지 않게 되거나, 혹은 아이에게 백신 접종을 하지 않기로 결정하게 된다. 지금도 유럽 전역의 어린아이들 사이에서 홍역이 유행하고 있다. 그 원인 중 일부는 홍역 백신이 자폐를 유발할 수 있다는 잘못된 믿음을 가진 사람들이 자녀의 백신 접종을 꺼리기 때문이다.•
한편 그 문제에 이렇다 할 의견이 없다면, 이는 내가 가진 다른 믿음이나 행동에 직접적 영향을 미치지 않을 것이다. 물론 간접적 영향은 있을 수 있다. 내가 백신의 유해성에 대해 아무런 생각이 없다고 해도, 자녀에게 백신을 접종시키지 않을 수도 있다. 하지만 백신의 유해성을 정말로 믿는다면 백신을 맞히지 않을 가능성이 분명히 더 높을 것이다. 더불어 그 문제에 이렇다 할 의견이 없다면, 장애물로 작용하는 확증 편향이 없기 때문에 이용 가능한 증거를 바탕으로 정보를 얻고 믿기가 더 수월할 것이다.

최근 몇 년 동안 **전문성의 종말**에 대해서 많은 이야기가 나

• 'Measles Outbreak across Europe'. *BBC News* 28/03/2017. 확산세는 2018년에도 계속해서 이어졌으며, WHO는 백신에 대한 저항을 2019년 세계 건강을 위협하는 가장 심각한 위협 중 하나로 꼽았다.

왔다. 사람들은 전문가들의 말에 싫증을 내며, 그 대신 스스로 믿음을 형성하려 한다. 이러한 경향이 브렉시트 투표에서 중요한 역할을 했다. 당시 주도적 역할을 수행한 정치인 마이클 고브[Michael Gove]는 이렇게 언급했다. "이 나라의 국민들은 전문가들에게 질렸다." 왜 우리가 전문가의 말을 신뢰해야 하는지에 대해서는 마지막 장에서 다시 살펴볼 것이다.

톰 니콜스[Tom Nichols]가 자신의 책 《전문가와 강적들[The Death of Expertise]》에서 주장한 것처럼 전문성에 대한 광범위한 이의 제기는 인터넷과, 우리 모두가 정보를 쉽게 검색할 수 있다는 생각이 견인한 전문성에 대한 환상과 연관이 있다. 정보는 작동 원리를 이해할 수 있는 방식으로 포장된다.● 과거 우리는 자신이 전혀 알지 못하던 분야에 익숙해지기 위해 많은 노력을 기울여야 했다. 도서관에서 책을 빌리고, 신문 기사를 읽고, 참고 자료를 활용해야 했다. 그러다 보니 시간이 많이 들었고, 어떤 것이 됐든 지식을 얻는 데는 노력이 필요하다는 느낌을 받았다. 그러나 이제는 대체로 1분 안에 모든 것에 대한 정보를 얻을 수 있다. 그 덕분에 지식이 쉽게 만들어지고, 권위자를 신뢰할 어떤 이유도 없는 것처럼 보인다. 톰 니콜스는 정치학자인 자신에게 비전문가들이 어떻게 계속해서 의문을 제기하는지뿐만 아니라, 이러한 현상이 사회 전반에 걸쳐 어떻게 점점 더 보편화됐는지

●　　Nichols, T. 2017. *The Death of Expertise. The Campaign against Established Knowledge and Why it Matters*. Oxford University Press.(톰 니콜스 저/정혜윤 역, 《전문가와 강적들》, 오르마, 2017.) 다음도 참고. Tom Nichols. 'How America Lost Faith in Expertise'. *Foreign Affairs* March/April 2017.

를 설명했다. 실제로 의사와 변호사, 연구자를 비롯한 많은 전문가들이 지속적인 이의 제기를 받고 있다.

"우리는 자신이 많은 것을 알지 못하는 주제와 관련해
우리의 능력을 과대평가하는 경향이 있다."

심리학자 데이비드 더닝David Dunning과 저스틴 크루거Justin Kruger는 능력과 자기 확신 사이에 반비례 관계가 존재한다는 증거를 제시했다. 심리학자들은 이를 두고 두 사람의 이름을 따 더닝-크루거 효과Dunning-Kruger effect라고 부른다. 간단히 말해, 우리는 자신이 많은 것을 알지 못하는 주제와 관련해 우리의 능력을 과대평가하는 경향이 있다. 1990년대 이후 수행된 다양한 실험들은 이러한 유형의 인지 왜곡이 모든 영역에서 일어난다는 사실을 보여준다. 이는 논리적 추론과 글쓰기 문법, 의학적 사례 평가, 또는 테니스 같은 능력과 관련될 수 있다.**

예를 들어, 논리 시험에서 가장 낮은 점수를 받은 학생들이 오히려 자신의 능력을 가장 과대평가한다. 이는 그리 놀라운 사실이

** Dunning, D. Johnson, K. Ehrlinger, J. Kruger, J. 2003. 'Why People Fail to Recognize their own Incompetence'. *Current Directions in Psychological Science* Volume 12 (3).

아니다. 자신이 X에 얼마나 능한지 평가하기 위해 필요한 지식은 바로 X에 관한 지식 혹은 X를 수행하기 위한 능력이기 때문이다. 그들에게는 자신을 제대로 판단할 지식이 없다. 똑같은 이유에서 능력이 부족한 사람은 다른 사람의 능력을 평가하기가 어렵다. 최근 한 인터뷰에서 데이비드 더닝은 이러한 유형의 인지 왜곡이 온라인상의 정보 발견 용이성과 문제적으로 상호작용한다고 지적했다. 다시 말해, 전문성에 대한 잘못된 인식은 자신이 실제로 얼마나 많이 알고 있는지를 평가하지 못하는 무능함에 의해 더욱 강화된다. 더닝에 따르면 오늘날 문제는 사람들이 자신의 의견을 형성하는 능력을 잃어버린 것이 아니라, 의견을 형성하기가 지나치게 쉬워진 것이다.[*]

우리가 온라인에서 발견하는 수많은 정보는 대개 발견하자마자 기억에서 사라진다. 우리가 읽는 모든 내용이 인지 시스템에 머무르지는 않는다. 우리 인지 시스템의 한계 또한 분명하지 않다. 최근 철학자들은 **확장된 인지**extended cognition라는 용어에 대해 논의하고 있다. 이는 우리가 문제를 해결하거나 정보를 축적하기 위해 사용하는 도구가 우리의 인지 시스템 안에 내장되어 있다는 발상이다.

이와 관련된 참신한 사례로 뉴욕현대미술관MOMA에 가길 원했던 오토와 잉가에 관한 이야기가 있다.[**] 잉가는 미술관이 5번가와 6번가 사이 53번 길에 있다고 생각하고 출발했다. 오토는 언젠가부터 기억을 잃기 시작해서 항상 가지고 다니는 공책에 자신이 기억해야 할 내용을 적었고, 거기에는 미술관의 주소도 들어 있었다. 오토는 공책을 확인해야 하기는 하지만 그 과정을 습관적으로 재빨리 마치고는 잉가와 마찬가지로 미술관을 향해 홀가분히 출발했다. 그렇다면 오토의 공책에 적힌 정보는 그의 믿음의 일부분일까? 이 질문은 까다로워 보일 수 있다. 믿음은 분명 심리적 상태이자, 우리 내부의 무언가가 아니던가.

하지만 클락Andy Clark과 차머스David Chalmers는 오토의 공책에 적혀 있는 정보가 잉가의 머릿속에 저장된 정보와 정확하게 동일한 기능을 한다고 지적한다. 이는 그의 행동에 똑같은 영향을 미치며, (거의) 잉가의 머릿속에 있는 정보만큼 접근하기 쉽다(실제 때때로 잉가는 박물관 위치를 떠올리기 위해 잠시 생각을 해야 한다). 그렇다면 잉가의 믿음은 그의 머릿속에 있고, 오토의 (일부) 믿음은 그의 공책에 있다고 말할 수 있지 않을까?

오토와 잉가의 사례에 대한 철학적 논의는 스마트폰이 우리의 삶을 장악하기 전에 이뤄진 것이다. 우리의 삶에서 스마트폰이 하는 역할은 이 질문을 거꾸로 뒤집는다. 우리는 우리 인식의 일부를 스마트폰에 위탁했을까? 스마트폰이 우리의 행동을 위해 제공하는 정보는 우리가 두뇌 속에 갖고 있는 정보와 동일한 역할을 할 수 있고, (적어도 거의) 동등하게 접근할 수 있다. 더 넓게 보아, 우리의 심리 상태를 두뇌 안에서 일어나는 일로 제한해야 할 이유가 있을까? 이 질문은 현대 철학에서 폭넓게 논의되고 있다.••• 그러나 이 질문에

- Georgina Kenyon. 'The Spread of Ignorance'. *BBC Future* 06/01/2016. Chalmers, D. Clark, A. 1998.

•• Chalmers, D. Clark, A. 1998. 'The Extended Mind'. *Analysis* 58.

••• 클락과 차머스의 주장에 대한 비판은 다음을 참조. 'Extended Belief and Extended Knowledge'. 2014. *Philosophical* Issues 24: 460-481.

당신이 어떻게 대답하든, 모두가 하나만큼은 동의한다. 클릭 한 번으로 접근할 수 있는 정보는 우리 두뇌 속에 저장된 정보와 마찬가지로 우리의 행동에 실질적인 영향을 미친다.

이는 단지 우리가 적극적으로 정보를 찾는 경우에만 국한되지 않는다. 모두가 주머니 속에 스마트폰을 갖게 됐을 무렵, 소셜미디어 또한 중대한 돌파구를 마련했다. 그 이전에 페이스북과 같은 플랫폼은 대체로 미국 대학생들에게만 국한되어 있었다. 페이스북이 처음 등장했을 때는 귀여운 가족과 사랑스러운 휴가, 맛있는 저녁을 담은 사진을 공유하는 등 주로 개인적 형태를 띠었다. 또, 거기서 채소밭 가꾸기처럼 재미있고 소박한 게임을 하기도 했다. 하지만 페이스북은 머지않아 다른 기능을 확장하기 시작했다.

2008년 미국 대선 기간 동안 무명의 젊은 상원의원 버락 오바마는 페이스북을 통해 젊은 팔로워를 끌어모았고, 2011년 아랍의 봄 시위 기간에는 카이로의 타흐리르광장에서 확인했듯이 이웃 지역에서 시위하던 젊은이들이 서로 의사소통을 하는 데 소셜미디어가 중요한 역할을 담당했다. 이윽고 우리는 뉴스 기사와 유튜브 영상을 공유하기 시작했다.

페이스북이 출현하기 이전, 웹사이트가 관심을 끌어모으려면 구글과 같은 검색 엔진의 힘을 빌리거나 구독자를 확보해야만 했다. 이제 관심을 끌어모으기 위한 전혀 다른 방법이 등장했다. 페이스북이 광고의 수를 늘리고, 더 효과적인 광고 방식을 허용하면서 돈 또한 흘러들어 갔다. 콘텐츠가 더 많이 공유될수록, 광고주들은 더 많은 관심을 가졌다. 공유되는 콘텐츠의 진실은 별로 중요하지 않음이 빠르게 밝혀졌다. 중요한 것은 공유되고 있다는 사실이었다. 우리는 다양한 유형의 콘텐츠를 끊임없이 접한다. 더 이상 적극적으로 정보를 검색할 필요가 없다. 클릭 경제가 도래했고, 소위 '필터 버블filter bubble'(제공받은 이용자별 맞춤형 정보로 구성된 필터를 통해 걸러진 정보만 이용자에게 전달하는 시스템 – 옮긴이)의 기반이 마련된 것이다.•

필터에는 다양한 유형이 있다. 친구들도 하나의 필터를 구성한다. 우리는 자신과 비슷한 배경, 비슷한 세계관을 가진 사람들과 시간을 보내려는 경향이 있다. 내가 아는 한, 내 페이스북 친구 중에 트럼프에게 투표한 사람은 단 한 명도 없다. 또한 우리는 페이스북에 있는 친구들을 신뢰하는 경향이 있다. 앞서 언급했듯이 이는 분명 **내 집단 편향**과 관련이 있다. 자신이 속한 집단을 신뢰하고 다른 집단을 불신하는 성향 말이다.

정보과학 및 컴퓨터공학 교수인 필리포 멘처Filippo Menczer는 일찍이 10년 전, 대학생 중 72퍼센트가 개인의 로그인 정보를 기꺼이 넘겨줄 정도로 친구에게 받은 링크를 신뢰한다는 것을 증명하는 실험을 진행했다.•• 멘처는 사람들이 친구로부터 전달된 거짓 정보를

• '필터 버블'을 어떻게 정의해야 할지, 그리고 필터 버블이 실제로 존재하는지를 둘러싼 논의가 있다. 일부는 우리가 예전에 비해 훨씬 더 다양한 미디어 식습관을 가지게 되었다고 주장한다(다음을 참조. Price, R. 'Mark Zuckerberg Denies that Facebook is Trapping its Users in "Filter Bubbles"'. Business Insider 28/07/2016). 분명한 사실은 뉴스가 '맞춤화'되고 있다는 것이다. 다시 말해, 어떤 뉴스를 소비하는지가 개인에 따라 크게 달라졌다.

•• Filippo Menczer. 'Misinformation on Social Media: Can Technology Save Us?'. *The Conversation* 28/11/2016.

얼마나 신뢰하는지 측정해보기로 했다. 그는 유명인사에 대한 거짓 소문 기사를 게재할 가짜 사이트를 만들고, 여기에 광고를 걸었다. 그리고 월말이 되자 그는 돈도 벌 수 있었다. 그의 사이트는 광고 수익을 발생시킬 정도로 친구들 사이에서 공유됐다. 사이트상에 그가 모두 조작된 뉴스로 구성되어 있다는 것을 밝혔음에도 일어난 일이다.

10년 후, 멘처의 실험은 전 세계적으로 실행되었다. 한 예로, 우리는 마케도니아의 젊은이들이 미국 대선 기간에 가짜 뉴스를 공유함으로써 많은 돈을 벌었다는 것을 알고 있다. 사람이 다루는 것처럼 보이지만 이는 사실 **소셜봇**social bot이라 불리는 컴퓨터 기반 사이트들이다. 그리고 페이스북은 더 이상 개인만이 아니라 많은 기업과 정당, 그리고 다양한 종류의 이념 집단에서 활용된다. 특별한 정치적 동기를 가지고 만들어진 페이스북 페이지는 친구들의 네트워크를 통해 대단히 편파적이고 오류로 가득한 정보를 끊임없이 흘려보낸다. 가령 '민주당을 점령하라Occupy Democrats', '성난 애국자The Angry Patriot', '자유주의자 되기Being Liberal', '질려버린 미국인들Fed-Up Americans' 등과 같은 페이지들이다. 스웨덴의 경우 '페테르 스프링가르를 위해 일어서라Stå upp för Peter Springare', '오딘의 군사Soldiers of Odin' 등이 있다. 이들의 목표는 더 많이 공유되는 것이고, 정치적 뉴스는 양극화될수록 더 많이 공유된다.

2016년 가을, 〈버즈피드Buzzfeed〉의 페이스북 정치 분석 페이지는 미국의 우파 페이스북 페이지들이 올린 게시글 중 거짓이나 오해를 불러일으킬 수 있는 글의 비중이 38퍼센트에 이름을 보여줬다. 좌파 페이지의 경우에는 20퍼센트였다.● 이러한 콘텐츠가 친구들에 의해 더 많이 공유되고 우리가 이미 믿고 있는 것을 더욱 강화시키는 한, 우리는 이를 더 많이 신뢰하고 공유할 것이다. 한 예로, 트럼프가 1990년대에 했던 인터뷰 기사가 2016년 가을에 널리 퍼졌었다. 당시 트럼프는 자신이 대선에 출마하게 된다면 공화당을 대표해서 나갈 것이며, 그 이유는 공화당 지지자들이 민주당 지지자들보다 더 멍청해서라고 말했다. 이는 내 친구 집단에게 대단히 만족스런 '뉴스'였고, 거짓으로 드러나기 전까지 여러 차례에 걸쳐 공유되었다.

> "우리에게 완벽하게 들어맞도록
> 정보를 체계적으로 걸러내는 기술."

이는 친구들이 제공하는 자연스러운 필터에 관한 것만이 아니라, 우리에게 완벽하게 들어맞도록 정보를 체계적으로 걸러내는 기술에 관한 것이기도 하다. 2016년에는 우리에게 전달되는 정보가 과거 온라인 활동을 기반으로 정보를 분류하는 알고리듬에 의해 통제된다는 사실을 놓고 많은 논의가 이뤄졌다. 당연하게도 모든 것은 광고 수익에 따라 움직인다. 페이스북은 광고주들이 관심을 가지고 있는 클릭 수, 댓글 수, 공유 수 등 우리의 참여 정도를 기준으로 성

●   Craig Silverman. 'Hyperpartisan Facebook Pages are Publishing False and Misleading Information at an Alarming Rate'. *Buzzfeed* 20/10/2016.

공을 판단한다. 페이스북은 그들의 목표가 사용자에게 가장 의미 있는 정보를 보여주고, "각 개인에게 가장 중요한 콘텐츠가 각자의 뉴스피드 맨 위에 뜨도록" 나열하는 것이라고 공식적으로 밝힌 바 있다.[•] 이는 신뢰도는 고려하지 않은 채 콘텐츠가 나열된다는 의미이기도 하다.[••]

구글로 검색할 때조차, 검색 결과는 개인의 과거 온라인 활동을 기반으로 나열된다. 기후 변화를 구글로 검색하는 기후학자는 기후 변화 부정론자와는 전혀 다른 정보를 보게 될 것이다. 마찬가지로 유튜브는 극우 세력의 선전과 음모론의 진입점을 제공하는 알고리듬을 사용한다.[•••] 그런 점에서 필터링 과정은 우리의 인지 왜곡과 동일한 기능을 한다. 즉, 우리가 이미 믿고 있는 것을 확인하는 정보를 제공하고, 우리의 믿음에 이의를 제기하는 모든 정보를 제거한다. 스마트폰의 정보를 일종의 확장된, 혹은 외장된 인지라고 본다면, 알고리듬 기반의 필터링은 일종의 외장 인지 왜곡으로 봐야

[•]   John Herrman. 'Inside Facebook's (totally insane, unintentionally gigantic hyper-partisan) political-media machine'. *The New York Times Magazine* 24/08/2016.

[••]   미국 대선이 끝나고 페이스북이 이 문제를 해결하기 위해 할 수 있는 일에 대한 여러 논의가 이뤄졌다. 2019년부터 최근 페이스북은 온라인 콘텐츠를 팩트 체크하는 웹사이트와 협력 관계를 맺기 시작했고, 가짜 뉴스와 진짜 뉴스를 구분하는 방법에 대한 정보를 널리 전파하고 있다. 하지만 페이스북이 스스로를 성공적으로 규제하지 못할 것이라고 생각할 만한 근거가 있다. 2018년에 법적 규제를 위한 요건을 둘러싸고 많은 논의가 이뤄졌다. 다음을 참조. Anne Appelbaum. 'Regulate Social Media Now'. *The Washington Post* 01/02/2019.

[•••]   Kevin Rose. 'YouTube Unleashed a Conspiracy Theory Boom. Can It Be Contained?'. *The New York Times* 19/02/2019.

할 것이다.

멘처는 진실과 거짓을 구분하는 기술은 아직 없다고 지적했다. '아직'이라는 말은 이 맥락에 어울리지 않는다. 나는 그러한 기술을 향한 꿈이 완벽한 거짓말 탐지기에 대한 꿈처럼 터무니없다고 생각한다.●●●● 믿음이 진실인지 아닌지는 세상이 존재하는 방식에 달렸다. 그리고 세상의 어떤 알고리듬도 세상이 존재하는 방식과 관련된 주장과 그렇지 않은 주장을 구분하지 못한다. 그러나 우리가 상상하는 것은 신뢰할 만한 출처를 우선적으로 배치하는 알고리듬이다. 멘처가 언급했던 것도 그것이다. 이는 그 자체로 하나의 혁명이 될 것이다. 앞으로 사람들이 찾는 정보는 개인의 기존 믿음이나 이념적 입장이 아니라, 신뢰할 만한 근거가 있는지 여부를 기준으로 배치될 것이다. 그때야 비로소 기후학자와 기후 변화 부정론자가 동일한 정보를 접하게 될 것이다.

이러한 유형의 알고리듬 활용에 대해 구글이 처음으로 논의했던 2015년만 해도 지식의 적들은 대단히 걱정했다. 가령 〈폭스뉴스〉 프로그램 '해프닝나우*Happening Now*'는 이에 특히 부정적 태도를 보이며 검열의 한 사례라고 주장했다. "그들은 여러분이 자신만의 의견을 가질 권리가 있다고 말하지만, 여러분에게는 자신만의 사실을 가질 권리가 없습니다. 이게 모두가 편하게 느끼는 개념은 아니죠." 그

●●●● 거짓말에서 중요한 것은 그 내용의 거짓 여하가 아니라, 남을 속이려는 의도라고 생각한다면 가능할 수도 있다. 의도는 심리학적 차원에서 추적이 가능하지만 거짓은 그렇지 않다.

러나 이는 오히려 혼란을 주려는 노골적인 시도다. 우리에겐 우리 자신만의 사실을 가질 '권리'가 없다. 그것은 우리에게 속한 것이 아니라 세상에 속한 것이기 때문이다.

우리가 소셜미디어에 더 많이 의존해 뉴스를 접할수록 우리가 받는 정보는 더욱 개인화될 것이다. 한 설문조사는 2016년이 스웨덴 젊은이들이 다른 출처보다 소셜미디어로부터 더 많은 뉴스를 접한 첫해임을 보여줬다. 또 미국인의 3분의 2는 페이스북 계정을 갖고 있고, 그들 중 60퍼센트는 페이스북을 통해 정치 뉴스를 접한다. 그 비중은 젊은이들 사이에서 훨씬 더 높다.•

그러나 최근 양극화 현상을 놓고 오직 신기술만을 탓할 수는 없다. 미디어 양극화에 관한 주요 연구에서, 연구자들은 2015년 4월 1일부터 미국 대선일인 2016년 11월 9일까지 발행된 총 125만 건의 기사의 확산도를 검토해 페이스북과 트위터상에서 뉴스가 공유되는 방식을 분석했다.•• 그들은 클린턴 지지자들보다 트럼프 지지자들 사이에서 양극화가 더 뚜렷하게 나타났다는 점에 주목했다. 클린턴 지지자들은 상대적으로 넓은 정치적 스펙트럼의 뉴스를 공유한 반면, 트럼프 지지자들은 〈브라이트바트 뉴스〉가 중심인 극단적으로 보수적인 출처로부터 소수의 뉴스를 거의 독점적으로 공유했다. 심지어 트럼프 지지자들은 〈폭스뉴스〉가 공화당 예비 선거에서 트럼

•   관련 논의는 다음을 참조. Cathy O'Neil. 'Commentary: Facebook's Algorithm vs. Democracy'. *NOVA Next PBS* 07/12/2016.

••   Benkler, Y. et al. 'Study: Breitbart-Led Right-Wing Media Ecosystem Altered Broader Media Agenda'. *Columbia Journalism Review* 03/03/2017.

프를 공격한 이후로 공유를 삼가기까지 했다.

　　이로부터 연구원들은 현재의 양극화가 온전히 신기술의 결과물이 아니라, 사람들의 선택과 정치적 캠페인이 복잡하게 얽힌 사안이라고 결론을 내렸다. 만약 신기술의 영향이었다면 양극화는 정치적 스펙트럼 양측에서 동등하게 나타났을 것이다.••• 여기서 이끌어낼 수 있는 또 하나의 결론은 '양극화'라는 개념을 다룰 때 신중해야 한다는 것이다. 만약 축구장 한가운데 서 있던 두 사람 중 한 사람이 골대 쪽으로 이동한다면, 양극화 현상이 일어나는 것처럼 보일 것이다. 하지만 사실 이동한 건 한 사람뿐이다.

　　물론, 양극화와 거짓 정보 확산을 목적으로 활용될 수 있다고 하더라도, 인터넷은 출처 비평 훈련을 받은 사람과 이론의 합리성이나 주장의 타당성을 평가하는 데 익숙한 사람들에게 여전히 금광에 해당한다. 인터넷이 지식의 민주화를 이끌 거라고 가정하기 쉽지만, 정반대의 경우도 충분히 가능하다. 어떤 주제에 대해 이미 충분한 지식을 갖추고 있는 사람은 인터넷으로부터 큰 도움을 얻을 수 있는 반면, 지식이 부족한 이들은 잘못 이해할 위험을 감수해야 한다. 성경에도 이런 말이 있다. "가진 자는 받을 것이요." 만약 당신이 검색하는 방법을 안다면, 그땐 어떤 것에 대한 진지한 정보를 얻을 수 있을 것이다.

••• 1990년대 이후로 미국 사회의 양극화 및 거짓 정보와 관련해서 유료 TV 채널이 핵심적인 역할을 수행했다는 사실을 상기할 필요가 있다. Yochai Benkler. 'Blaming Foreign Influence is a Cop-Out. The Most Influential Propaganda is Homegrown'. *The Washington Post* 28/10/2018.

오늘날처럼 쉽게 학자가 될 수 있는 시기도 없었다. 지리적으로 동떨어진 곳에 살고 있다 해도 우리는 관련된 연구 논문을 쉽게 얻을 수 있고, 자신의 연구를 국제 무대에 발표할 수 있다. 내가 1980년대에 철학을 공부할 무렵만 해도 스웨덴 안에서는 국제 흐름을 따라잡기가 힘들었다. (일부) 정기 간행물의 사본을 접할 수는 있었지만, 영국과 미국처럼 학계를 이끄는 연구가 이뤄지고 있는 나라에서 무슨 일이 벌어지고 있는지 알 방법은 없었다. 자신이 쓴 논문의 주제가 이미 프린스턴 세미나에서 논의가 됐으며 더 이상 학계의 관심 사안이 아니라는 소식을 스웨덴을 방문한 학자에게 전해 들을 뿐이었다. 연구에 인터넷이 이롭다는 것은 의심할 여지가 없다. 전 세계 학자들은 실시간으로 연구에 참여해 새로운 발견을 교환하고, 그것들을 실질적으로 평가하고, 이론을 구축하는 과정에 기여할 수 있다. 이 점은 인터넷을 거짓 정보의 원천으로 생각할 때 반드시 함께 고려해야 할 대목이다.

가짜 뉴스와 잘못된 뉴스

거짓 정보에는 여러 유형이 있다. 2016년 이후 우리는 많은 가짜 뉴스fake news를 접해왔다. 미국에서는 초기에 트럼프와 클린턴에 관한 가짜 뉴스 확산에 주목했다. 이런 뉴스들의 일부는 클린턴이 소아성애자 집단의 리더라는 주장처럼 다소 기괴한 것이었다. 심지어 워싱턴 D.C.의 피자 가게 코멧핑퐁이 이들 소아성애자 집단이 운

영하는 곳이고, 아이들을 감금해놓고 성 노예로 부리고 있다는 주장까지 있었다. 이 말을 믿은 한 젊은 남성이 여섯 시간 동안 차를 몰고 워싱턴으로 가서 갇혀 있는 아이들을 구하기 위해 자동 화기를 들고 피자 매장으로 난입하는 일까지 벌어졌다. 다행히 다친 사람은 없었다.●

기자들이 최선을 다해 팩트 체크를 하지만 흐름을 따라잡지 못할 때가 있다. 교황이 트럼프를 지지했다는 가짜 뉴스는 아주 짧은 시간 동안에 백만 건 가까이 공유됐다. 이러한 유형의 가짜 뉴스는 정치적 양극화와 정치적으로 의도된 합리화를 활용할 목적으로 설계된 것이고, 그만큼 강력한 효과를 발휘한다. 가령 우리에게 자신의 정치적 입장에 적합한, 그래서 진실이라고 믿고 싶은 정보가 주어진 상황에서는 팩트 체크가 아무런 도움이 되지 못할 위험이 높다.

스웨덴에서도 가짜 뉴스가 정치적으로 중요한 역할을 수행하고 있는 것은 자명한 사실이다. 2017년 4월 7일, 스톡홀름 도심 드로트닝가탄에서 비극적인 테러 공격이 일어난 이후, 가짜 뉴스 열풍이 온라인을 휩쓸었다. 도시 곳곳에서 총격이 벌어졌다는 여러 가지 소문이 소셜미디어와 기존 전통 언론을 통해 퍼져나갔다. 사람들은 공포에 휩싸인 채 추가 보도를 기다리며 실내에 머물러야 했다. 그러나 한쪽에선 이러한 상황을 정치적으로 활용하려는 이들이 있었다. 우파 정당인 스웨덴 민주당의 당 대표는 한 스웨덴 목사가 그 행위

●   Cecilia Kang, Adam Goldman. 'In Washington Pizzeria Attack, Fake News Brought Real Guns'. *The New York Times* 05/12/2016.

를 용서해야 한다고 말했다는 잘못된 보도를 트윗으로 공유했다. 그리고 대안 언론 플랫폼인 〈폴리틱팍타Politikfakta〉는 언론이 당시 상황을 취재했으며, 남성 세 명이 트럭에서 내려 실제로 사람들에게 총을 쏘고 칼을 찔렀다고 주장했다.[•] 거듭 말하지만, 가짜 뉴스는 양극화를 강화하고 정치적 선전을 확산시키기 위해 사용된다.[••] 실제로 당시 스웨덴은 극우 민족주의를 강화하기 위한 세계적인 거짓 정보 캠페인의 주 무대가 됐다. 극우 민족주의 운동의 입장에서 반드시 실패한다고 말해야 하는 진보와 평등, 페미니즘 및 이민을 지지하는 국가라는 점이 작용했다. 다른 국가들에게 경고하기 위한 실례로 활용할 수 있다는 점에서 스웨덴의 실패는 그들에게 반드시 필요한 것이었다.[•••]

때때로 사람들은 '잘못된 뉴스false news'라는 용어를 사용한다. 이는 페이스북에서 시작된 용어다. 나는 여러 가지 이유로 이를 안타깝게 생각한다. 우리가 말하는 것은 '가짜' 혹은 위조된 뉴스다. 결국

[•] Kristofer Ahlström. 'Sä utnyttjas attacken i Stockholm för att sprida propaganda i sociala medier'. *Dagens Nyheter* 09/04/2017.

[••] 이러한 현상은 가짜 뉴스가 횡행했던 2018년 가을, 스웨덴 총선 기간에 분명히 드러났다. 옥스퍼드 인터넷 연구소의 조사 결과는 총선 몇 주 전에 (정치적 내용을 담은) 공유된 링크 중 22퍼센트가 가짜 뉴스였음을 보여줬다. 이는 선거와 관련한 유럽 내 최악의 사례로 기록됐다. 'Swedish Election Second Only to US in Proportion of "Junk News" Shared'. Oxford University 06/09/2018.

[•••] 이와 관련된 흥미로운 조사 보고서는 다음을 참조. Jo Becker. 'The Global Machine Behind the Rise of Far-Right Nationalism'. *The New York Times* 10/08/2019. 또한 Paul Rapacioli. *Good Sweden, Bad Sweden. The Use and Abuse of Swedish Values in a Post Truth World*. Volante. 2018.

이 기사들의 목적은 위조된 기사를 저널리스트적 절차를 거친 기사, 진짜 저널리즘처럼 보이도록 만드는 것이다. 마치 위조 지폐의 목적이 공식 기관에서 발행된 진짜 지폐처럼 보이는 것과 같다.**** 콘텐츠는 그저 일정한 영향을 미치기 위해 진실성에 개의치 않고 기사의 형태로 퍼져나가며, 종종 정치적 성격을 띤다(하지만 대체로 주된 목적은 관심과 공유, 동의를 얻는 것이다). 이러한 점에서 가짜 뉴스는 진실을 고의로 외면하지는 않는 허술한 저널리즘과는 다르다.

또한 가짜 뉴스의 콘텐츠가 완전히 거짓은 아닌 경우도 종종 있다. 진실과 거짓을 구분하기 어려운 방식으로 뒤섞는 시도가 자주 보인다. 가장 효과적인 선전은 처음부터 끝까지 거짓을 다루는 것이 아니라, 기만적으로 진실과 거짓을 뒤섞는 것이라고 알려져 있다. 이와 관련된 스웨덴의 사례가 있다. 2018년 외레브로시⊕가 이슬람 전통보다 기독교 전통을 강조한다는 인상을 주지 않기 위해 크리스마스 콘서트를 직전에 취소했다는 가짜 뉴스다. 당시 공연이 취소된 것은 사실이지만, 그러한 이유에서 취소된 것은 아니었다. 실제로는 공연 주최 측이 후원 유치에 어려움을 겪었다고 한다. 만약 우리가 가짜 뉴스를 '잘못된 뉴스'라고 받아들이면 이러한 현상을 포착하기는 더욱 어려워진다. 더욱 심각한 문제는 우리가 (어쩔 수 없이 벌어지고야마는) 실수를 포함한 진짜 저널리즘 기사와 가짜 뉴스를 구분하는 능력을 잃어버릴 위험이 있다는 것이다.

●●●●　Don Fallis and Kay Mathiesen. 2019. 'Fake News is Counterfeit News'. *Inquiry* (online 06/11/2019).

물론 이는 트럼프가 우리의 눈을 가리려 한 바로 그 차이다. 실제로 그는 자신이 '가짜 뉴스'라는 용어를 만들어냈다고 주장했으며(이 말은 19세기 후반부터 사용됐다), 자신의 문제적 행동을 폭로하는 언론에 의혹을 심기 위해 적극 활용했다. 일부 사람들은 트럼프가 이러한 방식으로 가짜 뉴스라는 용어를 사용하기 때문에 절대로 그 용어를 사용해서는 안 된다고 주장한다. 나는 이게 실수라고 생각한다. 그렇다면 우리는 소셜미디어상에 퍼져 있는 매우 현실적이고 위험한 유형의 선전을 일컫는 다른 용어를 만들어야 한다. 우리는 그저 무엇이 가짜 뉴스이고 무엇이 아닌지를 분명히 해야 한다. 가짜 뉴스란 **위조된 뉴스**로서 정당한 저널리스트적 절차를 거치지 않은 정보이며, 신뢰할 만한 가치가 없는 정보를 말한다. 이는 광고로 돈을 벌려는 10대, 러시아 트롤팩토리troll factory(특정 대상에 대해 대규모로 댓글을 올리는 회사 – 옮긴이), 혹은 정치 선전 플랫폼이 만들어낸 것일 수 있다.

의혹을 심는 방법

거짓 정보는 잘못된 믿음을 갖게 하거나 진실한 믿음을 외면하도록 설계된 정보를 뜻한다(기억하자. 무지는 두 가지 형태로 온다). 그중 후자에 해당하는 흥미로운 사례는 흡연이 위험하다는 주장에 의혹을 심기 위해 1960년대와 1970년대에 미국 담배 기업들이 벌인 로비 활동으로 거슬러 올라간다. 당시 미국 보건 당국과 기타 정부

기관은 흡연이 건강에 해롭다는 정보를 널리 전파하기 시작했고, 담배 업계는 이에 정면으로 맞섰다.

1969년, 담배 기업 브라운앤윌리엄슨Brown & Williamson이 작성했던 비밀 문건에는 그들이 스스로를 지키기 위해 취했던 전략이 묘사되어 있었다(본 사건에 대한 여러 문건이 내부 고발자 머렐 윌리엄스Merrell Williams Jr.에 의해 유출되었다). 여기에는 안타깝게도 흡연이 건강에 도움이 된다는 증거는 없기 때문에 다른 전략을 찾아야 한다는 내용이 담겨 있었다. 곧이어 과학적 발견과 관련한 의심을 심자고 제안했다. 로비 단체가 이미 워싱턴 정치인들에게 영향력을 행사하고 있으므로 목표 대상을 일반 대중으로 삼기로 했다. 그리고 의심을 '판매'하기 위해 광고 캠페인을 활용하는 계획을 세웠다. "의심이 곧 우리의 상품이다. 대중의 마음속에 자리 잡고 있는 [흡연과 질병을 연결시키는] '사실의 실체'와 경쟁하는 최고의 도구이기 때문이다. 이는 논란을 일으키는 도구이기도 하다."●

이 전략은 우리의 이성을 이용했다는 점에서 흥미롭다. 나는 앞서 믿음에 반하는 증거의 두 가지 유형에 대해 논의했다. 내 믿음이 틀렸다는 것을 알려주는 증거인 **파기자**defeater와 내 믿음의 근거에 반하는 증거인 **약화자**underminer가 그것이다. 내가 흡연이 위험하다는

●　Burgard, J. W. 1969. 'Smoking and Health Proposal'. *Legacy Tobacco Documents Library*. 이와 관련한 흥미로운 책은 다음을 참조. Oreskes, N. & Conway E. M. 2010. *Merchants of Doubt: How a Handful of Scientists Obscured the Truth on Issues from Tobacco Smoke to Global Warming*, Bloomsbury Press. (나오미 오레스케스, 에릭 M. 콘웨이 저/유강은 역, 《의혹을 팝니다》, 미지북스, 2012.)

점을 보여주는 논문을 읽었기 때문에 흡연이 위험하다고 믿는다면, 내 마음을 바꾸기 위한 방법으로 두 가지가 있다. 어쩌면 흡연이 몸에 좋을 수도 있다며, 흡연은 위험하지 않다고 나를 설득할 수 있다. 이 경우 당신은 파기자를 활용한 것이다. 반면 흡연이 위험하다는 내 증거를 약화킬 수도 있다. 이때는 흡연의 위험성을 보여준 논문에 대한 내 믿음을 약화시키는 것이다.

물론 후자는 내가 흡연이 위험하지 않다고 믿도록 만들기에 충분치 않다. 하지만 이 문제가 아직 해결되지 않았다고 믿도록 만들기에는 충분할 수 있다. 이는 내가 이 문제에 더 이상 명백한 믿음을 갖지 않는다는 것을 의미한다. 내 흡연 욕구가 강하다면, 후자의 접근 방식이 내게 더 많은 담배를 구입하도록 유도하기 적합하다. 브라운앤윌리엄슨의 의심 판매 전략이 바로 이처럼 근거를 공격하는 것이었다. 그들은 파기자를 찾기는 어렵다는 것을 깨달았다. 그러나 그 연구가 절대적이지 않으며 아직 밝혀지지 않은 부분이 있다는 메시지를 전파하는 것은 충분히 가능하다고 생각했다. 흡연과 폐암 사이의 상관관계가 정말로 인과관계에 해당하는지 의문을 제기하는 식으로 말이다.

석탄·석유 기업들 또한 이와 동일한 전략을 활용함으로써 엄청난 효과를 발휘했다.● 거기에는 어마어마한 돈이 걸려 있었다. 찰스 코크Charles Koch와 데이비드 코크David Koch 형제는 지구 온난화의 증거에 적극적으로 반대하는 단체에 60만 달러를 기부했으며, 또한 트럼프 선거 캠페인에도 상당한 금액을 기부했다.●● 그리고 기후학자들이 기후 변화의 원인과 관련해 의견 일치를 보지 못하고 있다는 거짓 주장을 확산해 의심의 씨앗을 뿌렸다. 심리학자들은 전문가들이 만장일치를 보았다는 점이 과학적 사안과 관련해 사람들의 입장에 얼마나 중대한 영향을 미치는지 주목해왔다. 이는 전문성에 대한 의혹이 점차 널리 퍼지고 있는 오늘날에도 해당되는 듯이 보인다.[***] 기후 문제와 관련해, 학자들이 만장일치를 이룬다는 믿음은 지구 온난화에 대응하기 위해 자신이 어떤 입장을 취할 것인지를 판단하는 근간이 된다는 점에서 '관문적 믿음gateway belief'으로 설명된다. 인간 활동이 기후에 영향을 미친다는 주장에 전문가들이 합의했다고 믿는다면, 당신도 탄소 배출을 줄이기 위한 방안을 긍정적으로 여길 것이다.

많은 연구가 기후학자들 사이의 의견 일치가 97~98퍼센트, 혹은 그 이상 대단히 높은 수준으로 이뤄짐을 보여준다.[****] 그래서 석탄·석유 업계는 이러한 믿음을 약화시키기 위해, 그리고 사실 전

- George Monbiot. 'Frightened by Donald Trump? You Don't Know the Half of it'. *The Guardian* 30/11/2016.
- 이와 관련된 흥미로운 자료는 다음을 참조. Mayer, J. 2016. *Dark Money: The Hidden History of the Billionaires Behind the Rise of the Radical Right*. Double-day.
- 그러나 여기에는 한 가지 반전이 있다. 가령 한 개인이 과학자들에 대한 음모론을 받아들일 때, 그들이 합의를 이루고 있다는 바로 그 사실은 그로 하여금 과학자들의 말을 더욱 더 의심하게 만들 것이다. 관문적 믿음 모형에 관한 연구 요약은 다음을 참조. 'The Consensus on Consensus Messaging'. *Skeptical Science blog* 07/08/2019.
- Cook, J. 2016. 'A Skeptical Response to Science Denial'. *Skeptical Inquirer* Volume 40(4).

문가들이 만장일치되지 않았다는 믿음을 퍼뜨리기 위해 엄청난 돈을 퍼붓고 있다. 이와 관련해 가장 유명한 사례는 2007년에 있었던 '오리건 지구 온난화 청원 프로젝트The Oregon Global Warming Petition Project'다. 이 캠페인은 인간이 유발한 탄소 배출이 재앙적 지구 온난화를 앞당길 것이라는 증거가 없다는 내용의 탄원서에 3만 1천 명 이상의 학자들이 서명했다는 정보를 퍼뜨리고자 했다. 하지만 해당 청원은 이미 오래전에 거짓인 것으로 밝혀졌다.[●] 서명자 중 기후학자들의 비중은 1퍼센트도 되지 않았다. 다른 분야의 전문가들이 서명을 했고, 그중 많은 이들이 자신의 전문 분야를 기재하지 않았다. 참고 문헌 역시 교묘하게 조합된 창작물에 불과했다.[●●]

그럼에도 불구하고 거짓 정보는 효과가 있었다. 미국인 중 겨우 67퍼센트만이 전문가들이 합의에 이르렀다고 믿었고, 고작 12퍼센트만이 합의의 수준이 90퍼센트 이상이라는 점을 알았다. 연구자들은 이것이 거짓 정보 캠페인의 결과라고 믿었다. 스웨덴에서는 겨우 47퍼센트만이 지구 온난화가 진행되고 있다는 주장에 '완전하게 동의'한다고 밝혔다. 더 나아가 43퍼센트는 '동의'했지만 그렇게 강

[●] Kevin Grandia. 'The 30,000 Global Warming Petition is Easily-Debunked Propaganda'. *The Huffington Post* 22/08/2009.

[●●] 이 캠페인은 계속 이어졌다. 하틀랜드 인스티튜트*The Heartland Institute*는 기후학자들이 어떻게 의견 불일치를 보이고 있는지를 보여주는 번쩍이는 브로슈어 제작에 상당한 예산을 투자했다. 이들은 20만 부를 제작해서 전국의 일선 교사들에게 보낼 계획을 세웠다. 다음을 참조. Curt Stager. 'Sowing Climate Doubt Among Schoolteachers'. *The New York Times* 27/04/2017.

한 의견은 아니었다.••• 연구자들은 이러한 유형의 거짓 정보가 단한 번에 사람들이 이전에 기후 변화에 대해 배웠던 모든 것을 약화시킬 수 있다고 밝혔다.••••

비슷한 기법으로 **거짓 동일시**false equivalence라는 것이 있다. 가령 기후학자들이 기후 변화 부정론자들과 '논의' 중에 있다는 설명이 여기에 해당된다. 비록 비전문가가 그 논의를 평가할 수 없다고 해도, 논의 중이라는 사실은 그 사안과 관련해 의견 불일치가 있으며, 양측 모두 증거를 갖고 있다는 인상을 전해준다. 전 미국 환경보호국 국장 스콧 프루잇이 전문가들의 의견이 얼마나 불일치하는지를 특별히 언급하고, 더 많은 연구가 필요하다고 주장한 것은 우연이 아니었다. 프루잇이 석탄·석유 업계와 가까운 동맹 관계라는 점 또한 우연이 아니다.••••• 게다가 2018년 프루잇의 자리를 물려받은 앤드루 휠러는 전직 석탄 업계 로비스트다.

트럼프는 여기서 한 걸음 더 나아가 근거를 매우 극적으로 약화시키는 주장을 내놓았다. 그는 기후 변화에 관한 모든 논의가 단지 중국의 농간에 불과하다고 주장했다. 상상을 초월하는 수준이다. 전 세계 기후학자의 97퍼센트가 기후 변화와 그 원인에 대해 동의했다면, 중국 정부가 틀림없이 이들 과학자에게 모종의 영향력을 행사

••• 'VoF-undersökningen'. 2015. *The Swedish Skeptics' Association*.

•••• van der Linden, et al. 2017. 'Inoculating the Public against Misinformation about Climate Change'. *Global Challenges*. 2017. DOI: 10.10002/gch2.201600008.

••••• Elizabeth Kolbert. 'Why Scientists are Scared of Trump: A Pocket Guide'. *The New Yorker* 08/12/2016.

했다는 것이다. 그게 가능한 일일까? 학자들에게 돈을 주거나 협박을 했을까? 만약 그것이 사실이라면 중국 정부는 학자들에게 수년간 잘못된 데이터를 수집하고 오해를 불러일으키는 연구 논문을 쓰도록 하고, 다른 전문가들의 동료 평가 또한 조작했을 것이다. 게다가 이러한 거짓 기사를 발행하기 위해 수십 년 동안 평판 좋은 기자들을 포섭해야만 했을 것이다. 트럼프의 주장은 단순한 **약화자**, 즉 근거를 약화시키는 평범한 공격이 아니다. 대규모 음모론의 존재를 가정한 것이다. 2017년 6월 1일, 트럼프가 (니카라과와 시리아를 제외하고) 지구상거의 모든 나라가 서명한 파리 협약에서 미국이 탈퇴한다고 발표한것도 놀라운 일이 아니다.

그들의 주요 무기: 음모론

음모론은 심리학적으로나 인식론적으로나 많은 면에서 흥미롭다. 우선 심리학적으로 음모론은 일종의 종교적 사고방식의 징후다.● 당신은 진실을 발견하고 삶의 진실을 밝혀낸 소규모 집단에 속해 있다. 오직 그 집단의 일원만이 진실에 다가갈 수 있다. 다른 사람은 모두 어둠 속에 있으며, 깨달음을 얻은 자와 나머지 사이에는 분명한 차이가 있다.

●   Heléne Lööw. 'De virtuella sekterna frodas i förvrängda fakta'. *Dagens Nyheter* 29/09/2015.

음모론은 다양한 종류의 중대 사건, 가령 1986년 스웨덴 총리 올로프 팔메^{Olof Palme} 암살 사건이나 뉴욕 9/11 테러와 같은 비극적 사건 이후에 나타나는 경향이 있다. 우리는 이러한 사건들이 모종의 의미를 부여하는 거대 계획의 일부가 아니라는 사실을 받아들이려 애쓴다. 어떻게 스웨덴 총리가 크리스터 페테르손^{Christer Pettersson} 같은 하찮은 알코올 중독자에게 총격을 당할 수 있단 말인가? 우리는 실제로 무슨 일이 있었는지 여전히 알지 못하며, 절대 알 수 없을지도 모른다.

크리스터 페테르손이 범인이라는 사실을 많은 사람이 받아들이지 않은 이유 중 하나는 아마도 팔메의 죽음의 원인과 스웨덴 총리가 거리에서 총격을 당한 비극이 어울리지 않아서다. 그런 살인 사건 뒤에는 복잡한 음모가 있을 것이라고 생각하는 게 더 합리적으로 느껴진다. 국제적 수준에서 벌어진 일이라거나, 혹은 스웨덴 경찰 내부의 비밀 세력과 관련된 것이라고 말이다.

또, 2001년 9월 11일 뉴욕에서 벌어졌던 이해하기 힘든 비극과 관련해 등장한 수많은 가설들은 그 사건을 더욱 거대한 이야기의 일부로 만들고자 했다. 그것은 단지 몇 명의 종교 극단주의자들이 비행기 조종법을 배우고, 미국을 증오하는 오사마 빈 라덴을 만족시키기 위해 스스로 목숨을 바친 것으로는 설명할 수 없는 사건이었다. 그 대신 미국 정부가 이라크를 침공해 석유를 차지하기 위해 모든 것을 꾸몄다고 생각하는 게 더 합리적으로 보였다. 한 예로, 2006년 한 설문조사는 미국인 42퍼센트가 미국 정부에서 적극적으로 사실을 숨기고 있으며, 그 비극에 대해 다른 설명을 해줄 증거를 조사하지 않기로 결정했다고 믿는다는 사실을 보여줬다. 예를 들어, 사람들은 왜 미국 정부는 그 비행기들이 건물에 충돌하기 전에 공군 전투기를 투입해 막지 않았는가 하는 식의 의문을 제기했다.[•]

인식론의 관점에서도 음모론이 증거를 다루는 방식은 흥미롭다. 음모론은 종종 적절하게 설명되지 않은 사건의 특정 세부 사항을 강조한다. 이중 하나로 1969년 달 착륙이 거짓이라는 음모론이 있다. 이러한 주장은 미국 국기가 펄럭이고 있는 사진 증거에 기반을 두고 있다. 달에는 바람이 없기 때문이다! 음모론자들은 의문의 현상을 일반적인 틀을 이용해 설명하려는 대신(사진을 찍기 전에 우주 비행사가 깃발을 건드렸다는 식으로 생각하는 대신), 새로운 이론을 구축하기 위해 엄청나게 많은 증거를 배척하는 작은 조각에 주목한다(지구에서 연출된 사진이다!). 학자들은 달 착륙이 사기이려면, 40만 명이 그 거짓말에 가담했어야 한다고 주장했다.[••] 소수의 친구와 비밀을 공유해 보려 했던 사람이라면 아마도 40만 명이 미국의 달 착륙이 거짓이라는 사실을 비밀로 간직한다는 것이 얼마나 비현실적인 시나리오인지 잘 이해할 것이다.

비록 음모론이 설명이 부족해 보이는 사건을 설명하려는 의도로 이성 기반에서 출발했다고 해도, 일단 대안적 이론을 전개하고 나면 이성과 즉각 멀어진다. (미국이 1969년에 달에 착륙했다는) 단순하

[•]   'Conspiracy Theories'. *Time Magazine* 20/11/2008.

[••]   Grimes, D. R. 2016. 'On the Viability of Conspiratorial Beliefs'. *PLOS ONE* 11 (3).

고 충분히 입증된 '가설'은 엄청나게 복잡한 가설로 대체되고, 이를 유지하기 위해 계속해서 이상한 가정이 더해져야 한다. 이러한 측면에서 음모론을 결함 있는 과학 이론, 가령 지구가 우주의 중심이라는 식의 이론이 허물어질 때 벌어지는 일과 비교할 수 있다. 천동설로 행성의 움직임을 설명하려면 행성들이 지구 주위를 주전원에 따라 움직인다는 복잡한 가설이 요구된다.

음모론의 또 다른 흥미로운 특징은 **약화자**, 즉 근거를 약화시키는 공격을 내포하고 있다는 것이다. 문제의 이론에 반하는 증거를 우리가 제시하면 그들은 그 배후에 음모가 있음을 지적함으로써 해명한다. 음모론자들은 그들에 반하는 우리가 모든 것이 옳다고 믿기를 바라기 때문에, 음모를 가리키는 증거가 있다고 확신한다. 그들의 주장에 따르면, 미 정부는 사람들이 달 착륙이 실제로 일어난 일이며, 9/11 테러가 알카에다가 감행한 공격이었다고 믿기를 **바라며**, 그런 이유에서 관련된 수많은 증거를 내놨다고 한다.

음모론의 주요 특징은 허위 입증을 견뎌낼 수 있도록 설계된다는 것이다. 만약 음모에 반하는 결정적 증거가 등장하면, 이 증거가 음모의 결과물이라고 설명함으로써 즉각적으로 **약화**시킬 수 있다. 그리고 이는 자연스럽게 음모론을 공고히 만드는 데 기여한다. 9/11이 테러 행위라는 것을 가리키고 있는 모든 증거를 자세히 설명하기 위해서는 엄청난 노력이 필요하다. 음모론은 거대해질 수밖에 없다.

자연스럽게 음모론은 온라인에서 번성한다. 컴퓨터공학과 미디어, 그리고 사회과학 교수(그리고 전직 프로 농구 선수였던) 케이트스타버드^{Kate Starbird}는 음모론이 재난 이후 어떻게 모습을 드러내는지 연구해왔다.[•] 스타버드는 2013년 보스턴 마라톤 폭탄 테러 이후 사건의 책임이 미군에 있다는 주장이 소셜미디어를 중심으로 확산됐다는 사실에 주목했다. 마찬가지로 한 교내 총기 난사 사건 이후에는 그것이 모두 정치적 목적으로 꾸며졌다는 구체적 주장이 소셜미디어를 통해 확산됐다. 재앙적인 사건이 터지고 나면, 이와 같은 유형의 다양한 주장, 즉 거친 음모론이 모습을 드러내고 또 확산된다. 스타버드는 미국 내 총기 난사 사건에 대한 대안적 설명을 전파하는 트윗을 10개월 동안 수집해 보다 심층적으로 분석했다. 음모론은 모두 인포워스닷컴^{infowars.com}과 같은 대안 매체에서 제작되어 새어나왔고, 번번히 봇을 이용해 확산됐다. 그리고 사건의 공식 설명이 거짓임을 암시하기 위해 **위장술책**^{false flag}과 같은 특정 음어가 사용됐다. 스타버드가 인용한 한 트윗은 올랜도 총기 난사 사건이 **위장술책**인지 곰곰이 생각하고 있으며, 살인자가 FBI와 연관이 있을 수 있다는 의혹을 거론했다.

"우리는 독립된 출처를 많이 갖고 있다고 믿는다.
하지만 사실 이들 출처가 모두가
동일한 정치적 목적을 공유하는
소수의 출처에서 비롯된 것일 수도 있다."

스타버드는 정교하게 설계된 반향실처럼 음모론을 퍼트리는 81개의 연결된 사이트를 찾아냈고, 이들 사이트의 공통점을 검토했다. 해당 사이트들을 전통적인 좌우 이념에 따라 분류하는 것은 불가능했지만, 모두 세계화에 반대한다는 공통점이 있었다. 여기에는 기성 언론과 이민, 과학, 정부, 그리고 EU에 대한 반대도 포함되어 있었다. 스타버드는 이러한 정보 네트워크가 분명히 사람들의 인지적 약점을 악용하기 위해 구축됐다고 지적했다.

만약 당신이 여러 다른 출처로부터 동일한 정보를 얻는다면, 정보가 확실히 틀린 건 아니지 않을까? 이는 합리적인 반응이다. 일반적으로, 많은 사람이 동일하게 주장한다는 사실은 우리에게 그 주장이 진실이라고 믿을 만한 동기를 부여한다. 그러나 그것은 이들 출처가 서로 독립적일 때 가능하다. 가령 20명으로부터 어떤 레스토랑이 훌륭하다는 말을 들었다면, 그 레스토랑이 정말로 훌륭하다고 믿을 근거가 있는 셈이다. 하지만 20명 모두가 레스토랑 사장의 친한 친구인 애나에게 그 정보를 들었다면 이야기는 달라진다. 이는 인터넷이 만들어놓은 또 다른 인식론적 덫이기도 하다. 우리는 독립된 출처를 많이 갖고 있다고 믿는다. 하지만 사실 이들 출처가 모두 동일한 정치적 목적을 공유하는 소수의 출처에서 비롯된 것일 수도 있다.

● Starbird, K. 'Examining the Alternative Media Ecosystem through the Production of Alternative Narratives of Mass Shooting Events on Twitter'. *Association for the Advancements of Artificial Intelligence*. 2017. 스타버드와의 인터뷰 기사는 다음을 참조. Danny Westneat. 'UW Professor: The Information War is Real and We're Losing It'. *The Seattle Times* 29/03/2017.

그렇다면 진실한 음모론은 존재하지 않는 걸까? 이는 음모론이 의미하는 바에 달렸다. 세상에는, 특히 정치적 세상에는 분명 음모가 존재하며, 이러한 측면에서 보았을 때 진실한 음모론도 존재한다. 그리고 많은 정부에서 실제로 무모한 음모론에 버금가는 끔찍한 일을 벌였다. 예를 들어, 1950년대 CIA는 'MK울트라^{MKUltra}'라는 프로젝트를 추진했다. 이는 인간의 생각을 통제하는 것이 가능한지 확인하기 위해 자행된 대단히 고통스러운 실험이었다. 에드워드 스노든 Edward Snowden이 미국 정보기관에서 앙겔라 메르켈$^{Angela\ Merkel}$ 총리를 포함해 전 세계 많은 인사의 온라인 대화를 감시하고 있다는 사실을 폭로했을 때, 여전히 그 모든 이야기가 음모론에 지나지 않는다고 지적하는 이들이 많았다.

이러한 유형의 음모론과 엉뚱한 음모론으로 간주되는 가설 사이에는 어쩌면 정도의 차이만이 있을지도 모른다. 그러나 순수한 음모론은 증거와 관한 한 분명 한 걸음 더 나아간다는 사실에 의해 특정지어진다. 음모론자들은 최소한의 증거를 기반으로 이론을 만들고, 어떤 반대 증거보다 자신의 증거를 중요하게 여긴다. 또한 모든 반대 증거가 음모론의 일부라는 가정 때문에 가설 검증이 불가능하다. 특히 여기에는 종교적 사고방식과의 연결 고리가 존재한다. 반대 의견을 가진 사람은 아무것도 이해 못 한 사람으로 설명되는 것이다.

역사적 뿌리를 가진 음모론의 공통적 형태는 대중을 속일 만큼 강력한 비밀 엘리트 집단에 의해 세상이 통제되고 있다는 것이다. 가장 유명한 음모론은 기독교 사회를 뒤엎고 이성이 지배하는 새로운 세계의 질서를 도입하려는 목적을 가진 일루미나티^{Illuminati}라는 비밀 집단이 서방 세계 정부를 장악하고 있다는 것이다. 오늘날 음모론과 '엘리트 집단'에 대한 불신 사이의 연결 고리를 찾는 것은 어렵지 않다. 트럼프 지지자들은 자신들이 트럼프를 좋아하는 이유가 대단히 솔직해서라고 이상하리만치 많이 주장한다. 짐작건대 그들이 의미하는 바는 그가 다른 엘리트와는 달리 '있는 그대로를 이야기한다'라는 것일 테다. 트럼프는 이민과 범죄, 실업 등과 관련해 사람들이 듣고 싶어 하는 말을 했다. 그 배경에는 전문가, 언론, 정치인 같은 '엘리트 집단'이 현실을 호도하는 그림을 제시했다. 그리고 그들이 주요 사회 문제에 관한 사실을 숨기려 한다는 음모론을 제기했다. 음모론과 관련해 항상 그렇듯, 사람들은 강력한 엘리트 집단에 조직적으로 저항하고 있다는 생각에서 위안을 얻는 듯하다.

앞서 언급했듯, 설문조사는 많은 스웨덴인이 언론을 믿지 않으며, 특히 우파 정당인 스웨덴 민주당과 관련 있는 언론을 신뢰하지 않는다는 점을 보여준다. 이는 결코 우연이 아니다. 예를 들어, 출처 비평과 언론에 관한 논의에서 스웨덴 민주당 대표 임미 오케손^{Jimmie Åkesson}은 모든 언론이 의제를 갖고 있다고 주장했다. 그는 기성 언론과 마찬가지로 〈아브픽슬라트^{Avpixlat}〉와 같은 대안 언론이 "의제에 따라 그 어느 때보다 강도 높게 움직이고 있으며", 그렇게 함으로써 진지한 저널리즘에 관한 음모론을 심고 있다고 주장했다.[•] 그러나 문

●   Hans Olsson. 'Partierna överens om ökad säkerhet vid valet'. *Dagens Nyheter* 01/04/2017.

제는 그보다 더 광범위하다. 2015년에 스웨덴 연례 설문조사 기관인 웅돔스바로메테른*Ungdomsbarometern*에서 조사한 결과, 25~49세 성인 중 54퍼센트, 그리고 청년 중 46퍼센트가 정치인들이 의사결정에 대한 진짜 동기를 거의, 혹은 전혀 밝히지 않는다고 생각한다는 사실이 드러났다. 또한 성인의 62퍼센트와 청년의 64퍼센트가 세계적으로 중요한 사건은 대중에 알려지지 않는다고 생각하며, 또한 각각의 28퍼센트와 18퍼센트는 정부 당국이 스웨덴의 모든 국민을 감시한다고 생각한다는 사실이 드러났다.

　스웨덴 민주당에 동조하는 사람들 사이에서 그 수치는 모두 더 높았다. 예를 들어 스웨덴 민주당 지지자 중 성인의 78퍼센트, 청년의 66퍼센트는 정치인들이 의사결정에 대한 그들의 진짜 동기를 거의, 혹은 전혀 밝히지 않는다고 생각했다. 또한 스웨덴 민주당에 투표한 사람들은 비밀 집단이 세상을 통제한다는 생각에서도 최고 수치를 보였다. 성인 중 17퍼센트가 그러한 주장을 믿었고, 이는 표본 집단 내 전체 성인의 7퍼센트가 믿는 것에 비해 상당히 높은 수치다.●

　임미 오케손이 언론이 의제를 갖고 있다고 언급했을 때, 이 말은 단지 언론이 특정한 목적을 갖고 있다는 의미는 아니었다(물론 언론은 특정한 목적을 갖고 있다. 가령 신문사는 재정적으로 수익을 올려야 한다). 그가 말한 의미는 언론이 스웨덴 사회의 이민에 관한 진실을 숨기듯이 특정한 **정치적** 목표를 갖고 있다는 것이었다. 이러한 유형의 주장은 1980년대부터 언론학자들이 연구해온 인지 왜곡의 또 다른 유형인 **적대적 매체 효과**hostile media effect와 관련이 있다. 저널리즘 및 정치 커뮤니케이션 교수인 예스페르 스트룀베크^{Jesper Strömbäck}는 한 인터뷰에서 이러한 왜곡이 언론 콘텐츠를 상대편에게 유리하게, 자기 편에게는 불리하게 작용하는 것으로 인식하는 경향이라고 설명했다.**

어떤 사안에 더 많은 관심을 기울일수록, 그 효과는 더 뚜렷하게 나타난다. 이러한 경향이 정말로 존재한다면, 언론이 의도적으로 정치적 의제를 가지고 있으며, 이러한 의제에 어울리지 않는 사실을 의도적으로 회피한다고 사람들이 믿게 만드는 데 큰 노력을 기울이지 않아도 된다는 점을 쉽게 알 수 있다. 포퓰리즘 정치인이 나서서 언론에 대한 불신을 조장하기만 해도 충분할 것이다.

스웨덴 언론은 정말로 이민과 범죄 통계를 비롯한 많은 사안의 '불편한' 진실을 의도적으로 숨기려 했던 것일까? 그들은 '결과 중립'에 실패해온 것일까? 다시 말해, 특정한 관점을 취하지 않고, 정보 확산이 미칠 사회적 여파를 고려하지 않은 채 있는 그대로 보도를 하지 않았던 걸까? 이 문제에 대한 논의는 종종 이뤄지지만 단도직입적으로 답을 내놓기 쉽지 않다. 일부 언론인은 그러한 일들이 실제 일어난다고 주장한다.*** 다른 언론인들은 언론이 특정 사안을 더 잘 다룰 수는 있어도 의도적으로 뭔가를 숨기지는 않았다고 주장

- Daniel Poohl, Ulrik Simonsson. 'Alltför många bär på djup misstro mot statsmakten'. *Dagens Nyheter Debatt* 07/12/2015.

●● Georg Cederskog. 'Medieprofessor riktar stark kritik mot "Aktuellts" inslag'. *Dagens Nyheter* 17/06/2017.

●●● 다음을 참조. Alice Teodorescu. 'Utan sjalvrannsakan ingen utveckling'. *Göteborgsposten* 09/06/2017.

한다.[●] 정치학 교수 페테르 에사이아손^{Peter Esaiasson}은 이는 단지 언론의 행동에 관한 것일 뿐만 아니라, 공적 논의의 형태에 관한 것임을 강조했다. 그는 정보가 지나치게 일방적으로 흘러간다는 가설을 제시했다. 에사이아손은 스웨덴의 관대한 난민 정책이 언제나 인구 중과반의 지지를 얻지 못한 엘리트 프로젝트였다고 주장했다.^{●●}

언론이 어느 정도로 결과 중립적이었는지 판단할 만큼 체계적 연구가 충분히 이뤄지지 않았다는 점은 후속 과제를 안긴다. 에사이아손은 이 점을 강조하면서 정보의 흐름이 일방적이라는 가설은 경험적 차원에서 입증하기 용이하며 검증이 이뤄져야 한다고 말했다. 2016년에 언론연구소는 '언론 속 이민 - 이 문제에 대해 분명히 이야기할 수 없는가?^{Migrationen I medierna–Men det får en väl inte prata om?'} ^{●●●} 라는 제목으로 이민 문제를 검토하는 보고서를 발표했다. 연구자들과 언론인들은 이 사안에 대해 자신의 견해를 제시했다. 비록 이민을 어떻게 다뤄야 할지 불확실성이 있다는 점을 언급하기는 했지만, 이민과 관련한 긍정적 사설이 나왔다는 언급은 없었다. 또한 스웨덴 공영방송 〈SVT〉는 스웨덴의 주요 신문사 여섯 곳과 TT 통신사의 1995년 이후 기사들을 분석했다. 이민에 관한 기사는 매년 1천 500건

●   Jonas Andersson Schwarz et al. 2016. 'Migrationen i medierna'. *The Institute for Media Studies*.

●●   'Ensidigt offentligt samtal kan förklara mediemisstron'. *Dagens Nyheter Debatt* 18/06/2017.

●●●   Jonas Andersson Schwarz et al. 2016. 'Migrationen i medierna'. *The Institute for Media Studies*.

에서 4천 건가량 나왔고, 대부분 이민이 불러온 여러 문제를 다루고 있었다. 이 정도면 많은 것인가, 적은 것인가? 이 질문에 우리는 어떻게 답해야 할까?

적대적 매체 효과를 포함한 우리의 인지 왜곡을 감안할 때, 공적 논의가 일방적으로 흘러가지 않고, 언론이 '결과 중립'을 지킬 수 있도록 할 수 있는 일을 다하는 것이 무엇보다 중요하다. 그러지 않으면 포퓰리즘 정치인이 악용할 수 있는 길이 열린다. 언론이 평범한 대중에 맞서는 음모론을 조장한다는 심각한 음모론을 뿌리는 것까지는 필요하지도 않다. 트럼프에게 필요한 것은 기성 언론이 국민의 적이라고 주장하는 것뿐이었다. 언론연구소 소장 라르스 트루에손Lars Truedson 역시 이 점을 강조했다. "오늘날 강력한 정치 세력은 자신들이 공감을 얻을 것이라 확신하기 때문에 언론과 맞서려는 사회적 분위기를 만든다."••••

그러므로 포퓰리즘과 음모론 사이에는, 언론이 국민의 적이라는 트럼프의 주장과 비밀 집단이 세상을 지배한다는 주장 사이에는 연결 고리가 있다. 한편, 트럼프의 주장은 또 다른 형태의 거짓 정보, 전체주의 국가의 특징과도 관련이 있다.

•••• 'Läsarna misstror mediernas rapportering om invandring'. *Dagens Nyheter Debatt* 29/05/2017.

전체주의 국가와 가스라이팅

가짜 뉴스의 문제점 중 하나는 정확한 뉴스에 대한 사람들의 믿음을 약화시킨다는 것이다. 우리에게 도달하는 구체적 정보의 상당수가 거짓이라면, 우리는 정확히 무엇을 믿어야 할까? 누군가를 믿는 것이 가능한 일일까? 객관적 출처가 존재하기는 할까? 이러한 의문이 주는 효과는 잘 알려져 있으며, 전체주의 국가의 선전과 결부된다. 혼란을 야기하고 이성에 대한 믿음을 약화시키는 것 말이다. 그들의 목표는 시민들이 스스로 생각하기를 멈추고 지도자를 따르도록 만드는 것이다. (가령 전문가들의 의견이 일치하지 않는다고 사람들이 믿게 만듦으로써) 우리의 이성을 **이용**하는 거짓 정보와, 우리의 이성을 **약화시키기** 위한 거짓 정보 사이에는 중요한 차이점이 있다. 두 사례 모두 조작을 수반하지만, 우리가 통제력을 잃고 독자적으로 생각할 수 있는 능력을 포기하도록 만들려는 조작이 무엇보다 위험하다.

물론 전체주의 국가가 선전에 몰두하는 유일한 조직은 아니다. 여기서 선전이라고 하면, 특정한 목적을 위해 퍼뜨리는 잘못된, 혹은 오해를 불러일으키는 정보를 의미한다. 선전은 대개 정치적 목적과 관련이 있지만, 일반적인 정의에 따르면 상업적 목표를 포함해 완전히 다른 목표와 관련이 있을 수도 있다. 그런 이유에서 광고 역시 일종의 선전이다. 흔히들 정보는 결코 중립적이지 않다고 말한다. 스웨덴 시민 비상기구Swedish Civil Contingencies Agency는 출처 비평에 대해 다음과 같은 지침을 내놓았다. "정보는 결코 중립적이지 않다. 그 목적은 어떤 방식으로든 수신자에게 영향을 미치는 것이다. 이 말은 모든 정보 수신자들이 그들이 접하는 모든 정보에 출처 비평 '필터'를 적용해야 한다는 의미다."● 이와 같은 기구에서 정보가 사람들에게 어떻게 영향을 미치는지를 강조한 이유는 물론 이해할 수 있지만, 정보가 절대 중립적이지 않다는 주장은 신중하게 다뤄볼 필요가 있다. 그러지 않으면 자칫 선전과 다른 커뮤니케이션 사이의 경계를 흩뜨릴 위험이 있다.

> "그들의 목표는
> 시민들이 스스로 생각하기를 멈추고
> 지도자를 따르도록 만드는 것이다."

앞서 언급했듯, 언어철학자들은 발화가 다양한 목적과 관련된 다양한 언어 활동을 포함할 수 있다고 강조한다. 가령 내가 냉장고에 맥주가 있다고 주장한다고 해보자. 가장 먼저, 내 목적은 냉장고에 맥주가 있다는 특정 내용을 말하는 것이다. 한편 나는 냉장고에 맥주가 있다는 사실을 당신이 믿도록 만들 목적을 가지고 있다. 그리고 이는 당신에게 (냉장고에 맥주가 있다는) 지식을 전달하려는 목적을 위한 것이다. 여기에 더해 맥주가 냉장고에 있다는 지식을 전달하고자 하는 이유도 있다. 나는 당신이 맥주를 마시기를 원하는 것일 수

● 　　'Källkritik'. *Säkerhetspolitik* 20/11/2015.

도, 혹은 당신이 매장에 가서 맥주를 더 사지 않기를 바라는 것일 수도 있다. 변형된 후자 쪽 목적은 발언의 일부가 아니고 문맥에 따라 달라진다. 철학자들은 이를 '숨은' 목적 혹은 외적 목적이라고 말한다. 일상생활 속에서 이러한 유형의 외적 목적 없이 주장하는 누군가를 상상하기는 어렵다.• 그게 아니라면 내가 왜 당신이 냉장고에 맥주가 있다고 믿도록 만들려 하겠는가?

그러나 언어 행위에 대개 외적 목적이 있다는 사실이 '중립 정보'가 존재하지 않는다거나, 모든 것이 사실상 일종의 선전이라는 것을 의미하지는 않는다. 내 주장이 진실하다면, 나는 내가 이미 믿고 있는 것을 당신이 믿도록, 그리고 내 주장에 대한 타당한 근거를 갖고 있다고 당신이 믿도록 만들려는 것이다. 선전을 실행하는 모든 사람이 자신의 목적 중에 이러한 의도를 갖고 있지는 않다. 선전의 목적은 정보 수신자가 특정 메시지를 믿도록 만드는 것이다. 그 메시지가 진실인지, 타당한 근거가 있는지는 전혀 무관하다. 논쟁을 활용하기보다는 가급적 감정적 표현과 이미지를 동원해 정보 수신자를 조종하려 한다. 선전자의 연설 행위는 외적 목적이 절대적으로 중요한 조작적 주장의 한 형태다. 예를 들어, 당신이 특정 당의 후보자에게 투표하게 하거나, 특정 기업의 세제를 사게 만들려는 것이다.

철학자들은 전체주의 국가의 선전에 대해 연구해왔다. 대표적 인물 중 하나로 독일 철학자 한나 아렌트Hannah Arendt(1906~1975)

• 하지만 누군가를 가르치는 상황이나 과학적 맥락을 설명하는 상황처럼 유일한 관심이 지식을 전하는 것일 때도 있다.

를 꼽을 수 있다. 아렌트는 젊은 시절에 마르틴 하이데거^{Martin Heidegger}나 에드문트 후설^{Edmund Husserl}과 같은 영향력 있는 철학자 밑에서 공부했다. 유대인인 그는 독일을 떠나야 했다. 처음에 프랑스로 갔다가 이후 미국으로 향했으며, 뉴욕에서 철학자와 정치 사상가로 이뤄진 주요 그룹의 일원으로 활동했다.

아렌트는 자신의 유명한 책 《전체주의의 기원 *The Origins of Totali-tarianism*》(1951)에서 전체주의 국가의 조건을 검토하고 특히 그중에서도 거짓말의 역할에 대해 논의했다. 왜 전체주의 지도자는 끊임없이 거짓말을 할까? 아렌트의 설명에 따르면, 거짓말을 하고 부하들이 그 거짓말을 반복하도록 하는 과정에서 지도자는 부하들에게 자신의 권력을 행사한다고 한다. 이때 부하들은 개인의 도덕성을 포기하고 지도자에게 충성심을 보여야 한다. 부하들은 수치심을 무릅쓰고 정식 구성원이 됨으로써 자신의 지도자에게 결속된다. 션 스파이서와 캘리앤 콘웨이가 거의 매일같이 공식적으로 트럼프의 거짓 주장을 반복하고 변호해야 했을 때, 그들은 트럼프에게 더 가까이 결속되면서 무력함을 드러냈다.

아렌트에 따르면, 전체주의 국가에서 거짓말의 또 다른 핵심 기능은 진실과 이성에 대한 시민들의 믿음을 약화시키는 것이다. 지속적인 거짓말의 효과는 거짓을 진실처럼 받아들이게 하고 진실을 거짓이라고 선고하도록 만드는 것이 아니라, 우리가 세상에 대한 방향 감각을 잃어버리게 만드는 것이다. 좋은 근거와 신뢰할 만한 출처, 타당한 논의 등 지식과 행동을 위해 필요한 모든 것을 허물어뜨리는 것, 이는 **가스라이팅**^{gaslighting}이라고 잘 알려져 있다.

이 용어는 1938년에 초연된 연극 〈가스라이트$^{Gas\ Light}$〉와 1994년에 잉그리드 버그만$^{Ingrid\ Bergman}$이 출연한 동명의 영화에서 유래한 것으로 극중 남성은 자신의 아내가 자신이 미쳐가고 있다고 믿도록 조종한다. 아내의 주변 환경에 사소한 변화를 만들고서는 환경이 변한 것이 아니라 그가 잘못 생각했다고 믿도록 함으로써 그는 서서히, 그러나 분명히 아내가 자신의 생각에 대한 믿음을 잃어버리도록 만든다.● 결정적인 장면은 집 안의 가스등이 어두워졌다고 아내가 말할 때 자신의 생각이 잘못됐다고 믿도록 조작하는 순간이다. 앞서 강조했던 것처럼, 우리의 감각은 일상생활 속에서 지식의 결정적 출처를 담당한다. 자신의 감각을 믿지 못하도록 조종된 사람은 현실 감각을 즉각적으로 잃어버리게 된다.

2016년 12월, 〈틴보그$^{Teen\ Vogue}$〉라는 잡지는 급속도로 확산된 흥미로운 분석을 내놓아 세상을 깜짝 놀라게 만들었다. 그들은 2016년 대선 기간 동안 미국인들이 트럼프에게 가스라이팅을 당했다고 주장했다.●● 선거운동 기간 동안 트럼프는 끊임없이 스스로 모순된 말과 거짓말을 하고 자신에 대한 비난을 왜곡함으로써 자신이 인신 공격의 피해자라는 이미지를 만들었다. 언론은 당혹스러워했고 진실과 트럼프의 제약 없는 관계를 어떻게 다뤄야 할지 전혀 감을 잡지 못했다. 언론인들은 그들이 분명 잘못 들었거나 잘못 이해했다

● 이는 앞서 1장에서 언급했던 현상인 **인식적 불평등**과 관련 있다. 제이슨 스탠리 Jason Stanley는 자신의 책 《프로파간다는 어떻게 작동하는가$How\ Propaganda\ Works$》 (2015)에서 인식적 불평등과 선전을 다뤘다.

●● Lauren Duca. 'Donald Trump is Gaslighting America'. *Teen Vogue* 10/12/2016.

고, 스스로에게 뭔가 문제가 있다고 생각했다고 증언했다.●●●

> "지속적인 거짓말의 효과는
> 거짓을 진실처럼 받아들이게 하고
> 진실을 거짓이라 선고하도록 만드는 것이 아니라,
> 우리가 세상에 대한 방향 감각을 잃어버리게 만드는 것이다."

    잘못되고 근거 없는 주장이 퍼지고 있던 2019년 트럼프의 백악관에서 벌어진 일을 가장 냉소적으로 해석하자면, 전체주의 국가의 선전에나 어울리는 교묘한 전략이었다는 것이다. 그들이 잘못된 주장을 퍼뜨린 주된 이유는 사람들이 이런저런 거짓말을 믿도록 만드는 것이 아니었다. 무엇이 진실이고 거짓인지 스스로 판단할 수 있는 개인의 능력에 대한 믿음을 잃어버리도록, 그래서 단순히 지도자의 말을 따르도록 만들기 위함이었다. 트럼프는 모두가 자신의 말을 볼 수 있게 뭔가를 트윗에 올리고는 다음날 그 말을 부인했다. 그가 남긴 트윗은 버젓이 남아 회자됐다. 보통 거짓말쟁이는 그렇게 행동하지 않는다. 거짓말을 넘어선 목표를 추구하는 사람들이나 그렇게 행동한다. 그 목표란, 바로 우리가 이성과 객관적 진실을 의심하도록

●●●   Susan Dominus. 'The Reverse-Gaslighting of Donald Trump'. *The New York Times Magazine* 27/11/2016.

만드는 것이다.

트럼프는 언론에서 질문을 받을 때도 전체주의 지도자의 태도를 드러냈다. 〈ABC〉의 데이비드 뮤어David Muir가 인터뷰에서 수백만 명이 클린턴에게 불법 투표를 했다는 주장에 대한 증거를 내놓으라고 요구했을 때, 그는 증거가 부족하다는 사실을 인정하지 않았다. 대신 이렇게 대답했다. "이런 말씀을 드리고 싶군요. 중요한 게 뭔지 아십니까? 제가 그렇게 말했을 때, 수백만 명이 동의를 했다는 사실입니다." 그는 〈타임매거진〉과의 인터뷰에서도 똑같은 방식으로 대응했다. "미국은 저를 믿습니다." 트럼프는 자신의 주장에 대한 증거가 아니라 사람들이 자신의 말을 믿는지 여부를 중요하게 여겼다.●

안타깝게도 미국이 자신을 믿는다는 트럼프의 주장은 옳았을 수도 있다. 2017년 2월 8일에 실시한 한 설문조사 결과, 등록된 유권자 중 49퍼센트가 트럼프를 믿는 반면(공화당 지지 유권자 중 90퍼센트), 38퍼센트만이 뉴스 매체를 믿는다는(공화당원 중 9퍼센트) 사실이 드러났다.●●

트럼프를 거짓말쟁이나 헛소리꾼으로 묘사할 때, 우리는 어쩌면 중요한 것을 놓치고 있는지도 모른다. 상황은 훨씬 더 암울하

●   'Read President Trump's Interview with TIME on Truth and Falsehoods'. *Time Magazine* 23/03/2017.

●●   Joe Concha. 'Trump Administration Seen as More Truthful than News Media'. Poll'. *The Hill* 08/02/2017. 사람들이 트럼프의 주장을 받아들이는 이유가 무엇인지에 대한 조사의 요약은 다음을 참조. Rene Chun. 'Scientists Are Trying to Figure Out Why People Are OK with Trump's Endless Supply of Lies'. *Los Angeles Magazine* 14/11/2019.

다. 예일대학교 철학과 교수인 제이슨 스탠리Jason Stanley의 주장에 따르면, 트럼프의 목표는 전체주의 지도자의 목표와 동일했다. 즉, 현실을 새롭게 정의함으로써 자신의 힘을 과시하는 것이다. 미국을 흑인과 이민자들이 파괴한, 그리고 오직 강한 자만이 구해낼 수 있는 무법 국가로 묘사한 것도 그런 의도에서 비롯되었다.●●●

많은 사람이 트럼프가 독재국가에서나 가능할 법한 방식으로 사법부와 언론을 공격했다고 지적했다. 2017년 2월 17일, 트럼프는 (〈뉴욕타임스〉, 〈CNN〉, 〈NBC〉를 포함한) '가짜 언론'은 **자신의** 적이 아니라 미국 **국민**의 적이라는 트윗을 올렸다. 트럼프는 앞서서도 언론을 야당이라고 언급했지만, 많은 사람은 2월 17일에 올린 트윗을 여기서 한 걸음 더 나아간 내용으로 받아들였다. 워터게이트 사건을 폭로한 기자 칼 번스타인Carl Bernstein은 트럼프의 트윗이 전체주의적 태도를 드러내는 것이며, 또한 민주주의 사회에서 언론이 맡은 역할에 대한 이해가 전무하다는 사실을 보여준 것이라고 믿었다.●●●●

역사학자 티머시 스나이더Timothy Snyder는 트럼프와 그의 측근들이 미국인들의 현실 감각을 허물어뜨리기 위해 적극적으로 노력하고 있다고 썼다. 트럼프 행정부는 파시스트들이 일찍이 깨달았던 것처럼 진실의 붕괴가 정권 교체를 추구하는 과정에서 중요한 무기임을 인식했다. 트럼프가 기자들을 '국민의 적'이라고 언급했을 때,

---

●●● Jason Stanley. 'Beyond Lying: Donald Trump's Authoritarian Reality'. *The Stone* 04/11/2016.

●●●● Michael M. Grynbaum. 'Trump Calls the News Media the "Enemy of the American People"'. *The New York Times* 17/02/2017.

그는 스탈린의 말을 인용한 것이었다. 스나이더에 따르면 종종 오늘날을 묘사하는 포스트 트루스 시대란 곧 파시즘 이전의 시대를 말한다.•

따라서 전체주의 사회에서의 가장 파괴적인 대항 무기는 역선전이 아니라 증거와 객관적 진실과 사실에 대한 확고한 믿음이다. 2장에서 언급한 것처럼, 또한 이러한 믿음은 포스트모던적 진실의 부정을 대단히 위태롭게 만든다. 독재자는 이를 즉각 흔들려 든다.

조지 오웰의 《1984》의 주인공 윈스턴은 자신의 일기에 "자유란 2 더하기 2가 4라고 주장하는 것"이라고 썼다. 그것이 흥미로운 수학적 사실이기 때문이 아니라, 그 자체로 **사실**, 즉 제도가 지배할 수 없는 객관적 진실이기 때문에 말이다. 그가 체포됐을 때, 고문하는 자들은 네 손가락을 들어 보이고는 손가락을 몇 개 들고 있는지 물으며 전기 충격을 가해 그가 근본적 사실마저 포기하도록 강요했다. 결국 참을 수 없는 고통에 "다섯"이라고 대답했을 때, 고문하는 자들은 그의 말을 믿지 않았다. "아냐, 윈스턴. 그래도 소용없어. 넌 거짓말을 하고 있어. 지금도 넷이라고 생각하고 있잖아." 그는 고통에 비명을 질렀다. "넷! 다섯! 넷! 맘대로 해. 제발 고통만 멈춰달라고!" 결국 그들은 목표를 달성했다. 윈스턴은 더 이상 진실에 관심이 없다. 아렌트 또한 이에 대해 아주 분명한 입장을 밝혔다. 그는 폭군은 진실을 두

• Timothy Snyder. 'Gryningstid for tyranniet'. *Dagens Nyheter* 16/03/2017. 또한 그의 훌륭한 책도 함께 참조. 《폭정*On Tyranny*》(조행복 역, 열린책들, 2017.) 10장의 제목은 '진실을 믿어라'다.

려워한다고 지적했다. 진실이야말로 그들이 독점할 수 없는 힘을 이루기 때문이다.●●

2017년 봄, 〈뉴욕타임스〉는 소련 시절 반체제 인사였던 류드밀라 알렉세예바Lyudmila Alexeyeva와 인터뷰를 가졌다. 그는 주요 저항 언론인 〈크로니클 오브 커런트 이벤츠Chronicle of Current Events〉의 설립자 중 한 사람이었다. 그 신문의 주요 목표는 사실을 건조하고 사실적으로 보도하는 것이었다. 만약 어떤 오류가 끼어들었다면, 그들은 다음 호에서 즉각 바로잡았다. 이보다 급진적 시도는 이전에 없었다. 알렉세예바는 그러한 작업들이 철회가 불가능한 신문에서의 도덕적 부활이라고 묘사했다.●●●

이것을 마음속에 간직하는 것이 중요하다. 전체주의 국가에서 객관적 진실에 대한 믿음은 급진적인 태도다. 이러한 믿음을 포기한다면 교조주의와 권력에 대한 맹목적 믿음에 맞서 싸울 주요한 도구까지 포기한 셈이 된다. 2장에서 언급했듯, 그 관계는 종종 마치 반대인 것처럼 제시된다. 객관적 진실에 대한 믿음이 보수적이고 독단적이라는 것이다. 이는 대단히 잘못되었고, 또한 위험한 발상이다. 이에 대해서는 마지막 두 장에서 살펴볼 것이다.

●●　　Arendt, H. 1967. 'Truth and Politics'. *The New Yorker* 25/02/1967.

●●●　 Gal Beckerman. 'How Soviet Dissidents Ended 70 Years of Fake News'. *The New York Times* 10/04/2017.

5

지식과 비판적 사고를 위한

교육 현장의 과제

스웨덴 학교 시스템의 쇠퇴

지금까지 우리는 우리의 인식적 취약성과, 이러한 취약성을 거짓 정보와 선전을 생산하는 이들이 어떻게 체계적으로 악용하는지 살펴봤다. 이러한 취약성 중 일부는 지식의 본질 속에 내재되어 있다. 우리가 확실하게 장담할 수 없는 사실이 존재하며(이용 가능한 증거와 진실 사이에는 거의 항상 잠재적 간극이 존재한다), 근거 없는 의심의 씨앗을 뿌리기 위해 악용될 수 있다. 또한 인간의 지식은 본질적으로 사회적이며, 이는 지식이 신뢰를 필요로 한다는 것을 의미한다. 그리고 신뢰는 다양한 방식으로 이용될 수 있고, 특히 출처에 대한 거짓 정보에 의해 훼손될 수 있다(음모론이 대표적인 사례다). 또 다른 취약성은 우리 본성의 일부, 즉 다양한 인지적 왜곡과 관련된 것으로, 제 기능을 못 하는 정보 환경에서 더 악화된다. 인식론적 위기를 둘러싼 것으로 묘사되어온 최근 정치적 맥락에서, 이 모든 취약성은 다양한 방식으로 역할하고 상호작용한다.

그렇다면 우리는 스스로를 지키기 위해 무엇을 할 수 있을까? 이 질문이 이번 장과 다음 장의 주제다. 일반적으로는 비판적 사고력을 더욱 예리하게 다듬어야 한다고 생각할 수 있다. 특히, 학교에서 비판적 사고에 대한 교육을 제공해야 한다고 이야기들한다. 어떤 면에서 이는 명백한 진실이다. 우리는 다양한 형태의 거짓 정보에 맞설 방어벽을 강화해야 한다. 즉, 우리에게 주어지는 정보를 비판적으로 평가할 수 있는 능력을 강화해야 하며, 이러한 노력은 학교에서 시작되는 것이 이상적이다. 하지만 우리는 먼저 비판적 사고가 무엇인지, 그리고 어떤 유형의 인지 능력이 요구되는지에 대한 분명한 관점을 가져야 한다. 그러지 않으면 비판적 사고 요구가 현실을 둘러싼 싸움에서 또 하나의 무기로 전락할 위험이 있다.

이러한 경고는 교육적 차원에서 특히 중요하다. 지난 50년 간 유럽은 물론 미국 사회는 비판적 사고 교육에 많은 관심을 기울였다. 안타깝게도 일반적으로 제시된 비판적 사고에 대한 관점은 철학적으로 문제가 있고, 인지과학과 심리학 연구에 뒷받침받지 못한 가정에 기초하고 있다. 이번 장에서는 이러한 가정과 그 의미를 살펴볼 것이다. 지금도 많은 곳에서 비판적 사고를 가르치고 있는 방식이 나는 실질적으로 매우 위험하다고 생각한다. 그것이 사실상 포스트 트루스 시대를 향한 길을 열어주었다. 여기서 내가 제시하는 몇몇 사례는 스웨덴 공립학교 시스템에서 가져온 것이다. 그리고 스웨덴에서 비판적 사고를 이해하는 방식이 미국과 많은 유럽 국가의 교육 분야를 오랫동안 지배해온 교육 이론의 전형, 구성주의constructivism라는 사실에 대해서도 설명할 것이다.

얼마 전까지 스웨덴은 국제 지표에 따른 평균 성적과, 평등 면에 있어서 세계 최고 수준의 학교 시스템을 갖추고 있었다. 그런데 상황이 달라졌다. OECD의 PISA(Programme for International Student Assessment, 국제학업성취도 평가 연구)와 IEA(International Education Association, 국제교육협회)의 TIMSS(Trends in International Mathematics and Science Study, 수학·과학 성취도 추이변화 국제비교 연구) 조사에서 최근 20년간 스웨덴의 점수가 점점 떨어지고 있다는 기사가 등장하고 있다. 1990년대 말만 해도 스웨덴은 문해력, 수학, 과학 부문에서 OECD의 평균 이상이었지만, 이후 지속적으로 하락해 2014년에는 평균을 한참 밑돌았다. 특히 독해 과목에서는 가장 큰 감소폭을 기록했다. 2000년부터 2012년까지 12년 동안 스웨덴의 독해 점수는 (미국보다 12점 높은) 516점에서 (미국보다 15점 낮은) 483점으로 떨어졌다. 2015년 조사에서는 독해 과목이 약간 개선되어 다시 한번 평균 이상으로 올라섰다. 수학도 약간 개선되어 현재는 평균을 유지하고 있다(과학 과목에서는 통계적으로 유의미하게 개선된 모습이 나타나지 않았다). 이는 아마도 최근 스웨덴에서 단일 과목으로는 최대 규모인 '수학강화Boost for Mathematics' 프로그램이 실행되는 등 다양한 계획이 이뤄낸 성과일 것이다. 이러한 추이가 장기적으로 이어질지는 아직 지켜봐야 할 상황이다.•

이 문제는 스웨덴 대학에서 일하는 이들에게 가장 뜨거운 관

• 2019년에 나온 PISA 조사 결과에 따르면, 그 흐름은 계속해서 이어지고 있다. 하지만 평등과 관련해서는 개선이 이뤄지지 않고 있다.

심 주제다. 과학 과목을 가르치는 이들은 오래전부터 학생들이 더 이상 대학 수업에 필요한 기초적인 수학 지식을 갖추고 있지 않다는 우려를 표해왔다.[*] 실제로 일부 대학은 학생들이 고등학교에서 배웠어야 할 수학 지식을 가르치기 위해 기초 보충 과정을 개설하고 있다. 인문학 과목을 강의하는 이들은 학생들이 고급 텍스트를 읽는 데 어려움을 겪고 있으며, 글로 자신을 표현하기를 점점 더 힘들어한다고 지적했다.

이러한 문제와 관련해 2013년에 여덟 명의 역사학자는 〈웁살라 뉘아 티드닝Uppsala Nya Tidning〉 신문에 긴급 성명을 냈다.[**] 이들은 학생들이 역사 수업에 필요한 기초 지식을 갖추고 있지 않을 뿐만 아니라, 인문학 기반의 지식에 접근하기 위해 필요한 도구인 언어 능력도 부족하다고 경고했다. 학생들은 구술 정보를 잘못 해석하고, 문학 작품을 읽는 데 어려움을 느끼며, 시험 문제를 제대로 이해하지 못했다. 무엇보다 글로 자신을 표현하는 데 서툴렀다. 사용 어휘가 제한적이었고, 단어에 대한 이해가 피상적이고 부정확했으며, 문법 지식이 크게 뒤떨어졌다. 에바 비트-브랏스트룀Ebba Witt-Brattström은 핀란드 교수 자리를 위해 스웨덴을 떠나며 상황을 비슷하게 설명했다. 스웨덴 학생들은 고급 텍스트를 읽고 글로 자신을 표현하는 데 어려움을 겪

● Christian Bennet, Madeleine Löwing. 'Gymnasister har svårt att klara matematik för mellanstadiet'. *Dagens Nyheter Debatt* 10/04/2014.

●● Hanna Enefalk et al. 'Våra studenter kan inte svenska'. *Uppsala Nya Tidning* 01/02/2013.

었고, 교수의 지시를 제대로 이해하지 못했다.●●●

안타깝게도 이들의 하소연은 내 개인적 경험과도 꼭 들어맞는다. 지난 15년 동안 내가 맡은 임무 중 하나는 이론철학 고급 과정의 책임자로서 졸업 논문을 감독하는 일이었다. 그런데 시간이 흐르면서, 순전히 언어 교정을 위해 점점 더 많은 감독 시간을 할애하게됐다. 언어를 다듬고 그들이 좀 더 학술적으로 글을 쓰도록 도와주는 수준이 아니었다. 통사적 오류 없이 완전한 문장을 쓰고, 올바른 방식으로 보통의 스웨덴 단어를 쓰도록 만드는 작업이 주였다. 심지어학생들의 언어 능력이 한참 부족해 그들이 무슨 말을 하려는지 이해할 수 없을 때가 많았다.

대부분의 개념, 특히 학술적으로 글을 쓰기 위해 필요한 추상적 개념은 언어에 의존하기 때문에 사고에도 영향을 미친다. 〈웁살라 뉘아 티드닝〉에 기고한 역사학자들은 이 문제가 비단 스웨덴어를제2외국어로 사용하는 이들에게만 해당되는 일이 아님을 강조했다. 스웨덴어를 모국어로 쓰는 이들 역시 자신들의 언어로 스스로를 표현하는 능력이 뒤떨어졌다.

내 경험에 비춰 보면 스웨덴어가 제2외국어인 이들은 때때로 스웨덴어를 사용하는 데 어려움을 겪지만, 그 정도가 모국어로서 사용하는 이들보다 심하지는 않다. 그들은 언어를 배우는 데 있어서 자신의 과제를 더 잘 알고 있으며, 이를 극복함으로써 스웨덴어를 보다

●●● Sören Viktorsson. 'Här kan studenterna läsa och förstå en text'. *Universitetsläraren* 01/02/2014.

정확하게 사용하고자 한다. 이는 결코 오늘날 학생 집단이 넓어지고, 더 많은 인구가 대학에 진학하기 때문에 벌어지는 일이 아니다. 상위의 우수한 대학으로 인정받는 학교에 입학한 학생들조차 똑같은 문제점을 드러내고 있다.

스웨덴 학교 시스템의 주요 목표 중 하나는 창조적이고 비판적인 사고를 강화하고 문제 해결 능력을 키우는 것이다. 적어도 이런 측면에 있어서 스웨덴 교육 시스템은 오랫동안 성공을 거두었다고 인정받아왔다. 문제를 해결하고 독립적으로 생각하는 능력을 향상시켜 기본 능력의 쇠퇴를 보상한 것이다. 그러나 안타깝게도 이것이 진실임을 보여주는 증거는 없다. 오히려 2014년 PISA 조사 결과, 스웨덴 학생들의 문제 해결 능력이 북유럽 국가 중 꼴찌를 기록했다. 하락세가 이어지자 당시 OECD 교육국장 안드레아스 슐라이허[Andreas Schleicher]가 스웨덴 교육 당국을 방문했다. 슐라이허는 스웨덴 학생들이 주어진 문제에 집중하고 이를 해결하는 방법을 배우고 있지만, 개념적으로 깊은 이해를 못 하고 있다고 설명했다. 또한 자유로운 사고를 위한 기초 지식이 전적으로 부족해 수리 면에서도 특별히 창조적이지 않다고 했다. 그는 "우리가 고정관념에 얽매여 창조적이지 않다고 여기는 여러 동아시아 국가들의 경우가 훨씬 낫다"고 덧붙였다.●

슐라이허는 이러한 맥락에서 아주 중요한 것을 확인했다. 학교 시스템의 성공을 결정짓는 것은 으레 정치인들이 주목하는 기준인 재원이나 학급 규모가 아니라는 것이다. 무엇보다 교실 내에서 일

● *Dagens Industri Dimension* 13/03/2014.

어나는 일, 즉 **학습 콘텐츠**가 중요하다. 이러한 결론에 국제 교육학자들도 점차 합의하는 분위기다.

구성주의가 교육 사고에 끼친 영향

뉴질랜드 학자 존 하티John Hattie는 경험적 증거가 실제로 학생들의 학교 성적에 어떤 영향을 미치는지 알아보기 위해 거대 규모의 연구를 시도했다.•• 그는 800건 이상의 메타 분석을 검토하고 취합했다. 메타 분석은 다양한 연구 결과를 비교하며 공통된 기준을 활용해 그 효과를 정량적으로 측정한다. 이는 서로 다른 유형의 증거를 비교할 수 있게 해준다. 하티는 일종의 '메타-메타 분석'을 실행했다. 이는 (700만 명이 넘는 사람을 대상으로 한) 1만 1천 건이 넘는 연구에서 비롯된 모든 메타 연구를 종합한 것이다. 그는 학급 규모, 환경, 여름학교, 또는 학교의 선택은 결정적 요인이 아니라는 증거가 분명하다고 말했다. **결정적 요인은 바로 교사가 무엇을 하는가이다.** 그는 '눈에 보이는 강의와 눈에 보이는 학습'이 필요하다고 주장했다. 눈에 보이는 요소란 교사가 열정적이고, 적극적이고, 지식이 많다는 것을 의미한다. 즉, 교사가 의도적으로 개입해 구조를 제시하는 것이다. 학생들은 분명한 지식 목표와 분명한 피드백, 그리고 높은 기대

••   Hattie, J. 2008. *Visible Learning: A Synthesis of Over 800 Meta-Analyses Relating to Achievement*. Routledge.

감을 필요로 한다. 하티는 교사가 눈에 보인다는 의미가 꼭 교사 중심적 강의에 집중해야 한다는 것이 아니라, 교사가 참여와 개입을 해야 한다는 뜻이라는 점을 강조했다.

> "학급 규모, 환경, 여름학교,
> 혹은 학교의 선택은 결정적 요인이 아니다.
> 결정적 요인은 교사가 무엇을 하는가이다."

하티가 정의한 눈에 보이는 학습은 최근 몇십 년 동안 스웨덴 교육을 지배해온 학습에 대한 관점인 **구성주의**에 정반대되는 것이다. 이 특정 교육 '주의'가 무엇을 의미하는지 명확하지는 않지만, 서로 다른 세 유형으로 구분해볼 수 있다. 첫째, **지식과 사실의 본질**에 관한 철학적 주장으로 이해할 수 있다. 이와 대한 기본 생각은 지식이 구성물이라는 것이다. 어떤 의미에서는 사실이 그 자체로 하나의 구성물이기 때문이다. 즉, 다양한 시각, 다양한 구성물이 다양한 지식을 만들어낸다. 둘째, **학습**에 관한 이론으로 이해할 수 있다. 이러한 맥락에서 개인은 지식을 얻기 위해 인지적으로 **능동적**이어야 한다. 다시 말해 들어오는 정보를 선택하고, 이를 논리정연한 구조로 조직하고, 또 이전의 조직화된 지식과 통합해야 한다. 셋째, **교수법**에 관한 주장으로 이해할 수 있다. 구성주의에서는 전통적 교실 강의 방식에 따라 교사로부터 학생에게로 지식이 전달되는 수동적 방식을 취하면 안 된다는 것이 핵심이다. 교사의 역할은 학생들이 스스로 지식을 구축할 수 있도록 도움을 주는 것이어야 한다. 교사의 역할은 지시가 아니라 감독이며, 학생의 자발적 발견에 힘을 실어주는 것이다.

하티는 이러한 교수론으로서의 구성주의에 반대한다. 바로 잡기 위한 개입을 최소화하여 학생들이 더욱 쉽게 지식을 습득하고 스스로 의미를 창조할 수 있도록 만드는 것이 교사의 역할이라는 구성주의자들의 주장에 대해 하티는 가르침과 배움을 위한 성공적인 방법과는 정반대라고 결론을 내렸다.•

교육학 교수인 요나스 린데로트Jonas Linderoth는 자신의 책《교사의 재림Lärarens återkomst》에서 1990년대 이후부터 구성주의 관점이 어떻게 스웨덴 교육계를 지배해왔는지 묘사했다.•• 그는 예비 교사들이 어떻게 "교사가 지식을 전달할 수 있다는 잘못된 생각으로 특징지어지던 교육이 암흑의 시대로부터 벗어나고 있다"고 배워왔는지 설명한다. 그들은 지식이 가르칠 수 있는 뭔가가 아니라 개인이 스스로 구성해야 하는 것이라고 배웠다. 또한 린데로트는 "이 새로운 교

• 하티가 메타 분석을 실시한 방법과 관련해서 비판이 제기됐다. 그러나 그가 기반으로 삼은 연구는 탄탄하며, 구성주의가 교수법으로서 효과를 드러내지 못한다는 뚜렷한 증거가 있다. 다음을 참조. Kirchner, P. Sweller, J. & Clark R.E. (2006). 'Why Minimal Guidance During Instruction Does Not Work: An Analysis of the Failure of Constructivist, Discovery, Problem-Based, Experiential, and Inquiry-Based Teaching' (*Journal of Educational Psychologist*, 41:2, 2006). 그리고 Mayer, R.E. (2004). 'Should There Be a Three-Strikes Rule Against Pure Discovery Learning? The Case for Guided Methods of Instruction' (*American Psychologist* January 2004).

•• Linderoth, J. 2016. *Lärarens återkomst*. Natur & Kultur.

육학은 학교 시스템의 전통적 질서에 의문을 제기하는 여러 생각으로 이뤄졌다. 이는 학습자의 적극적인 참여, 여러 분야에 중첩된 주제화, 보편적인 인지 능력과 독자성에 대한 집중 같은 것과 관련되어 있다"라고 말한다. 이때 교사의 역할은 감독관으로서 기능하는 것이다. 즉, 자원과 도구는 제공하지만 적극적 개입은 하지 않는 것이다. 교사는 자극하고 지원하고 감독해야 하며, 학생은 조사하고 발견해야 한다. 또한 교육은 반드시 개별화되고, 학생 개개인의 일상적 경험 및 이해와 연결돼야 한다.

스웨덴 교육청은 이러한 모든 내용을 1994년 교과과정과 지식 습득을 위한 학생들의 적극적 활동을 강조하는 학습법에 대한 논평에 잘 요약해 두었다.

국가와 자치구, 학제 기반으로 형성된 관점에 기반을 두고 광범위한 관심을 이끌어내고 있는 해석에 따르면 지식은 한 사람으로부터 다른 사람에게로, 즉 교사로부터 학생에게로 전달되거나 물려줄 수 없는 것이다. 학습을 위해서는 학습자의 강한 자발성이 필요하고, 교사는 학습을 위한 여건을 마련한다. 이러한 점에서 일반적으로 '교사 중심 강의'로 알려진 교육 형태는 학생의 학습을 위한 접근 방식으로 볼 수 없다. 교사의 역할은 바뀌어야 한다. 교사는 지식을 '전달'하기보다 학습 과정에서 학생들을 '감독'해야 한다. 교사의 역할은 지원하고 감독하는 일이다. 지식 계발에 대한 책임은 점차 학생들 자신에게로 주어져야 한다.●

"지식을 전달할 수 없다는 주장은 믿기 힘들다.
이는 인간이 지식의 가장 고유한 특성,
즉 지식이 사회적이며, 개인에게서 개인으로 전달될 수 있고,
세대에 걸쳐 누적될 수 있다는 사실에 의문을 던진다."

지식을 전달할 수 없다는 주장은 믿기 힘들다. 이는 인간 지식의 가장 고유한 특성, 즉 지식이 사회적이며, 개인에게서 개인으로 전달될 수 있고, 세대에 걸쳐 누적될 수 있다는 사실에 의문을 던진다. 이 믿기 힘든 주장의 근거는 무엇일까? 여기서 간략하게나마 살펴보도록 하자.

구성주의 교육에 대한 주장이 모습을 드러내고 있는 곳은 비단 스웨덴뿐만이 아니다. 허쉬E. D. Hirsch는 자신의 책《지식이 중요한 이유Why Knowledge Matters: Rescuing our Children from Failed Educational Theories》에서 미국과 프랑스의 구성주의에 대해 논의한다.** 그는 이들 국가에서 등장한 구성주의와 교육 성과 하락 사이에 직접적인 상관관계가 있다고 언급한다. 허쉬의 설명에 따르면 통제 실험을 수행한 프랑스의 예가 특히 흥미롭다. 프랑스의 교육 성과는 1980년대 초 국제 조사 순위

●   스웨덴 국가 교육청The Swedish National Agency for Education(2003). 'Lusten att lara-med fokus pa matematik. Nationella kvalitetsgranskningar 2001-2002'. Skolverkets rapport 221.

●●   Hirsch, E.D. 2016. *Why Knowledge Matters*. Harvard Education Publishing Group.

에서 최고의 자리를 차지하고 (스웨덴과 더불어) 세계에서 가장 평등한 학교 시스템이라는 평가를 받은 뒤, 1990년대 들어서 아주 빠른 속도로 하락하기 시작했다.

1990년대 초 스웨덴에서는 새로운 교과과정과 새로운 교사 훈련(1988년), 그리고 학교 선택의 자유(1992년)와 더불어 다양한 개혁이 추진됐다. 그러나 프랑스는 단 하나만 바꿨다. 바로 교육 콘텐츠. 1790년 이후로 프랑스는 교육 콘텐츠에 있어서 한 가지 동일한 개념을 채택해왔다. 그들은 학생들이 동일한 지식(공통된 교과과정)을 습득하게 함으로써 국가의 결속력을 높이고 출신 및 지능과 관련된 불평등을 해소하고자 했다. 그러나 이 오랜 전통은 1989년에 당시 교육부 장관이었던 리오넬 조스팽Lionel Jospin이 공통 교과과정의 중단으로 이어질 법안을 내놓으며 내던져졌다. 그 대신 각 학교는 학생들의 배경과 개인의 특성을 고려하도록 했다. 이 모든 것은 사회학자 피에르 부르디외Pierre Bourdieu가 이끌던(철학자 자크 데리다도 포함되어 있었다) 위원회가 제출한 보고서에 기반을 둔 것이었다. 부르디외는 프랑스의 교과과정이 시대에 뒤떨어졌고, 불평등하고, 배타적이라고 비판했다. 그리고 위원회는 학생들이 사실을 배우도록 강요하는 것에 반대하여, 기술과 비판적 사고에 초점을 맞출 것을 권고했다. 이는 모두 정의와 평등의 이름으로 행해졌다.

프랑스는 10년에 한 번, 5학년 학생들을 대상으로 전국 규모의 평가를 실시하고 있다. 1990년 개혁 작업에 몇 년 앞선 1987년에 실시된 평가와 비교해 1997년도 평가에서는 성적 하락이 뚜렷하게 드러났으며, 그다음 평가인 2007년에서도 비슷한 흐름이 그대로 이어졌다. 무엇보다 평등이 훼손됐다. 소외 계층 아이들의 성적은 특권 계층 아이들보다 훨씬 더 떨어졌다. 교사와 학급, 예산을 비롯한 다른 요소는 모두 동일했다. 유일하게 달라진 것은 국가 차원의 교과과정을 포기하고 구성주의 교육학을 도입했다는 사실뿐이었다(허쉬의 책).

교육학자 데이지 크리스토둘루Daisy Christodoulou 역시 《아무도 의심하지 않는 일곱 가지 교육 미신Seven Myths about Education》에서 비슷한 추론을 바탕으로 영국에서 나타나고 있는 학교의 쇠퇴가 교육에 대한 구성주의 접근 방식의 결과물이라고 주장했다.[*] 그는 영국의 교사들이 양성 과정에서 배우는 내용의 기반을 이루며, 교육 당국이 학교를 평가할 때 중요한 역할을 하는 일곱 가지 교육 미신을 정리했다. 또한 이러한 미신이 근본적으로 부정확하고, 현대 인지과학과 모순되는 교수법의 표현들이라고 주장했다. 미신에는 다음과 같은 것들이 있다. **사실은 이해를 가로막는다. 교사 중심 강의는 수동적이다. 우리는 전수할 수 있는 기술을 가르쳐야 한다. 학습을 위한 최고의 방법은 과제와 활동이다.** 그는 이러한 미신들의 공통점이 사실적 지식이 개념적 이해, 비판적 사고, 창조성 및 의의에 반대된다는 식으로 묘사되는 것이라고 주장했다. 지식은 교사가 전달하는 것이 아니라 교사와 학생이 토론과 대화를 통해 창조하는 것이며, 그러므로 교사는 한발 물러나 말수를 줄이고, 학생들에게 자세한 설명을 하지 말아야 한다는 것이다. 크리스토둘루는 자신의 책에서 각각의 미신에 대해 논의하고, 미신이 영국의 교육을 실질적으로 지배하고 있다는 증거

- Christodoulou, D. 2014. *Seven Myths about Education*. Routledge.

와, 이들 미신이 지식과 학습에 관한 잘못된 이론에 기반을 두고 있음을 분명히 보여주는 현대 인지과학의 증거를 제시한다.●

또한 전통적으로 여겨지던 것보다 교과 지식이 교사에게 덜 중요하다는 개념 역시 교육에 대한 구성주의 이론과 관련이 있다. 구성주의에서 교사는 지식의 전달자가 아니라 감독자로서 역할을 하기 때문에 깊이 있는 교과 지식의 중요성이 줄어들게 된다.●● 나는 교과 지식의 우선순위가 낮게 평가받았다는 사실을 개인적인 일을 통해 경험했다. 1986년 당시 나는 철학과 문학으로 학사 학위를 받았다. 이후 사범대학에서 1년을 더 공부하면 철학과 스웨덴어 교사 자격증을 딸 수 있다는 사실을 알게 됐고, 전문 자격을 갖추는 것이 합리적이라 생각해 그렇게 하기로 결정했다.

사범대학에서 보낸 1년은 대단히 힘들었다. 학술적 수준은 내 이전 학습 경험과 비교해 낮았고, 장 피아제Jean Piaget를 비롯한 의심의 여지가 없는 여러 우상에 빠져 있었다. 설상가상으로 나는 나처럼 광범위한 교과 지식을 지닌 사람은 유능한 교사가 되는 과정에

● 또한 영국 교육학자 데이비드 디다우David Didau의 저서도 참조할 것. 디다우는 교육이 인지과학을 외면하고 있으며, 가장 큰 문제는 교육에 대한 무거운 책임을 학생들에게 떠넘기는 학생 중심적 교육학이라고 강조했다. Didau, D. 2015. *What If Everything You Knew About Education Was Wrong?*. Crown House Publishing.

●● 교사들에 대한 교육은 지난 몇십 년에 걸쳐 수차례 바뀌었다. 1988년에는 초등, 중등 및 특정 과목 교사들 간의 구분이 폐지됐고, 이는 교과 지식의 축소로 이어졌다. 교사 교육은 2001년에 다시 한번 개편됐으며, 2011년에는 예전의 학년 간 구분이 재도입됐다.

서 어려움을 겪을 것이라는 말을 여러 차례 들었다(나는 교사 자격에 필요한 것보다 철학 과목을 세 학기 더 들은 상태였다).••• 나는 교사 자격을 취득했지만, 그때는 이미 고등학교 교사가 되겠다는 꿈을 접은 상태였다. 그 대신 이론철학을 연구하는 학자가 되기 위한 공부를 시작했다.

교육 성과 하락을 촉발한 이념

스웨덴과 여러 곳에서 구성주의에 대한 논쟁이 어찌나 감정적인지 때론 놀랍다. 어떤 교수법이 가장 좋은 결과를 가져다주는지에 대한 실증적 사안임을 고려할 때 이는 이상한 현상이다. 린데로트는 구성주의에서 영감을 얻은 교육 이론이 부분적으로 이념적 믿음에 기반하고 있다고 주장했다. 교사 중심의 전통적 강의와 교사 개입을 향한 비판은 종종 이론적 근거뿐만 아니라, 전통적 교육이 도덕적으로 비난받을 만하다는 생각에 기초한다. 린데로트에 따르면 이 논쟁에서 이상한 점은 특정 교육 방식이 도덕적 문제와 결부되었다고

비춰지는 것이다. "교사가 사물이 어떻게 연관되어 있는지 설명하고, 지도하고, 강의하고, 시험하는 방식은 정신적 학대, 아이들 권리에 대한 존중심 부족, 그리고 맹목적 훈육과 연결되었다."•

교육학자이자 작가인 페르 코른할Per Kornhall 역시 스웨덴 구성주의의 이념적 속성에 주목했다. 그에 따르면 구성주의 교육은 교사 양성 및 학교 정책 계획에 거의 완전히 녹아들었다. 사범대학에서는 그들이 틀렸다며, 학습에 중요한 경험적 연구의 발견을 무시하도록 가르쳤다. "경험적이라기보다 이념적 성격을 가진 구성주의는 스웨덴에서 패권을 쥐며 다양한 개혁과 발전에 아주 불행한 영향을 미쳤다. 지식을 전하는 기능을 빼앗기면서 교사들이 자신의 전문 분야를 학습하지 않는 결과로 이어졌다."••

이념적 측면은 공적 논의에서 종종 뚜렷하게 드러난다. 스웨덴의 경우, 구성주의에 대한 비판과 교사 중심적 교수법에 대한 옹호를 보수적인 정치관 그리고 신자유주의와 동일시한다. 국제적으로도 비슷하다. 크리스토둘루를 비롯해 구성주의를 비판하는 이들은 대체로 이와 같이 정치적으로 연결할 필요가 없다고 조심스럽게 지적한다. 반대로 그들은 구성주의의 문제가 평등한 교육에 기여하는 대신 취약층 학생들에게 해를 끼치는 것이라고 강조한다.

린데로트가 〈다겐스 뉘헤테르〉를 통해 자신의 생각을 밝혔을 때, 그는 신자유주의적이고, 행동주의의 보상과 처벌과 관련된 극

•   Linderoth, J. 2016. *Lärarens återkomst*. Natur & Kultur. p. 30.

••   Per Kornhall. 'Barnexperimentet'. *Skola och samhälle* 08/04/2013.

단적 형태의 교육학을 복권시키려 한다는 이유로 비난을 받았다. 린데로트는 그런 관계는 존재하지 않는다고 강조하면서, 구성주의가 지지하는 형태의 방법론의 최대 피해자는 자원이 부족한 학생들이라는 사실을 보여주는 연구 결과를 제시했다.●●●

PISA 결과와 관련해 2014년 예테보리대학교에서 열린 기자회견에서 학자들이 내놓은 결론도 같다. 교육학 교수인 얀-에리크 구스타프손Jan-Eric Gustafsson은 학생들의 사회적 배경을 감안할 때 PISA 결과에서 드러난 성적 하락이 상당히 적다고 강조했다. 구스타프손은 한 인터뷰에서 스웨덴은 학생 중심의 프로젝트성 학습의 비중이 OECD 국가 중 2위에 해당한다고 주장했다.●●●● 노르웨이가 스웨덴 모형을 받아들이자 그들의 결과 역시 급격하게 떨어졌다. 구스타프손에 따르면, 개별화된 강의는 자원이 부족한 학생들에게 우선적으로 영향을 미쳤으며, 1990년대 중반 이후로 나타난 급격한 성과 하락의 주된 원인으로 작용했다. 그는 학생들의 성과와 관련해 다양한 변수를 검토했으며, '집에 있는 책의 수'가 결과에 가장 큰 영향을 미쳤다는 점을 언급했다. 200권 이상의 책을 보유한 가정의 학생들은 다른 모든 요인과 상관없이 최고의 성적을 보여줬다.●●●●●

●●●   Jonas Linderoth. 'Den pedagogiska debatten har kidnappats av politiken'. *Dagens Nyheter Debatt* 01/09/2016.

●●●●   Henrik Hojer. 'Skolan mater inte barnens kunskaper'. *Forskning & Framsteg* 02/04/2014.

●●●●● 이는 인과관계라기보다 상관관계일 가능성이 높다. 충분히 합리적으로 책과 학교 성적 모두를 설명해줄 공통 요인을 떠올려볼 수 있다. 가령 자녀를 뒷받침하기 위한 시간과 기회를 가진 고등교육을 받은 부모를 들 수 있다.

물론 학교 교육의 핵심이 무엇인지 논의할 수 있다. 그것은 사실의 문제라기보다 **가치**의 문제다. 그러나 학교 시스템의 유일한 목적이 학생들에게 많은 사실을 주입하는 것이라고 주장하는 사람은 없다. 스웨덴 학교법을 보면, 학교 시스템에서 교육은 학생들이 지식을 습득하고 발전시키도록 하며, 또한 인권에 대한 존중과 기본적인 민주주의 가치와 같은 개념을 배우고 계발하도록 돕는 것이라고 나와 있다. 이는 교과과정에 반영되어 있으며, 학교 교육이 학생들의 전방위적 발달에 기여하고, 비판적 사고를 훈련시키고 복잡한 현실을 스스로 헤쳐나가는 데 도움을 줄 것을 강조하고 있다.

　　여기서 또 다른 핵심은 이러한 교육이 국가 내 어디에서든 평등하게 이뤄져야 한다는 점이다. 하지만 실제 구성주의 옹호자와 비판자들 사이의 논쟁은 이러한 교육의 근본적인 목적에 대한 것이 아니다. 비록 구성주의 지지자들이 그런 식으로 틀을 짜는 것을 좋아할지라도 말이다. 논쟁에 참여한 모든 이는 전방위적 재능과 비판적 사고를 기르고, 민주주의적 가치를 계발하는 것이 학교 시스템의 핵심 기능이라는 점을 인정한다. 그리고 학교가 평등해야 한다는 점도 받아들인다. 논쟁은 이러한 목표를 어떻게 가장 잘 성취할 수 있을지, 다시 말해 어떻게 학생들을 창조적이고 비판적인 사상가이자 유능한 문제 해결자로 육성할 수 있을지에 관한 것이다. 그리고 이는 이념적 기반만으로는 제대로 대답할 수 없는 경험적 문제이자 사실적 사안이다.

　　스웨덴 학교 시스템에서 평등이 감소했음을 보여주는 분명한 증거가 있다.[*] 하티는 연구를 통해 학생 중심 강의가 대개 낮은 성과로 이어진다는 사실을 보여줬다. 그러한 형태의 강의가 왜 자원이 부족한 학생들에게 가장 큰 피해를 입히는지 이해하기는 어렵지 않다. 지식을 추구하고 스스로 연구에 착수하려면 지식, 즉 관련 정보를 발견하도록 도움을 주는 사전 지식과 자신이 발견한 것을 이해하고 해석할 수 있는 언어가 필요하다. 크리스토둘루도 마찬가지로 학생 중심의 개별화된 교육이 취약 계층에 가장 큰 영향을 미쳤으며, 구성주의에는 진보적인 것이 전혀 없다고 강조했다. 개별적으로 공부하고 프로젝트성 학습을 할 수 있는 학생들은 자원이 풍족한 배경 출신이며, 이러한 유형의 학습에 필요한 지식과 언어를 고루 갖춘 이들이다.[**] 허쉬 또한 프랑스와 스웨덴 학교 시스템의 성과 하락과 관련해 가장 눈에 띄는 측면이 평등이 매우 급격하게 감소한 점이라고 강조했다. 피에르 부르디외는 프랑스의 전통적 학교 시스템이 불평등하고 취약 계층에 불리하다고 주장했지만, 사실 정반대의 영향을 미쳤다. 국가 교과과정은 평준화 효과를 뚜렷하게 보여줬었다.

교수법에 있어 구성주의가 전 세계 교사들 사이에서 널리 인정을 받고 있다는 뚜렷한 증거도 있다. 2013년 OECD의 TALIS(Teaching and Learning Intenational Survey, 지도·학습에 관한 국제조사)는 전 세계 교사들을 대상으로 다양한 구성주의 규범에 얼마나 동의하는지 물었다. 구성주의의 규범으로는 "교사의 역할은 학생들이 적극적으로 질

▪ 다음 예시를 참조. 스웨덴 국가 교육청의 보고서. 'Likvärdig utbildning i svensk grundskola? En kvantitativ analys av likvärdigheten över tid'. 2012.

▪▪ Christodoulou, D. 2014. *Seven Myths about Education*. Routledge, p.98.

문하도록 돕는 것이다", "학생들은 문제 해결책을 스스로 발견함으로써 가장 잘 학습할 수 있다"와 같은 것이 포함되어 있었다. 평균적으로 83~94퍼센트의 교사들이 구성주의 규범에 동의했으며, 이는 교육에 있어서 구성주의 관점이 전 세계적으로 얼마나 폭넓게 받아들여지고 있는지 보여준다.●

내 두 아이들은 스웨덴에서 의무교육 과정을 밟았고, 수년간 나는 아이들이 집으로 가져오는 아주 어려운 숙제에 놀라곤 했다. 아이들은 숙제를 위해 혼자서 '연구'를 하고, 참고할 만한 추천 자료가 없는 상태에서 관련 출처를 뒤져야 했다(이를 연구라고 부르는 건 직접적으로 오해를 불러일으킨다. 연구는 이미 존재하는 지식을 발견해내는 것이 아니라 새로운 지식을 발견하는 것이기 때문이다. 이러한 점에서 연구는 자기 분야에서 심층적 지식을 습득해야만 비로소 수행이 가능한 활동이다). 물론 그 과정에서 아이들은 과제를 해결하는 방법을 학습했고, 아마도 학교를 졸업한 후에 자신이 경험한 것에 대해 만족감을 느낄 것이다. 하지만 그것은 나와 내 남편의 많은 개입을 필요로 했다. 실제로 많은 부모가 똑같은 말을 했고, 자녀의 숙제를 위해 그들이 얼마나 많은 여가 시간을 투자해야 했는지 불만을 토로했다. 나는 이러한 상황이 도움을 줄 시간과 기회가 없는 부모 밑에서 자라는 아이들에게 상당한 불이익을 줄 것이라 자주 생각했다.

1970년대에 (예테보리 교외 지역에 있는 아주 거친) 학교에 다닐

● 더 많은 최근 데이터는 다음을 참조. PISA: Denöel, E., et al. (2018). *Drivers of Student Performance: Insights from Europe.*

때 나는 한 번도 집에 숙제를 도와달라고 한 적이 없었다. 내게 특별한 재능이 있어서가 아니다. 숙제가 교과서를 기반으로 충분히 해결할 수 있는 수준이었기 때문이다. 우리는 '연구'를 수행할 필요가 전혀 없었다. 나와 내 친구들 사이에는 상당히 불평등한 배경이 깔려 있었다(가령 우리 집에는 책이 많았지만, 그렇지 못한 친구들도 많았다). 하지만 학급에서 우수한 성적을 받는 아이들의 사회적 배경은 매우 다양했다. 인과관계를 떠나 이 사실은 분명하다. 구성주의가 취약 계층에 도움을 준다고 생각할 만한 근거가 없으며, 이러한 '주의'를 비판하는 사람들을 보수적, 혹은 비진보적이라고 부를 근거도 없다는 것이다.●●

나는 교육학자가 아니며, 무엇이 스웨덴 학교 시스템의 성과 하락을 촉발했는지 대답을 내놓을 의도는 없다. 그렇지만 우리가 경험적 증거를 진지하게 받아들여야 한다고 생각한다. 그리고 하티를 비롯한 많은 이들이 제시한 증거가 교육 콘텐츠가 중요한 요소라는 주장을 충분히 지지한다고 생각한다. 이들이 제시한 증거의 기반은 폭넓고 과학적으로 탄탄하다. 또한 나는 크리스토둘루와 허쉬와 더불어 현대 인지과학과 심리학이 내놓은 경험적 증거(가령, 학습과 기억

●● 진보적인 스웨덴 구성주의 내부에는 교육 자료에 대한 경멸적인 분위기 또한 존재한다(*Skola på vetenskaplig grund*. Ryve, Hemmi och Kornhall. 2016. Natur och Kultur). 유능한 교사는 가르쳐서는 안 되고, 또한 '교육자료 중심적'이어서도 안 된다. 이는 스웨덴 학생들이 자신의 수준에 맞는 체계적인 소개를 담은 교육 자료에 접근하기 힘들다는 뜻이다. 이는 학교 시스템 내부의 불평등을 강화할 위험이 다분하다. 가정에서 도움을 받지 못하는 학생들은 신뢰할 만하며 포괄적인 교육 자료를 더 많이 필요로 하기 때문이다.

에 대한 증거)를 매우 진지하게 받아들여야 한다고 믿는다. 이에 대해서는 금방 다시 살펴볼 것이다.

한편, 이는 단지 스웨덴 교육학자들이 문제적인 구성주의 교육학을 받아들인 것에 대한 이야기만은 아니다. 이는 널리 전파된, **지식과 사실**에 대한 구성주의적 입장과 교육학적 접근 방식에 의해 도출된 결론에 관한 것이기도 하다. 린데로트는 지식에 대한 구성주의 관점과 교육학적 접근 방식에 대한 구성주의 관점 사이에 필연적인 연결성은 없다고 주장했다. 린데로트의 주장에 따르면, 우리가 지식이 구성물이라는 생각을 받아들인다고 해서, 교수법은 반드시 학생 중심의 탐구의 형태를 취해야 하며 적극적인 교사는 바람직하지 않다고 받아들여야 한다는 뜻은 아니라고 한다. 이는 옳은 말이다. 그러나 교육학자들은 종종 지식에 대한 구성주의 관점과 교육학적 접근 방식에 대한 구성주의 관점 사이에 직접적인 연관이 있다고 가정한다. 이는 린데로트에 의해 강조된 대목이기도 하다.

이 말은 지식의 본질에 대한 철학적 가정이 옹호하는 교육학에 직접적인 영향을 미친다는 것을 의미한다. 일례로 1994년에 마련된, 스웨덴 교과과정의 기반이 되는 주요 문건을 살펴보고자 한다. 이는 지식의 본질에 관한 철학적 생각이 어떻게 교육적 생각과 상호작용하며 문제를 발생시키는지 보여준다. 스웨덴 상황에만 국한된 것이 아니다. 앞으로 살펴보겠지만, 크리스토둘루는 영국의 교육 논쟁도 비슷한 연결점이 있다고 주장한다. 지식의 본질에 관한 매우 문제적인 철학 사상이 학교의 중요 정책에 영향을 미치는 것이 허용되어 왔다는 것이다.

지식을 바라보는 구성주의 관점

1990년 이후 스웨덴의 주요 교육학자들이 지식에 관해 쓴 글을 읽다 보면, 세 가지 핵심 주제를 발견하게 된다.

- 실천적 지식이 강조되고 이론적 지식에 대한 회의적 태도가 받아들여진다.
- 이론적 지식을 구성물로 바라보는 다소 급진적 입장이 보호를 받으며, 지식의 '객관주의' 이론은 비판을 받는다.
- 사실적 지식은 이해 및 비판적 사고와 대조된다.

나는 먼저 첫 번째와 두 번째 항목, 즉 이론적 지식에 대한 관점을 살펴볼 것이다. 이해 및 비판적 사고방식에 대한 관점은 이번 장의 마지막 부분에서 다뤄보고자 한다.

나는 이 책에서 지식을 논의할 때마다, 실천적 지식이나 기술이 아니라 이론적 지식에 주목하고 있다. 물론 그것은 지식 저항과 관련된 논의가 특히 이론적 지식에 관한 것이기 때문이다. 실천적 지식이 중요하지 않다는 의미는 아니다. 우리의 삶은 오히려 그러한 유형의 지식으로 가득 차 있다. 학교 시스템의 주요 과제 중 하나 또한 실천적 지식을, 즉, 읽기와 쓰기, 그리고 계산하기 같은 기본 기술을 전파하는 것이다. 이는 부인할 수 없다. 이상한 점은 1990년대 초부터 지금까지 스웨덴 교육학자들이 이론적 지식에 대해 엄청나게 회의적인 태도를 드러낸다는 것이다. 이러한 회의주의는 스웨덴 학교 시스템을 근본적으로 재구성한 교과과정인 LPO 94를 뒷받침하고 있다. 처음으로 교과과정에서 지식의 개념이 강조되었고, 이론적이고 책에 기반을 둔 지식에 대한 전통적 시각이 의문을 제기받았다. 2011년에 스웨덴이 새로운 교과과정을 채택했음에도 불구하고, 지식과 관련된 회의적 생각들은 주요 교육학자들과 정책 문서 속에 살아있다.

이론적 지식에 대한 회의주의는 1994년 교육 과정 출범에 앞서 교육학자들이 작성한 영향력 있는 보고서 〈교육과 지식*Bildning och kunskap*〉에 아주 뚜렷하게 드러나 있다.• 그 서문에는 새로운 교과과정이 보고서에서 제시한 지식과 학습에 관한 관점에 기반을 두고 있음을 분명히 밝히고 있다. 스웨덴의 유력한 교육학 교수이자 스톡홀름 교육연구소 회원인 잉그리드 칼그렌Ingrid Carlgren은 '지식과 학습'을 주제로 하는 장의 도입부에서 이러한 관점에 대해 설명했다.

칼그렌은 20세기에 나타난 지식에 대한 편파적 관점을 다룬다. 그 관점에 따르자면, 단어나 정형화된 문구로 이뤄진 지식만이 지식으로 간주된다. 그는 '지식'과 '기술' 사이의 차이에 의문을 제기하면서 대개는 정형화되지 않고, 책에서 얻을 수 없는 경험 기반의 지식인 '조용한 지식silent knowledge'에 주목했다. 또한 이론적 지식이 지금까지 지배적 힘으로 작용했다고 지적했다. "폭넓은 경험이 아니라 폭넓은 이론 교육을 받은 이들이 전문가로 인정을 받는다는 것은 지

•   'Bildning och kunskap'. 2002. Reprinted from the Swedish Curriculum Committee's report *Skola för bildning*.

식과 관련한 그러한 사고방식이 얼마나 지배적 지위를 차지하고 있는지를 말해준다." 지식의 개념은 교육의 사회적, 실천적 상황뿐만 아니라 공식적인 지식과 기술 모두를 포함하도록 확대되어야 한다.

그리고 서로 다른 네 가지 유형의 지식을 소개한다. 사실, 이해, 기술, 그리고 숙지familiarity. 이 개념들은 1994년의 교과과정과 2011년에 도입된 오늘날 교과과정의 핵심이다. 사실적 지식은 피상적인 지식과 심오한 지식, 또는 동일 현상을 이해하는 다양한 방식을 구분하지 않는 정보에 대한 지식을 말한다. 이해는 의미를 파악하고 개념을 얻는 것과 관련 있다. 기술은 **방법**과 같은 실천적 지식과 관련이 있는 반면, 숙지는 우리 행동의 기반이 되는 조용한, 혹은 정형화되지 않은 배경 지식을 말한다. 이러한 형태들의 지식을 구분함으로써 저자들은 일방적으로 지식이 축소되는 것을 막고, 지식의 다양성을 보여주고자 한다.

앞서 언급했듯이, 다양한 유형의 지식이 존재한다는 것에는 반론의 여지가 없다. 이론적 지식과 실천적 지식 사이의 구분은 오래전으로 거슬러 올라간다. 학교 시스템이 실천적 지식과 이론적 지식 모두에 전념해야 한다는 사실은 전혀 새로운 주장이 아니다. 또한 사실적 지식과 이해 사이의 구분이 문제가 된다고 하더라도, 피상적인 사실적 지식과 진정한 이해를 구분해야 한다는 생각 역시 새로운 것이 아니다. 한편, 조용한 지식을 강조하는 것은 조금 이상하다. 조용한 지식은 가르치는 것이 아니라, 학교 밖 일상생활을 통해 습득되는 경험 기반의 지식이기 때문이다. 하지만 더욱 이상한 것은 이론적 지식에 대한 설명이다.

이 책의 2장은 지식의 '**구성적 측면**'을 강조하면서 시작한다. 그리고 지식은 세상을 설명하는 것이 아니라 세상을 이해할 수 있게 만들어주는 방법이라고 말한다. 여기서는 지식에 대한 철학적 가설을 세 가지로 구분한다. 지식은 인간 사고의 결과물이고, 지식은 현실에 대한 반영이며, 지식은 경험을 이해할 수 있게 만드는 구성물이라는 것이다. 나아가 '지식에 관한 지식'은 철학의 영역일 뿐만 아니라 "'현실'에 대한 설명으로서 지식의 개념은 점차 유지하기 힘들게 되었"음을 보여준 과학계의 영역이라고도 지적한다.

그들은 지식으로 인정받는 것이 시대와 장소에 따라 다르다는 점에 주목한다. "오늘날 지식으로 여겨지는 것은 어제의 지식과 같지 않으며, 미래의 지식과도 같지 않을 것이다. 그리고 여기서 지식인 것이 다른 곳에서도 지식이라고 장담할 수 없다." 더불어 그들은 지식의 창조적 측면, 다시 말해 지식이 어떻게 미학적·윤리적 측면을 포괄하는 활동인지도 강조한다. 그들은 지식의 '객관주의적' 관점에 대한 비판이 학교에서 지식의 역할을 설계하는 결과를 가져온다고 주장한다. 간략하게 요약하자면 다음과 같다.

이론적 지식은 세상에 대한 '설명'이 아니라 세상을 처리하고 이해 가능하게 만들어주는 인간의 구성물이다. **이러한 점에서 지식은 진실이나 거짓이 아니다. 다만 주장하고 검증할 수 있는 것이다.** 지식은 논의할 수 있는 대상이다. 학생들이 지식에 대한 이러한 인식을 형성하도록 돕기 위해, 교과과정은 **과목에 역사적 차원이 부여되어야 한다**고 설명한다. 이 말은 곧 지식을 역사적 맥락에서 자유로운 완성된 대답으로뿐만 아니라, 특정한 맥락과 상황, 방식으로 나타나는 대답으로서 가르쳐야 한다는 의미다.

이 글을 읽은 철학자라면 누구나 혼란스러울 수밖에 없다. 이 글에는 아무런 논의 없이 확립된 지식 이론으로 부풀려진 철학의 파편(반쪽진실half-truths과 오해, 그리고 완전한 오류)이 포함되어 있으며, 그 파편이 스웨덴의 학교에서 채택하는 접근 방식의 근간을 형성해야 한다고 주장하고 있다.

예를 들어, 지식이 진실이나 거짓이 아니라는 주장은 무엇을 의미하는 걸까? 확신이 진실일 때만 지식을 구성할 수 있다. 그리고 지식은 시간과 장소에 따라 얼마나 달라질까? 달라지는 것은 우리의 믿음과 이론이지 **지식**이 아니다. 인간의 지식이 쌓이고 발전하면서 거짓과 근거 없는 믿음은 점차 진실하고 근거를 갖춘 믿음으로 대체된다. 그러나 과거에 지식으로 인정받았던 것, 가령 피타고라스 정리, 혹은 소크라테스에게 턱수염이 있었다는 것은 오늘날에도 여전히 지식이며, 그리스에서 지식인 것은 스웨덴에서도 지식이다.●

일반적 의미에서 한때 지식으로 **여겨졌던** 것이 시간에 따라 달라진다는 것은 옳다. 가령 예전에 우리는 지구가 우주의 중심이라는 것을 알고 있다고 믿었지만, 나중에 그것이 사실이 아니라는 것이

● 안타깝게도 때로는 다른 길로 나아간다. 지식은 근거 없는 인식에 의해 망각되고, 거부되고, 대체된다.

밝혀졌을 때 우리는 다른 무언가를 지식으로 여겼다.* 그러므로 지식을 얻기가 얼마나 힘든지, 그리고 우리가 얼마나 자주 틀리는지는 강조할 가치가 있다. 그러나 이는 학교에서 다루는 지식과 학습에 대한 우리의 관점에 어떠한 급진적 변화도 일으키지 않는다. 또한 지식이 진실을 포함하지 않는다는 결론을 이끌어내기 위한 어떠한 근거도 제공하지 않는다.

몇몇 경우에는 이해와 사실 사이의 관계는 물론 지식과 관련된 역할도 언급된다. 저자들은 이해가 우리가 보고 인식할 수 있는 '사실'을 결정한다는 점에서 사실과 서로 긴밀하게 연결되어 있다고 썼다. 이런 이유에서 '순수한' 사실이란 존재하지 않는다며, 저자들은 이누이트족이 눈雪에 관해 대단히 다양한 단어를 갖고 있기 때문에 우리보다 더욱 미묘한 방식으로 눈을 인식할 수 있다는 점을 언급했다. 이는 내가 2장에서 비판했던 개념으로 보인다. 지식에는 용어가 필요하고 모든 용어는 인간의 구성물이기 때문에, 객관적 지식이란 존재하지 않는다는 것이다.

우리는 이제 왜 이러한 접근 방식이 이치에 맞지 않는지 알고 있다. 비록 용어가 어떤 방식으로든 인간의 구성물이라는 사실을

---

* 우리는 때로 지식의 '사회적' 개념에 대해 이야기한다. 여기서 지식은 정확하게 특정 사회가 지식이라고 **인정**하는 것을 의미한다(관련 논의는 다음을 참조. Carlshamre. 2020). 물론 우리는 마음대로 용어를 정의할 수 있지만, 지식의 사회적 개념을 받아들인다면 어떠한 의미도 이끌어낼 수 없다. 이러한 측면에서 지식이 사회에 따라 달라진다는 것은 일반적인 생각이다. 하지만 이로부터 우리의 주장에서 **진실**이 사회에 따라 달라진다고 말할 수는 없다(지식의 사회적 개념은 진실과는 아무런 상관이 없기 때문이다).

받아들인다고 해도, 사실이 인간의 구성물이라고 말할 수는 없다. 우리는 용어를 사용해 분류하고 사물에 특성을 부여하지만, 이러한 사물이 실제로 그러한 특성을 갖고 있는지 여부는 우리에게 달린 것이 아니다. 고래는 포유류고 상어는 포유류가 아니라는 사실은 어느 방식으로든 인간의 구성물이 아니다. 게다가 이누이트족이 다른 언어와 비교해 눈에 관해 풍부한 단어를 갖고 있다는 것은 미신이며, 앞서 언급했듯 이러한 유형의 어휘 차이가 인간이 세상을 인식하는 방식에 결정적 영향을 미친다는 것 또한 미신이다.●●

> "과거에 지식으로 인정받았던 것은
> 오늘날에도 여전히 지식이며,
> 그리스에서 지식인 것은 스웨덴에서도 지식이다."

물론, 우리가 우리의 **감각**과 세상의 관계를 어떻게 이해해야 할 것인지에 대한 철학적 논쟁이 있다. 우리는 우리의 감각이 우리 특유의 것이며, 다른 동물이 우리와 다른 방식으로 색상을 인식하고 냄새를 맡는다는 사실을 알고 있다. 2장에서 언급했듯, 우리는 때로 색상이 세상에 존재하는 특성임을 객관적으로 간주할 수 있는지, 그

●   Pullum, G.K. 1991. *The Great Eskimo Vocabulary Hoax*. University of Chicago Press Books.

리고 색상이 어느 정도로 필수불가결한 주관적 요소를 갖고 있는지에 대해 논의한다. 일부는 색상을 물리적 특성(반사적 특성과 파장의 차원)에서 이해해야 한다고 주장하는 반면, 다른 이들은 색상을 우리와 우리가 인식하는 방식의 관계에서 이해해야 한다고 주장한다. 이러한 철학적 논쟁은 대단히 흥미롭지만, 세상에 관한 객관적 지식의 개념을 없애거나, 사실과 현실에 대한 모든 논의에 물음표를 붙일 필요는 없다. 그리고 분명 그러한 논쟁은 학교 시스템이 교수법에 대한 접근 방식 전체를 새롭게 구축해야 한다는 것을 정당화하지 않는다.

마찬가지로 크리스토둘루는 교육학자들이 옹호하는 교육 이론이 어떻게 그토록 노골적으로 지식의 '구성주의' 속성에 대한 급진적 가정에 기반을 두었는지 언급한다. 그가 논의하는 일곱 가지 미신 중 하나는 "지식을 가르치는 것은 세뇌다"라는 생각이다. 그의 주장에 따르면, 이 미신은 어떤 사실을 가르쳐야 하는지를 결정하고 교과과정의 지식을 선택하는 과정이 불가피하게 정치적으로 편향될 수 있다는 우려에서 일부 비롯됐다. 그러나 그는 이러한 미신이 모든 사실은 사회적 구성물이고, 객관적으로 존재하는 사실은 없다는 식의 한층 더 급진적 개념에서 비롯되었다고 주장했다. 그는 사실을 가르치는 것은 중립적 활동이 될 수 없고, "힘과 권한, 그리고 사회 계층에 대한 문제와 긴밀하게 얽히는" 것이라는 생각을 교육 전문가들이 교과과정에 반영했다고 언급했다.•

한 사례로 그는 영국의 교과과정에 지대한 영향을 끼친 이론가인 빅 켈리Vic Kelly를 언급했다. 켈리는 인간의 지식이 전통적 철학이 인식하지 못했던 '문제적 특성'을 갖고 있다고 주장했다.●● 그는 지식은 객관적인 것이 아니라 시간과 문화에 얽힌 사회적 구성물이며, 지식은 보편적이지 않고, 확실성을 향한 추구는 근본적으로 잘못됐으며, 객관성과 보편성에 대한 모든 주장은 힘의 과시에 불과하다고 썼다. 그 결과, 지식에 대한 어떠한 부담도 자유롭고 민주적인 사회와 양립할 수 없는 사회적 통제라는 점에서 비민주적이다.●●●

켈리는 이러한 측면에서 사실 구성주의와 교수법으로서의 구성주의를 분명히 연결했다. 그는 지식이 오직 아이의 경험으로부터 비롯되며, 그렇기 때문에 자신의 지식을 아이에게 강요해서는 안 된다고 주장했다. "우리는 우리가 생각하는 지식을 그들에게 강요할 수 없다. 우리는 그들 스스로 자신의 지식과 가설을 개발하도록 도움을 줘야 한다. 그들의 지식과 가설은 진화의 과정이 계속되는 한 우

● 손 오토Shawn Otto는 미국 학교와 관련해 비슷한 주장을 했다. 그는 사회적 구성주의가 처음에 미국 교육 환경을 장악했지만, 머지않아 유럽 전역에 걸쳐 확산됐다고 설명했다. "사회적 구성주의 사고방식은 1970년대와 1980년대 서구 교육에서 주류 패러다임으로 자리 잡았고, 결과적으로 수천만 명에 달하는 서구 학생들의 교육에 많은 영향을 미쳤다."(Otto, S. 2016. *The War on Science: Who is Waging It, Why It Matters, What We Can Do About It*. Minneapolis: Milkweed.)

●● Kelly, V. 2009. *The Curriculum. Theory and Practice*. London: Sage Publications.

●●● 실제로 켈리는 객관적이고 보편적인 것으로서 지식에 대한 전통적인 입장(그가 말한 '절대주의 인식론')이 필연적으로 "전체적인 정부 형태에 대한 수용으로 이어진다"라고까지 주장했다. 앞서 강조했듯이, 오히려 그 반대라고 생각할 근거가 있다. 전체주의 정권은 진실과 객관주의를 두려워한다.

리의 것과 다를 것이다."(2009)[●] 또한 켈리는 교과과정의 계획과 구성에 포스트모더니즘이 광범위한 영향을 미치는 것에 찬성한다. "그것은 신이 부여한 권리를 주장할 수 있는 모든 이론을 약화시키기 때문이다."(2009)

크리스토둘루는 자신의 책 서문에서 일곱 가지 미신을 모두 뒷받침하는 지적 경향을 제시해야 한다면, 진보주의가 아니라 포스트모더니즘을 꼽을 것이라고 썼다. "포스트모더니즘은 진실과 지식의 가치에 회의적이다. 그리고 미신 중 대다수는 지식의 가치에 깊은 회의주의를 품고 있다."(2014) 나는 이 말이 어느 정도 진실을 담고 있다고 생각하지만, 좀 다른 방식으로 설명해보고자 한다.

진보주의는 포스트모더니즘보다 오래전에 등장했다. 교수법으로서의 구성주의는 진보주의 교수 이론의 현대적 형태로 볼 수 있다. 그러나 사실과 지식에 대한 포스트모던적 개념이 구성주의 교수법에 꼭 들어맞는다. 이 이론의 핵심은 지도 학습이 매우 권위적이기 때문에 나쁘다는 것이다. 이는 사실상 수동적인 학생에게 과제를 강요하는 방식이며('빈 그릇 채우기'), 학생들의 독립적 사고에 도움이 되

● 여기에는 많은 철학적 혼란이 존재한다. 합리주의(지식은 경험과는 독립적인 선험적인 것이라는 이론)과 경험주의(독립된 모든 지식은 경험으로부터 비롯된다는 이론)를 비교하면서 켈리는 경험주의를 지지하고 모든 개인은 그들 자신의 지식을 얻어야 한다고 결론을 내렸다. 그러나 경험주의는 '획득'이 아닌 '정당화'에 관한 이론이기 때문에 잘못되었다. 내가 아는 어떤 경험론자도 인간이 언어를 통해 다른 사람으로부터 지식을 획득한다는 사실을 부인하지 않을 것이다. 경험론자의 주장은 궁극적으로 이러한 지식에 대한 정당화가 경험으로부터(예를 들어, 과학 실험으로부터) 비롯된다는 것이다.

지 않는다.**

　1980년대 학계에 포스트모더니즘 바람이 불었을 때, 그것은 동기부여를 위한 유용한 근거를 제공해주었다. 지도 교육과 사실적 지식을 전달하는 것은 힘을 과시하는 것일 뿐, 세상에 대한 지식을 중립적으로 전달하는 행위가 아니라는 것이다. 그런 의미에서 학습 성과를 드러낸다고 해도 지도 교육은 비난받아 마땅한 것이 된다.

　2011년에 이르러 스웨덴은 새로운 교육 과정을 도입했다. 이는 1994년의 교육 과정, 그리고 PISA나 TIMSS와 같은 국제 기준의 성과 하락에 대한 대응의 일환이었다.*** 일정량의 규격화된 수업 콘텐츠가 재도입되는 동안에도 1994년 교육 과정의 핵심 개념은 계속 유지되었다. 특히 사실적 지식과 일반적 기술 사이의 차이가 두드러졌다. 교사 양성 차원에서는 달라진 것이 거의 없었다. 1994년의 교과과정을 뒷받침했던 지식을 바라보는 '철학' 유형에 초점을 맞춘 주요 텍스트들이 사용됐다. 예를 들어, 아직도 다수 인용될 만큼 영향력 있는 교육학자 로게르 셀리에^Roger Säljö는 지식이 현실을 묘사하지 않

**　이 개념은 파울루 프레이리Paulo Freire의 1968년 고전, 《페다고지Pedagogy of the Op-pressed》(1970년에 영어로 번역됐다)(남경태, 허진 역, 그린비, 2018)의 핵심 주제다. 수동적인 학생을 '비어 있는 그릇'으로 묘사한 사례는 찰스 디킨스의 《어려운 시절Hard Times》(1854)에서 처음 나타났지만, 이후에 이 논쟁에서 자주 사용됐다.

***　이러한 결과에 대한 최근 분석은 다음을 참조. Henrekson & Jävervall 2017. 또, Henrekson & Wennstom. 2019. 그 핵심 가설은 스웨덴 교육의 성과 하락이 교육의 광범위한 시장화와 더불어 구성주의 교수법의 결과물이라는 것이다. 또한 그들은 이러한 결과가 이미 구성주의를 받아들이고, 최근에는 시장을 기반으로 한 학교 개혁을 고려하는 미국과 같은 국가들에 대한 경고라고 주장한다.

는다는 점에서 사회적 구성주의를 옹호하며, 지식은 결코 중립적이지 않고, 다만 관점의 문제라고 말했다. 셸리에는 가르쳐야 할 기성 '사실'이란 없으며, 교사가 학생에게 전달해야 할 것도 없다고 주장했다.[•] 이는 가르치는 행위가 문제 지향적이고 프로젝트 중심적으로 이뤄져야 한다는 것을 의미한다. 스웨덴 교사 교육 프로그램은 여러 세대에 걸쳐 이러한 개념을 가르쳤고, 지금도 여전히 가르치고 있다.

지식을 바라보는 민주적인 관점

교육면에서 이론적 지식에 대해 이뤄지는 논의 중 많은 부분에는 선한 의도가 자리 잡고 있다. 맹목적인 교리에 의문을 제기하는 것뿐만 아니라, 평등하고 민주적인 학교 시스템을 만들기 위해 노력하는 것이다. 1989년, 프랑스의 대대적 개혁이 억압에 반대하고 평등을 추구하려는 의도에서 추진됐던 것처럼, 스웨덴 교육학자들의 이론화 역시 정의와 평등을 위해 진행되었다. 한 예로, 교육학자들은 이론적 지식의 '우월함'에 많은 우려를 표했고, 사람들이 일상생활 속에서 지식을 얻는다는 점을 고려해 실천적 지식과 조용한 지식의 지위를 높이고자 했다. 그들은 이것이 지식을 바라보는 민주적인 관점이며, 어떠한 유형의 지식도 다른 유형보다 '더 낫다'고 말할 수

[•]   Roger Säljö. 2014. *Lärande i praktiken. Ett sociokulturellt perspektiv.* Lund: Studentlitteratur.

없다고 선언하는 것이라고 주장했다. 철학 교육 교수인 베른트 구스타브손Bernt Gustavsson은 민주적인 지식 기반 사회는 실천적 지식의 희생에 따라 높아진 이론적 지식의 역할에 의문을 제기해야 한다고 주장했다. "지식의 실천적 형태가 오랫동안 낮은 지위에 머무르고 이론적 지식이 점차 주목을 받으면서 인간과 핵심 지식은 외면받고 말았다."(2002)

과연 우리는 실천적 지식보다 이론적 지식을 더 중요하게 생각할까? 이는 이론적 지식과 실천적 지식이 대개 상호작용을 한다는 점에서 대답하기 까다로운 질문이다. 예를 들어 의사는 많은 이론적 지식을 갖고 있다. 그들은 신체 구조와 그 기능에 대한 세부 지식을 갖고 있다. 동시에 그들은 많은 실천적 지식도 갖고 있다. 그 덕분에 주요 기관을 손상시키지 않고 정확하게 피부를 절개할 수 있다. CEO와 교사, 변호사, 프로그래머, 목수, 제빵사에 대해서도 똑같이 이야기할 수 있다. 물론 학력과 급여 사이의 관계가 있으며, 교육과 정치권력 사이에도 관계가 있다(비록 오늘날 정치인이 학력을 갖추고 있는지는 분명하지 않지만). 이론적 지식이 사회에서 더 높은 가치를 인정받는다는 것이 진실이라고 가정해보자. 이것이 교육에 어떤 영향을 미치는가? 우리는 이론적 지식을 습득하고, 고등교육을 이어갈 기회를 응당 모두가 동등하게 누려야 한다고 생각한다. 나는 사람들이 서로 다른 지식을 가치 있게 여기고 모든 사람의 경험을 진지하게 여겨야 한다는 주장에 동의한다. 하지만 지식에 관한 민주주의 쟁점의 핵심은 모든 유형의 지식을 동등하게 평가하는 것이 아니라, 현대 사회가 요구하는 이론적 지식에 모든 사람이 동등하게 접근할 수 있도록 하는 것이라고 생각한다.

또한 우리는 이론적 지식이 사회에서 중요한 역할을 하는 이유가 있다는 점을 상기할 필요가 있다. 민주주의에 참여하기 위해 필요한 지식은 주로 이론적인 것이다. 경제, 세금, 의료, 환경 등에 관한 지식 말이다. 이러한 지식이 부족한 사람은 사회에서 무력해질 위험이 있고, 그래서 거짓 주장을 퍼뜨리는 선동가에게 속을 수 있다. 더불어 이론적 지식은 정치 권력을 가진 이들에게도 중요하다. 세금이나 환경, 범죄, 의료 등과 관련된 방대한 양의 이론적 지식 없이 효과적인 정책을 설계하기란 불가능하다.

도널드 트럼프가 대통령이 된 것과 관련해 가장 무서운 지점 중 하나는 그가 엄청난 권력을, 매우 제한된 이론적 지식과 함께 갖고 있었다는 점이다. 그는 미국과 그 대통령의 역사를 포함해 역사 전반에 대한 지식이 거의 없었다. 그는 앤드루 잭슨Andrew Jackson이 남북전쟁에 대해 크게 화를 냈다고 주장했다(잭슨은 남북전쟁이 발발하기 16년 전에 사망했다). 그리고 링컨이 공화당원이었던 것에 대해서도 놀라움을 표했다. 또한 가장 긴박한 사안이었음에도 국제 정치에 대한 지식도 부족했다. 예를 들어, 2016년 여름 TV 인터뷰에서 푸틴이 우크라이나를 침공하지 않을 것이라고 주장했다(정작 러시아는 2014년 봄에 우크라이나를 침공했다). 그리고 오바마케어를 폐지한 이후에도, 의료보험 문제가 얼마나 복잡한지 그 누구도 예측할 수 없었을 것이라고 말했다.

이론적 지식은 우리의 바람이 어떻든 사회에서 특별한 위상을 차지한다. 진정한 민주적인 지식 기반 사회란 모두가 평등한 교육을 받고, 집에 있는 책의 수가 이론적 지식을 습득할 능력을 결정하지 않는 사회를 말한다. 조만간 다시 살펴보겠지만, 이러한 결론을 내리기 위한 이유가 한 가지 더 있다. 모든 학생이 학교에서 습득하길 원하는 기술(비판적 사고력, 창의력, 소통 능력)과 민주주의를 작동시키기 위해 필수적인 기술은 이론적 지식과 구분될 수 없다. 일반적 기술에 대한 구성주의의 관점은 현대 인지 연구(와 철학)가 보여주는 것들이 틀렸다는 가정에 의존하고 있다.

이해가 중요할까? 암기가 중요할까?

다시, 1994년의 교과과정은 네 가지 유형의 지식이 있다는 개념을 도입했다. 그것은 사실, 이해, 기술, 그리고 숙지다. 이 개념은 2011년의 교과과정에도 그대로 담겨 있으며, 스웨덴 교육학자들이 만들어낸 대부분의 자료에서 중요한 역할을 하고 있다. 이는 이해의 중요성을 강조하고 사실적 지식의 중요성을 경시한다. 그리고 사실적 지식은 피상적인 반면, 이해는 심오한 것이라고 주장한다. 이러한 관점에서 교수법은 학생들이 단순히 사실적 지식을 외우는 것이 아니라 이해를 얻도록 하는 것을 목표로 삼을 수밖에 없다.

그럴듯한 주장처럼 들리지만, 여기서 흥미로운 질문은 사실적 지식과 이해 사이에 어떤 관계가 있느냐는 것이다. 우리가 깊은 이해 없이는 피상적인 사실적 지식만을 가질 수 있다는 것은 분명하다. 나는 그게 정확하게 무슨 의미인지 이해하지는 못하면서도 물이

H₂O라는 화학 구조로 이뤄져 있다는 사실을 알 수 있다. 화학에 대해 아무런 이해 없이 주기율표를 유창하게 외울 수도 있다. EU가 무엇인지 이해하지 못하면서 회원국을 외울 수도 있다. 이러한 목록을 계속 나열할 수 있다. 하지만 그렇다고 해서 사실적 지식 없이도 이해를 할 수 있다는 말은 아니다. 주기율표를 이해하기 위해 필요한 것은 무엇일까? 더 많은 사실적 지식이다. 나는 증가하는 원자 번호뿐만 아니라 화학적, 물리적 특성 및 외각에서 전자가 어떻게 구성되어 있는지에 따라 원소가 분류된다는 사실을 알아야 한다. EU가 무엇인지 이해하기 위해 무엇이 필요할까? EU의 기원과 법 등에 관한 사실적 지식을 풍부하게 알아야 한다. 예를 들어, EU 이사회가 EU 회원국의 총리로 구성되며, 이는 유럽 의회와 함께 EU에서 가장 중요한 의사결정 기구라는 사실을 알아야 한다.

최근에는 이론적 지식과 이해의 정확한 관계에 대해 철학적 논의가 진행되고 있다. 이해가 단지 사실적 지식의 한 종류라고 주장하는 사람들과, 이해는 평범한 이론적 지식 이외의 무언가를 포괄하는 것이라고 주장하는 사람들이 있다. 예를 들어, 일부에서는 이해를 일종의 패턴 인식, 관계를 파악하는 능력이라고 언급한다. 나는 이해를 다양한 주장들 사이의 관계에 대한 지식을 포함하는 풍부한 사실적 지식으로 바라보는 입장에 동의하지만, 여기서 이 문제에 대한 내 입장을 밝힐 생각은 없다. 강조해야 할 것은 사실적 지식과 이해 사이에 모순은 없다는 점이다. 반대로, 확고한 사실적 지식이 이해에 절대적으로 중요하다.

이미 언급했듯이 LPO 94에 앞서 발표된 보고서에 교육학자들은 사실과 이해의 관계에 대해 썼다.[●] 그들은 사실과 이해가 서로 긴밀하게 연결되어 있다는 주장을 받아들였다. 그러나 그들은 이해가 사실적 지식을 전제로 삼는 것이 아니라, 그 반대가 옳다고 생각했다. 그들은 이해가 우리가 어떤 '사실'을 인식할 수 있는지를 결정한다고 했다. "그러므로 사실이 이해보다 더욱 근본적인 요소라거나, 전제조건이라고 할 수 없다." 그러한 이유는 이해와 개념이 어떻게 연결되어 있는지와 더불어, 개념적 지식이 사실적 지식으로 환원될 수 없다는 것과 관련된 것으로 보인다.

다시 한번, 이는 반쪽진실과 완전한 오해가 혼합된 결과다. 세상이 어떻게 존재하는지, 그리고 어떤 사실이 존재하는지는 우리의 이해에 의해 결정되지 않는다. 그러나 (앞서 언급했듯) 세상이 어떻게 존재하는지를 이해하고, 세상에 대한 지식을 갖기 위해 우리가 용어와 개념을 가져야 한다는 것은 옳은 생각이다. 모든 이론적 지식이 우리가 특정한 개념을 소유하고 있다는 것을 전제로 하기 때문에 개념적 지식이 사실적 지식으로 **환원**될 수 없다는 생각 또한 옳다. 나는 특정한 개념이 무엇을 의미하는지에 대한 지식을 내게 그 개념의 정의를 제공하는 이를 통해 얻을 수 있다("미국에서 말하는 **선거인**은 대선과 같은 선거에 참여하도록 간접적으로 선출된 사람을 말한다"). 하지만 그 정의를 이해하기 위해서 나는 다양한 개념을 이미 소유하고 있어야

●   'Kunskap och lärande'. *Bildning och kunskap*. 2002. Reprinted from the Swedish Curriculum Committee's report *Skola för bildning*.

한다.[*] 이러한 이유에서 철학자들은 보통 개념적 지식이 개념의 **사용** 방법을 아는 것에 관한 실천적 지식의 한 종류라고 주장한다. 개념을 사용한다는 것이 결국 당신이 그 개념을 포함하는 생각을 한다는 것을 의미한다는 것이다. 이는 당신이 특정 믿음을 갖고 있음을 의미한다.

내가 미국에서는 직접선거 대신, 주마다 원칙적으로는 자신이 지지하는 후보자에게 투표하지만 실질적으로는 주에서 가장 많은 표를 받은 후보에게 투표하는 선거인을 뽑는다고 믿는다면, 나는 **선거인**이라는 개념을 활용한 것이다.[**] 이러한 점에서 개념적 지식은 이론적 지식과 긴밀하게 얽혀 있다. 개념적 지식이 그 자체로 이론적 지식의 한 종류는 아니라고 해도, 이는 사실적 지식에 대한 개념적 이해를 전제로 삼는다.

여기에는 독해력 연구와 흥미로운 연관성이 있다. 사람들은 보통 독해력이 텍스트에서 텍스트로 넘어가는 일반적 기술이며, 이 기술이 얼마나 발전해 있는가는 더 복잡한 문장을 얼마나 잘 다룰 수 있는가에 달려 있다고 생각한다. 그러나 실제로는 그렇지 않으며, 독해력이 텍스트가 다루는 주제와 관련해 어떤 지식을 소유하고 있는지와 밀접히 관련되어 있음을 많은 실험이 보여준다. 읽기에 어려움을 느끼는 사람도 스포츠처럼 자신이 잘 아는 주제를 다루는 텍스

---

[*]   다음에서 가져온 정의. SAOL(*Svenska Akademiens ordlista*) 2015.

[**] 원칙상 트럼프가 승리한 주의 선거인은 클린턴에게 투표할 수 있었고, 실제로 몇몇은 그렇게 했다.

트를 읽을 때는 갑자기 독해에 능한 모습을 보이고, 읽기에 능한 사람도 주제가 낯설 때는 독해에 어려움을 느낀다.••• 그러므로 신문에 포함된 텍스트를 이해하려면 기사가 다루고 있는 사회, 정치, 문화, 자연에 대한 주제와 관련해 충분한 지식을 갖추고 있어야 한다. 다시 말해, 의미를 이해하려면 사실적 지식이 있어야 한다. 그러므로 사실적 지식에 집중하지 않는 학교 시스템에 속한 학생들의 독해력이 떨어지는 것도 전혀 놀랄 일이 아니다.

이해와 이론적 지식 사이에 긴밀한 연결 고리가 존재하는 또 다른 이유는 우리의 기억 능력과 관련 있다. 크리스토둘루는 일곱 가지 교육적 미신을 정의하며, 다른 미신들의 기반이라는 점에서 첫 번째 미신, **'사실이 이해를 방해한다'**를 특히 강조했다. 크리스토둘루에 따르면, 문제는 인지 연구가 사실적 지식과 이해 사이의 모순이 본질적으로 잘못되었음을 보여준다는 것이다.

심리학자와 인지과학자들은 작업 기억과 장기 기억을 구분한다. 작업 기억은 의식적 인식, 우리가 생각하고 추론하기 위해 의식적으로 사용하는 것과 관련 있다. 안타깝게도 대단히 제한적이며 쉽게 과부하에 걸리는 기억이다. 연구를 통해 우리는 동시에 4~7개 정도의 아주 제한적인 수만 기억할 수 있다는 사실이 밝혀졌다. 예를 들어 '76×9'처럼 까다로운 곱셈을 하고자 한다면 '70×9=630, 6×9=54, 630+54=684'처럼 단계별로 곱하고 다른 수를 기억해 더해야

••• 　관련된 논의는 다음을 참조. Hirsch, E.D. 2016. *Why Knowledge Matters*. Harvard Education Publishing Group. p. 87-89.

만 한다.

　　장기 기억은 이런 문제가 없다. 아주 큰 규모의 정보를 보관할 수 있으며, 문제를 해결하고자 작업 기억에 필요한 것들을 활용할 때 활성화할 수 있다. 따라서 만약 뛰어난 문제 해결 기술을 원한다면, 중요한 정보를 장기 기억에 저장해야 한다. 예를 들어, 연산을 하려면 구구단과 이를 뒷받침하는 규칙을 암기해야 한다. 읽고 쓰려면 문자와 글쓰기 규칙을 기억해야 하는 것처럼 말이다. 마찬가지로 나치가 언제 어떻게 권력을 잡았는지와 같은 역사적 사실을 기억하고 있는 사람은 역사의 발전과 관련된 것을 쉽게 이해하고 추론할수 있다. 주기율표의 구조를 암기한 사람은 화학 반응을 이해하고 추론할 수 있다. (교육학자들이 종종 추천하는 방법이지만) 정보가 필요할 때구글에서 검색하는 것은 도움이 되지 않는다. 그로 인해 작업 기억에부하가 걸리기 때문이다. 인지과학자 댄 윌링엄^{Dan Willingham}은 이를이렇게 설명했다.

> 지난 30년의 데이터는 과학적으로 이의를 제기할 수 없는 결론을이끌어냈다. 사고를 하기 위해서는 사실을 알아야 한다. 단지 생각할 대상이 필요해서가 아니다. 추론과 문제 해결처럼 교사들이 가장주목하는 비판적 사고 과정은 단지 주변에서 쉽게 발견되는 것이 아니라, 장기 기억에 저장된 사실적 지식과 긴밀하게 얽혀 있다.

"비판적 사고를 위해서는 사실적 지식이 필요하다."

따라서 비판적 사고는 교육학자들이 종종 가정하는 것처럼 하나의 주제에서 다른 주제로 넘어갈 수 있는 '포괄적'이거나 일반적 능력이 아니다. 이는 (독해력이 일반적 기술이 아닌 것처럼) 전적으로 뛰어난 주제 지식에 달려 있다.• 이 지점은 비판적 사고를 가르치는 데 어려움을 만든다. 윌링엄은 자신이 쓴 기사 '비판적 사고. 왜 가르치기 힘든가?Critical Thinking. Why is it so Hard to Teach?'에서 비판적 사고에는 특정 영역의 지식이 필요하기 때문에 가르치기가 어려운 것이라고 주장했다.•• 다시 말해, (역사, 화학, 사회과학 같은) 한 영역에서 비판적 사고를 하기 위해서는 바로 그 영역에 대한 사실적 지식이 필요하다. 윌링엄은 비판적 사고를 위해 특정한 전략을 가르치는 것은 가능하지만, 학생이 이러한 전략을 다른 영역에서 효과적으로 활용하려면 그 전략을 깊이 있게 이해해야 하고, 배경 지식도 갖춰야 한다고 말한다. 예를 들어, 학생은 비판적 사고를 위해서는 미묘한 차이를 이해하고, 문제를 다양한 관점에서 바라봐야 한다는 사실을 배울 수 있지만, 정작 미묘한 차이를 이해하려면 해당 영역의 지식을 충분히 갖춰야 한다.

•   추가적인 논의는 다음을 참조. 'Critical Thinking in the Post-Truth Era'. *Misinformation*, *'Quackery'*, *and 'Fake News' in Education*. eds. P. Kendeou et al. 2019.

••   Willingham, D.T. 2008. 'Critical Thinking: Why is it so Hard to Teach?'. *Arts Education Policy Review* Volume 109(4).

비판적 사고와 사실적 지식 사이에 연결 고리가 있다는 것을 이해하기 위해 굳이 인지과학까지 관심을 돌릴 필요는 없다. 철학을 살펴 보자. 비판적 사고의 핵심은 주장을 평가하는 능력이다. 즉, 그 논변이 얼마나 유효한지 판단하는 능력이다. 이는 철학자들이 고대로부터 연마해온 것이다. 우리는 두 가지 측면을 기준으로 논변을 평가할 수 있다. 그것은 **유효한가?** 그것은 **견실한가?** 주장의 유효성은 (주장을 뒷받침하는) 전제가 정말로 그 결론을 뒷받침하는지와 관련 있다. 때로는 논변의 유효성 대신 논변의 **관련성**을 언급하기도 한다. 어떤 논변은 오직 그 논리적 형식에 의해서만 유효하다. 일반적인 사례를 살펴보자.

전제 1: 모든 인간은 죽는다.

전제 2: 소크라테스는 인간이다.

결론　: 소크라테스는 죽는다.

위의 예를 보면 제시된 전제들로부터 결론이 필연적으로 따라 나온다는 사실을 쉽게 이해할 수 있다. 이때 전제들이 진실이면 결론도 **반드시** 진실이다. 이 논변은 논리적 형식에 의해 유효하며, 이는 곧 어떤 말을 하더라도 유효한 주장을 얻을 수 있다는 의미다.

전제 1: 모든 인간은 날 수 있다.

전제 2: 소크라테스는 인간이다.

결론　: 소크라테스는 날 수 있다.

필요에 의해 결론이 하나 더 도출됐다. 그러나 이는 유효한 논변으로 보이지 않는다. 이유가 뭘까? 전제 1이 거짓이기 때문이다. 인간이 날 수 있다는 것은 진실과 거리가 멀다. 잘못된 전제을 기반으로 하는 논변은 **지지할 수 없거나, 믿을 수 없다**. 설령 그 논리적 형식이 타당하고, 주어진 전제에 따라 결론이 나왔다고 해도 좋은 주장이 될 수 없다.

이 간단한 사례들은 우리에게 주장을 평가하려면 사실적 지식이 필요하다는 것을 분명히 보여준다. 물론 논변의 논리적 유효성을 판단하기 위해서는 기본 논리를 아는 것만으로도 충분할 수 있지만, 그 논변의 견실성^{soundness}을 판단하기 위해서는 사람이 날 수 없다는 사실을 알고 있어야 한다. 나는 논리 기술을 연마함으로써 유효한 결론을 인식하는 데 전문가가 될 수 있지만, 전제의 진실과 거짓을 판단하기 위한 사실적 지식이 없다면 그 논변이 정말로 유효한지 판단할 수 없다.

그렇다고 해서 논리적으로 유효한 결론을 인식하는 방법을 배우는 것이 나쁘다는 의미는 아니다. 예를 들어, 다음의 예가 유효한 결론이 **아니라** 사고 함정이라는 것을 아는 것은 중요하다.

전제 1: 모든 인간은 죽는다.

전제 2: 소크라테스는 죽는다.

결론 : 소크라테스는 인간이다.

이 사고 함정은 **후건 긍정의 오류** affirming the consequent라고 알려져 있으며, 언제나 유효하지 않다. 소크라테스를 개라고 생각해보면 오류를 쉽게 발견할 수 있다. 이러한 경우, 두 전제는 진실이지만 결론은 명백한 거짓이다. 이렇듯 기본 논리를 배우는 것은 비판적 사고를 위해 대단히 유용할 수 있다. 그러나 주장을 평가하기에는 대개 그것만으로 충분하지 않다. 여기에 사실적 지식이 더해져야 한다.

어떤 결론은 논리적 형식 때문이 아니라, 전제들이 결론을 합리적으로 만들어주기 때문에 유효하다. 그리고 이는 사실적 지식이 주장의 타당성을 판단하는 데조차 필요하다는 것을 의미한다. 실제로 우리가 일상생활에서 사용하는 대부분의 주장이 이러한 유형에 해당한다. 내 딸이 채식주의자가 더 오래 살기 때문에 채식주의자가 되겠다는 생각을 한다고 해보자. 내 딸이 내게 다음과 같은 논변을 제시한다.

전제 1: 채식주의자는 육류를 먹지 않는다.
전제 2: 육류는 심장 질환을 유발한다.
결론 : 채식주의자는 육식주의자보다 더 오래 산다.

명백히, 이 전제들은 결론을 **보증**하지 못한다. 채식주의자가 단백질과 철분을 충분히 섭취하지 못해서 영양 결핍으로 더 건강하지 않을 수도 있다. 그러나 위 전제들은 여전히 결론을 합리적으로 만들어준다. 위 전제들은 결론과 분명한 관련이 있다. 그러나 전제가 결론을 뒷받침하는지 알려면 특정한 사실적 지식을 갖춰야 한다. 예를 들어, 심장 질환이 전 세계적으로 주요한 사망 원인임을 알아야 한다. 위의 전제들이 진실이라면 그 논변은 충분히 좋고, 나는 이를 진지하게 받아들여야 할 것이다. 비록 먼저 말한 문제가 해결되지는 않았더라도 말이다(나는 영양 결핍과 관련된 통계를 찾아볼 수 있다).

주장의 타당성과 합리성을 평가하는 데 배경 지식이 필요하다는 사실은 어떤 주장이 타당해 보이지 않을 때 더욱 분명하게 드러난다. 내 딸이 채식주의자가 더 행복하기 때문에 채식주의자가 되겠다는 주장을 한다고 해보자.

전제 1: 인도 사람 대부분은 채식주의자다.

전제 2: 인도 사람들은 더 행복하다.

결론 ： 채식주의자는 더 행복하다.

나는 이것이 아주 좋은 논변이라고 생각하지 않는다. (전제 2가 진실이어도) 나는 인도 사람들이 더 행복한 이유가 다양할 것이라고 생각한다. 그리고 (무엇을 먹는지가 행복에 직접적인 영향을 미치지 않으므로) 그들이 무엇을 먹는지와 행복 사이에 관련이 있을 것 같지도 않다. 이 두 전제는 비록 진실이라고 해도 결론과 밀접한 관련이 없다. 내가 이렇게 생각할 수 있는 것은 내 배경 지식 덕분이다. 내 논리력 덕분이 아니다.

비판적 사고를 위한 일반적인 전략을 가르칠 수는 있다. 단지 논리적 실수를 피하기 위해서만 기본 논리를 배우는 것은 아니다. 이러한 훈련을 통해 다양한 사고 함정을 피할 수 있다(다음 장에서 이에 대해 살펴볼 것이다). 하지만 주장을 얼마나 잘 평가할 수 있는지는 우리가 확보하고 있는 사실적 지식에 달려 있다. 과학적 방법론을 배운다면, 우리는 유사과학과 음모론으로부터 스스로를 어느 정도 지킬 수 있을 것이다(이 역시 곧 살펴볼 것이다). 하지만 우리는 가설을 뒷받침하는 증거를 평가하기 위해 반드시 사실적 지식을 갖춰야 한다. 거듭 말하지만, 비판적 사고는 가르칠 수 있다. 단, 일반적 기술로서는 아니다. 비판적 사고는 사실적 지식을 가르치는 것과 연계해서만 가르칠 수 있다.

결과적으로 구성주의의 다양한 형태에 의문을 제기할 수 있는 아주 좋은 근거들이 있다. 지식이 단지 구성물에 불과하다는 철학적 가설은 옹호하기 힘들다. 견고한 사실적 지식 없이 비판적으로 사고하고 문제를 해결하는 방법을 배우는 것이 가능하다는 심리학적 가설은 현대 인지과학(과 철학)에 의해 거짓으로 드러났다. 그리고 개별화된, 프로젝트 중심 교수법을 통해 최고의 학습을 할 수 있다는 교육학 이론도 다양한 실증 연구와 모순된다.

구성주의 방법론으로 이동한 여러 국가의 학교 성과에서 우리가 확인했던 경향은 분명하면서도 끔찍한 메시지를 전달한다. 심지어 이러한 교육적 '주의'에 오늘날 미국과 영국, 프랑스, 스웨덴에서 나타나고 있는 포퓰리즘의 일부 책임이 있다고 해석할 수도 있다. 교수법이 개별화되고 정형화된 교과 내용이 최소화되자, 현실을 바라보는 공유된 인식이 해체되고 양극화가 심화되는 결과가 나왔다. 사람들은 각자가 물려받은 문화적 자본을 중심으로 분열됐고, 이는 제대로 기능하는 민주주의에 필요한 합리적 대화에 우리가 더 이상 참여하지 못하도록 만들었다. 한편 PISA 조사가 학교의 민주주의적 기능보다 지식과 관련된 기능에만 집중하는 것이 문제라는 지적도 있다. 그러나 이는 잘못된 반론이다. 학교가 민주주의적 기능을 수행하기 위해 할 수 있는 것 중 최고의 선택은 지식과 관련된 기능에 집중하는 것이다.

6

이제,

우리는

무엇을
할 수 있는가?

최악의 상황을 극복할 방법

우리가 지금 직면하는 것은 새로운 현상일까, 아니면 **포스트 트루스**라는 이름만 새로 붙인 기존의 현상일까? 물론 포스트 트루스라는 용어는 다소 애매모호하다. 문자 그대로의 의미가 쉽게 이해되지 않는다. 하지만 '탈진실post-truth' 시대는 절대 없을 것이다. 좋든 싫든 진실은 언제나 우리와 함께 있을 것이기 때문이다. 옥스퍼드 사전은 포스트 트루스를 2016년의 단어로 선정하면서 이런 정의를 내놨다. "객관적 사실이 감정과 개인적 믿음에 대한 호소보다 여론 형성에 영향력을 덜 미치는 상황을 일컫는다." 이러한 정의에 따른다면 포스트 트루스는 전혀 새로운 현상이 아니다. 혹자는 오히려 이러한 의미에서 볼 때 역사적으로 포스트 트루스 시대가 아니었던 적이 있었는지 궁금해할 것이다.

그래도 나는 '포스트 트루스'라는 용어가 우리가 처한 상황에 주목하도록 만들어주기 때문에 특정한 기능을 수행한다고 생각한다.* 그리고 나는 지금 우리가 새롭고 아주 위험한 뭔가를 직면하고 있다고 생각한다. 비록 그 개별적인 요소는 전혀 새롭지 않다고 해도 말이다. 인지 왜곡은 인류의 탄생과 함께 존재했다. 이는 인간이 살아가는 조건의 일부다. 역사적으로 정치적 양극화와 포퓰리즘의 시대는 수차례 있었다. 거짓말과 선전 역시 새로운 것이 아니며, 이성적 주장과 과학에 대한 믿음에도 언제나 이의가 제기됐다. 새로운 것은 커뮤니케이션 기술의 발달로 이러한 다양한 요소들이 상호작용을 하면서 서로를 강화하고 있다는 점이다.** 사실 우리는 최악의 상황을 상대하고 있을지도 모른다. 각각 존재할 때는 재앙을 일으키지 않던 요소들이 서로 결합하며 문제를 급속하게 악화시키는 상황을 맞이하고 있다.

경제적·문화적 양극화, 인지 왜곡, 거짓 정보를 순식간에 전

● 좀 더 적절한 용어는 아마도 2018년 랜드 보고서Rand Report가 제안한 '진실 부식truth decay' 일 것이다. Jennifer Kavanagh & Michael D. Rich. 2018. *Truth Decay. An Initial Exploration of the Diminishing Role of Facts and Analysis in American Public Life*'. Santa Monica, CA: RAND Corporation. 미치코 가쿠타니Michiko Kakutani는 '진실의 죽음'에 대해 이야기하면서, 이를 객관성이 더 이상 주목을 받지 않게 된 시대라고 설명했다. 다음을 참조. Kakutani. 2018. *The Death of Truth*. New York: Tim Duggan Books.

●● 그러나 오늘날 상황과 전체주의 움직임이 등장한 20세기 초 상황 사이에 불온한 유사성이 존재한다는 사실을 언급할 필요가 있다. 이와 관련된 뜨거운 논의는 다음을 참조. Timothy Snyder. 2017. *On Tyranny: Twenty Lessons from the 20th Century*. Tim Duggan Book. 또한 다음을 참조. Jason Stanley. 2018. *How Fascism Works: The Politics of Us and Them*. Random House.

파하는 분열된 언론계, 사실적 지식과 전문적 지식에 의문을 제기하는 포퓰리즘 정치인들, 이 모두가 동시에 등장해 포스트 트루스 시대를 이루고 있다. 간단한 해결책이 보이지 않는 복잡한 사안들이다.

동시에, 지금이 최악의 상황이라고 해도 희망은 여전히 남아 있다. 우리가 이들 요소 중 하나, 혹은 그 이상을 바꿀 수 있다면 최악의 상황을 어느 정도 진정시킬 수 있기 때문이다. 물론 장기적으로는 정치적 변화를 통해 경제적 불평등과 점차 허물어지고 있는 복지 시스템 같은 문제를 해결하는 과정이 필요하다. 이러한 정치적 변화를 위해서는 민주주의 시스템을 온전히 유지하는 것이 무엇보다 중요하며, 지식의 적들에 대해 철저한 방어 태세를 마련해야 한다.●●●

여기 희망이 좀 있다. 나는 많은 사람이 위험을 인식하고 뭔가 시도해야 한다는 다급함을 느끼고 있다고 믿는다. 기자들은 어떻게 지식 저항을 최소화하고 거짓 정보에 맞서서 그들의 소임을 다할 것인지 논의하고 있다. 또한 페이스북과 구글과 같은 공룡 테크 기업을 규제하기 위한 법안이 논의 중에 있으며, 전 세계적으로 많은 이들이 극단주의와 거짓 정보 캠페인에 맞서기 위해 힘을 모으고 있다.

철학자로서, 나는 **사고**에 집중하는 것이 내가 할 일이라고 생

●●● 전 세계적으로 민주주의에 대한 위협이 매우 실질적으로 드러나고 있다. 최근 연구는 독재가 세계적인 흐름으로 나타나고 있음을 보여준다. 유럽의 경우, 폴란드와 헝가리에서 뚜렷하게 나타나고 있으며, 여러 다른 국가들 역시 우려스런 경향을 드러내고 있다. 다음을 참조. Anna Lührmann & Staffan I. Lindberg (2019) 'A third wave of autocratization is here: what is new about it?'. *Democratization* 26:7, 1095-1113.

각한다. 우리가 (개인적으로나 사회적으로나) 더 나은 사고를 위해, 인지 왜곡으로부터 벗어나기 위해, 그리고 지식을 얻기 위해 무엇을 할 수 있을까? 마지막 장에서 나는 네 가지 중요한 요소에 대해 논의함으로써 이러한 질문에 대답을 제시해보고자 한다. 그 네 가지 요소란 비판적 사고, 출처 비평, 전문가의 역할, 그리고 팩트 체크를 하고 토론을 이끌어내는 방법을 말한다. 철학자들의 핵심 과제는 지식의 적들로부터 스스로를 보호하기 위해 필요한 지식, 타당한 근거, 의심, 믿음, 사실, 거짓말, 진실과 같은 기본 개념을 설명하는 것이다. 나는 이 책의 1~5장이 그러한 역할을 했기를 바란다. 최근 민주주의 위기는 단지 진실의 위기가 아니다. 위기는 민주주의를 허물어뜨리기 위해 우리가 진실에 맞서 싸운다는 데 있다.

그렇다면 사고 그 자체를 어떻게 할 수 있을까? 나는 앞서 우리가 자신의 믿음에 대한 직접적 통제력을 갖고 있지 않은 것 같다고 언급했다. 이러한 점에서 볼 때 우리는 자신의 믿음에 대한 직접적 책임이 없다. 나는 아무리 많은 돈을 받더라도 힐러리 클린턴이 미국 대통령이라고 믿기로 마음먹을 수 없다.

간단히 말해, 믿음은 행동이 아니다. 믿음은 어떤 행동을 **하는** 것이 아니라, '발생하는' 심리 상태다. 그러나 믿음은 그저 오래된 심리 상태가 아니다. 믿음은 이론적(실천적) 사고에 있어서 특정한 역할에 의해 정확한 특징을 갖는다. 믿음은 (일반적으로) 타당한 근거에 의해 촉발된다. 그리고 (일반적으로) 그것이 지지하는 다른 믿음으로 이어지며, (일반적으로) 타당한 근거가 약화되거나, 혹은 반박에 의해 패배할 때 사라진다.

이는 우리가 자신의 믿음에 직접적 통제력이 없을지언정, **간접적인** 통제력은 갖고 있다는 의미다. 타당한 근거를 갖춘 정보를 모색함으로써, 그리고 자신의 믿음을 뒷받침하는 근거를 비판적으로 평가함으로써 통제력을 가질 수 있다. 읽기, 듣기, 관찰하기, 주장하기, 숙고하기는 모두 우리가 통제할 수 있는 행위다. 자신의 믿음에 직접적 통제력이 없다고 해도, 우리는 간접적 통제력을 갖고 있다. 즉, 우리에게는 유효한 정보를 받아들이고, 자신의 믿음이 얼마나 타당한 근거에 기반을 두고 있는지 숙고할 책임이 있다. 이는 개인적 차원과 다른 사람과 이야기하는 상황 모두에 중요하다.

나는 비판적 사고로 시작할 것이다. 내가 5장에서 강조했던 것처럼, 지식과 비판적 사고 능력 간에는 긴밀한 관계가 있다. 비판적 사고와 관련해 우리가 할 수 있는 가장 중요한 일은 다양한 방법으로 특정 분야(가령 사회적 문제)와 관련해 필요한 기본적 지식을 습득하는 것이지만, 그 외에도 비판적으로 생각하는 것이 무엇을 의미하는지와 관련해 살펴봐야 할 일반적인 사항들이 있다.

☑ 비판적 사고

비판적 사고가 무엇인지 설명하기 불가능하다는 주장이 때때로 나오지만, 실제로는 대단히 간단하다. 적어도 비판적 사고의 핵심 기능을 설명하는 차원에서는 그렇다. 비판적 사고는 '무언가를 믿을 만한 타당한 근거가 있는가'와 같은 특정 질문의 반응에 주목한다.

비판적으로 사고하기 위해서는 근거를 평가하여 주장의 진실을 판단해야 한다. 이는 비판적인 마음을 가지고 반대되는 입장을 그저 거부하거나(이는 지식 습득에 매우 좋지 않다), 다른 **사람**을 비판하는 것이 아니라, 다양한 **주장**에 대한 근거를 평가하는 것이다. 물론 이것이 무엇을 의미하는지, 그리고 우리가 무엇을 해야 하는지를 논의하기 시작하면 사안은 더욱 복잡해진다. 그러나 여기에는 어떤 기본 규칙이 있다.

첫째, 주장을 평가하는 방법을 이해해야 한다. 나는 5장에서 두 가지를 고려해야 한다고 강조했다. 그 논변은 진실인 전제에 기반을 두고 있는가? 그리고 유효한가? 또한 사고 함정을 주의해야 한다고 언급했다. 사고 함정은 다양한 형태로 나타난다. 논리적 사고 함정은 주장이 논리적으로 유효하지 않음에도 유효하다고 믿도록 만든다. 5장에서 언급했던 사고 함정, 즉 후건 긍정의 오류가 대표적인 사례다. 모든 인간은 죽고, 바비(개)는 죽는다는 전제로부터 바비가 인간이라는 결론을 끌어낼 수 없다. 인간 이외에도 많은 것들이 죽기 때문이다. 논리를 공부하면 논리적으로 유효한 논변을 그렇지 않은 논변으로부터 구분해내는 기술을 연마하게 된다. 논리는 오로지 논변의 **형식**만을 나타낸다(예를 들어 A가 적용될 때 B가 적용되는 경우, A가 적용됐다면 B는 반드시 적용되어야 한다). 이 기술을 배우면 모든 유형의 주장에 일반적 차원으로 적용할 수 있다. 그런 의미에서 기본 논리를 익혀 두면 쓸모가 있다.

그러나 다른 유형의 사고 함정도 존재한다. 나는 3장에서 상관관계와 인과관계를 구분해야 한다고 말했다. 아이스크림 소비 증가와 익사 사고 사이에 상관관계가 있다는 사실이 아이스크림 소비가 익사를 일으켰다는 사실을 가리키지는 않는다. 인과관계는 다른 곳에서 발견된다. 무더운 날씨는 사람들이 아이스크림을 사 먹고, 수영을 하도록 만든다. 이는 빤해 보인다. 어느 누구도 두 현상 사이에 상관관계가 있다는 사실을 기반으로 아이스크림 소비가 익사 사고를 일으켰다는 결론을 이끌어내지 않을 것이다. 그러나 문제가 더 복잡하고 까다로울 때, 우리는 이와 같은 실수를 부지불식간에 저지르고 만다. 이민과 범죄 건수, 노동 시장 정책과 실업 규모, 특정 식단과 체중 감소 등등 사이에는 상관관계가 존재할지 모른다. 어떤 경우에는 인과관계가 있다고 의심할 만한 체계적인 상관관계가 있다. 그러나 이를 판단하려면 추가 조사를 통해, 체계적 상관관계가 공통적으로 기반이 되는 요인의 결과일 가능성을 배제해야 한다. 복잡한 상황에서(특히 통제 실험을 실행하기 힘든 사회 문제와 관련해) 많은 근본적 요인이 존재할 수 있다는 점을 고려할 때, 실제로 인과관계가 존재하는지 판단하기가 까다로운 경우가 많다.

최근 벌어지고 있는 기후 논쟁에서 보이는 또 다른 심각한 사고 함정은 소위 말하는 **인신공격성** 주장이다. 이 실수는 주장이 아니라 사람을 공격하는 것과 관련이 있다. 내가 당신이 체육관에 가야 한다고 주장한다고 해보자. 나는 당신이 지쳐 있음을 알아차리고, 규칙적으로 운동을 시작하면 에너지를 회복할 수 있을 것이라고 생각한다. 내 논변은 타당하다. 이는 (그 전제가 당신이 규칙적으로 운동한다면 에너지를 회복할 수 있다는 점에서) 진실한 전제를 삼고 있고, (규칙적으로 운동을 해야 한다는 결론을 지지한다는 점에서) 유효하다. 그러나 당신은 내가 규칙적으로 운동하지 않는다는 것을 지적함으로써 내 말을 무시한다. 여기서 당신 거절의 문제는 내 운동 습관과 내 주장이 무관하다는 것이다. 물론 내가 운동을 하지 않으면서 당신에게 체육관에 나가라고 매번 잔소리를 하면 짜증이 날 것이다. 하지만 이는 내 주장에 대한 평가와 전적으로 무관하다.

인신공격성 실수는 아주 흔하게 일어난다. 물론 오직 인간만이 이런 반응을 보인다. 트럼프가 상속세를 폐지해야 한다고 주장했을 때, 그의 가족이 그런 정책을 통해 재정적으로 이익을 보게 될 소수의 집단에 속할 것이라는 사실을 알아차리기는 어렵지 않았다. 그렇기에 우리는 그의 동기에 의문을 품고, 그가 아마도 국가 경제에 도움이 되기 때문이 아니라 자신의 가문에 도움이 되기 때문에 상속세 폐지를 주장했을 것이라고 주장할 만한 타당한 근거를 찾는다. 하지만 그의 주장을 평가하는 데 있어서 그의 동기에 대한 의혹은 관련이 없다. 상속세를 폐지할 경제적 이유가 있다면, 폐지해야 마땅할 것이다. 비록 그것이 트럼프에게 도움이 된다고 하더라도 말이다.●

> "주장한 사람의 동기에 의문을 제기함으로써
> 주장에 이의를 제기하는 것은 분명 실수다."

● 　그러나 트럼프가 언급했던 상속세가 오직 갑부에게만 영향을 미친다는 점에서 그러한 주장이 의미가 있는지를 놓고 뜨거운 논쟁이 벌어졌다. 미국의 경우, 상속세는 545만 달러를 초과하는 부분에 대해서만 부과되고 있다.

누가 주장을 내놓는지가 실제로 중요한 상황이 있다. 그중 하나는 주장의 전제가 개인적 사실과 연관된 경우다. 가령 내가 시간을 아주 잘 지키므로 내일 모임에 늦지 않게 도착할 것이라고 주장한다고 가정해보자. 그러나 당신이 내가 제시간에 도착한 경우가 거의 없다고 주장한다면, 이는 **내가 시간을 아주 잘 지킨다**는 전제에 의문을 제기한다는 점에서 중요하다. 내 전문 지식에 대해 이의를 제기하는 것 역시 중요할 수 있다. 가령 내가 장미를 심어 놓은 화분에 제라늄 영양토를 사용해도 괜찮다고 주장할 때, 내가 원예에 대해 아는 바가 전혀 없다는 지적은 반대 주장이 될 수 있다. 내 전문성에 문제를 지적함으로써 **제라늄 영양토를 사용해도 괜찮다**는 주장의 핵심 전제에 의문을 제기한 것이다.

하지만 때때로 누가 주장을 내놓았는지가 중요하다고 해서, **인신공격성** 주장을 정당화할 수 있다는 의미는 아니다. 개인적 요소는 전제의 진실에 대한 평가와 관련이 있을 때만 의미가 있다. 주장한 사람의 동기에 의문을 제기함으로써 주장에 이의를 제기하는 것은 분명 실수다. 그러나 주장 이면에 숨은 동기가 있을 것이라고 믿을 근거가 있다면, 그 주장을 주의 깊게 살펴볼 만한 이유는 분명하게 있는 것이다. 숨은 동기는 보통 왜곡된 추론으로 이어진다.

조심해야 할 사고 함정이 많다. 가령 허수아비 논법(상대방 입장을 왜곡하여 공격하기), 거짓 이분법(오직 두 가지 대안밖에 없는 것처럼 상황을 설명하기), 거짓 비유법(오해의 소지 있는 비교하기), 확률과 관련된 실수(예를 들어 카너먼이 자신의 책《생각에 관한 생각》에서 제기한 것) 등이 있다. 철학자들은 논변 분석 argumentation analysis을 통해 이러한 사고 함정들을 체계적으로 연구하고 있으며, 전 세계 대부분의 철학 프로그램이 보통 이러한 종류의 과정으로부터 시작된다. 이 책은 논변 분석에 관한 책은 아니지만, 관심 있는 독자라면 이 주제와 관련해 다양한 소개 자료를 구할 수 있다.● 실제로 논변 분석은 학생들에게 주장을 평가하는 중요한 도구를 제공하기 때문에 모든 고등학교 교과과정에 필수 과목으로 들어가야 한다. 나는 모든 대학 역시 이를 필수 과목으로 채택해야 한다고 생각한다. 우리는 모든 대학생이 기초 철학 수업으로 공부를 시작하도록 하는 노르웨이 모형을 받아들여야 한다.

앞서 언급했듯, 과학적 방법론에 관한 지식을 습득하는 것 또한 중요하다. 그러나 유사과학을 밝혀내고 과학에 관한 거짓 정보에 저항하려면 기초 과학 지식을 갖추는 것만으로는 충분치 않다는 사실이 드러났다. 예를 들어, 댄 카한은 실험을 통해 대학 수준의 과학을 공부한다고 해서 정치적으로 의도된 합리화로부터 스스로를 지킬 수 없다는 증거를 보여줬다.●● 이는 결코 놀랄 만한 결론이 아니다. 한 분야의 기본 지식은 자신의 입장을 정하는 데 중요하지만, 전문 지식을 필요로 하는 복잡한 과학 이론을 평가하는 데는 큰 도움을 주지 못한다. 이는 과학 분야에서 보이는 심층 전문화와 관련이 있다. 심지어 동일 분야의 학자들(생물학자, 화학자, 경제학자, 철학자 등)이 서로의 이론을 평가하기 위한 전문 지식을 충분히 갖추지 못한 경우도 많다.

과학이 실제로 어떻게 작동하고, 어떤 방법들이 사용되고, 왜 사용되는지에 대한 지식을 갖춘다면, 비전문가도 지식 저항에 맞설 수 있다. 무엇보다, 과학의 주요 특성을 숙지하는 것이 중요하다. 유효성이 **개인의 권위에 의존하지 않고 다른 사람에 의해 검토될 수 있는** 지식을 향한 체계적 탐구라는 것이 바로 과학의 주요 특성이다. 유사과학은 여러 가지 측면에서 이와는 어긋나 있다. 철학자 스벤 오브 한손^Sven Ove Hansson^은 무엇이 과학을 유사과학과 구분하는지를 연구한 논문에서 유사과학의 특성을 정의하는 다양한 기준을 제시했다. 여기에는 다음과 같은 것들이 포함된다. 특정 개인이나 집단이 무엇이 진실인지를 판단하는 권한을 갖고 있으며 다른 이들은 단지 그 사람이나 집단을 따라야 한다는 믿음, 재현할 수 없는 실험의 활용, 실제로 검증할 수 있는 이론을 검증하지 않으려 하는 태도, 그리고 해당 이론에 반하는 증거를 외면하려는 성향 등이다.●●●

사람들에게 특정 근거가 없는 유사과학 이론이 근거가 없는 이유를 조사하게 만들고 관찰해보면 흥미로운 결과가 나온다. 노스

●   Kahan, D. 2016, '"Ordinary Science Intelligence": A Science-Comprehension Measure for Study of Risk and Science Communication, with Notes on Evolution and Climate Change', *Journal of Risk Research* 20:8. 카한 연구팀은 연구를 통해 중요한 요소는 과학에 대해 얼마나 많은 것을 아느냐가 아니라, 과학에 대해 얼마나 강한 호기심을 갖고 있는냐라는 사실을 보여주는 증거를 제시했다. 그의 가설은 진정한 호기심이 증거를 대하는 우리 자세를 개방적으로 만들어 준다는 것이다. 다음을 참조. Kahan et.al. 2017. 'Science Curiosity and Political Information Processing'. *Advances in Political Psychology* 38, 179-199.

●●   예를 들어, Tracy Bowell & Gary Kemp. 2009. *Critical Thinking. A Concise Guide*. Taylor & Francis & Alec Fisher. 2011. *Critical Thinking. An Introduction*. Cambridge, UK : Cambridge University Press.

●●●   Hansson, S.O. 'Science and Pseudo-Science'. *The Stanford Encyclopedia of Philosophy* (Summer in 2017 Edition). Edward N. Zalta(ed.). URL〈https://plato.stanford.edu/archives/sum2017/entries/pseudo-science/〉.

캐롤라이나 주립대학교에서 실시한 흥미로운 연구에서, 연구자들은 학생들이 유사과학과 음모론, 미신을 발견하도록 훈련하는 데 있어 어떤 유형의 과정이 최고의 결과를 나타내는지 확인해봤다.* 고고학에서 말도 안 되는 이야기를 비판적으로 검토하는 과정이, 전문화된 과학(이 경우, 심리학)에서 과학적 방법론을 검토하는 일반적 과정보다 더 효과적이라는 것을 알게 되었다. 학생들은 버뮤다 삼각지대와 사라진 아틀란티스 대륙, 미라의 저주, 고대 시대의 외계인 방문자 등과 같은 고전적 미신을 비판적으로 평가하는 법을 배웠다. 그들은 증거에 주목했다. '이 생각들이 얼마나 좋은 근거를 갖추고 있는가?'

결과는 놀라웠다. 학생들에게는 총 세 가지 과정, 과학적 방법론의 전통적 과정과 두 가지 새로운 유형의 과정(하나는 기본 과정, 다른 하나는 고급 과정)이 제공되었다.실험 초반에는 세 집단으로 나뉜 학생들 사이에 근거 없는 믿음에 대한 차이가 없었다. 그들은 유사과학과 음모론, 미신을 대략 비슷한 정도로 믿었다. 그러나 실험이 끝나갈 무렵이 되자 차이가 크게 드러났다. 새로운 과정을 거친 학생들은 근거 없는 이론과 미신을 훨씬 덜 믿게 됐다(그리고 이는 해당 과정에서 논의되지 않았던 이론에도 적용됐다). 반면 과학적 이론 과정을 거친 학생들은 별다른 태도 차이를 보이지 않았다. 연구원들은 이 실험이 제한된 범위에서 이뤄졌고, 그 방법을 평가하기 위해 추가 실험이 필요하다는 사실을 강조했다. 하지만 그럼에도 불구하고 나는 그들이 굉장히 중요한 것을 보여줬다고 생각한다. 우리가 논변 분석에서 잘 알려진 함정을 분석함으로써 사고 함정을 피하는 방법을 배우듯이, 유사과학과 미신을 그럴듯하게 보이도록 만드는 데 실제로 사용되는 다양한 속임수를 탐구함으로써 유사과학과 미신에 저항하는 법을 배울 수 있다.

사람들이 '과학적' 미신에 저항하도록 만드는 최고의 방법에 대한 연구 역시 동일한 결론을 보여준다. 우리는 연구 결과와 관련된 다양한 유형의 왜곡을 사람들이 인식하도록 가르치면 도움이 된다는 것을 알고 있다(이러한 왜곡의 한 형태로, 가설을 지지하는 데이터만 취하고 나머지는 무시하는 체리피킹 cherry picking 이 있다). 이는 백신 접종과 유사한 방식이다. 사람들에게 약간의 거짓 정보를 제시하고 그들을 설득하기 위해 어떤 속임수를 사용했는지를 설명함으로써 더 큰 규모의 거짓 정보와 맞닥뜨렸을 때 저항할 수 있는 힘을 강화할 수 있는 것이다.●●

☑ 출처 비평

지난 몇 년간 출처 비평 source criticism 의 중요성과 관련해 많은 논의가 이뤄졌다. 물론 출처 비평이 중요하다는 것은 전적으로 옳은

● McLaughlin, A.C. McGill, A.E. 2017. 'Explicitly Teaching Critical Thinking Skills in a History Course'. *Science and Education* 26: 93-105.

●● McGuire, W. J. and D. Papageorgis. 1961. 'The Relative Efficacy of Various Types of Prior Belief-Defense in Producing Immunity against Persuasion'. *Public Opinion Quarterly* 26, 24-34. 이와 관련된 논의는 다음을 참조. John Cook. 'A Skeptical Response to Science Denial'. *Skeptical Inquirer* July/August 2016.

말이다. 나는 다양한 곳에서 인간 지식의 사회적 속성, 즉 우리가 지식을 얻기 위해 다른 사람에게 얼마나 의존하는지 강조해왔다. 바로 그런 이유에서, 출처 비평은 비판적 사고의 핵심 역할을 맡는다. 우리 지식의 상당수는 다른 사람에게서 비롯되기 때문에, 우리는 언제 출처를 신뢰할 수 있을지 판단하는 법을 배워야 한다. 동시에 비판적 사고가 출처 비평과 동일하다고 가정하지 않는 것이 중요하다.

비판적 사고에는 더 많은 것이 필요하다. 가령 다양한 사고 함정을 발견해내는 능력이 필요하다. 출처 비평에 단편적으로 집중하면 비판적 사고의 핵심을 망각할 위험이 있다. 비판적 사고의 목적은 **출처**(개인이나 기관) 그 자체를 평가하는 것이 아니라 주장의 진실성을 평가하는 것이다. 이는 **인신공격성** 실수로 이어지기 너무 쉽다. 출처 비평은 주장의 진실을 판단하는 간접적인 방법이다. 출처의 신뢰성을 평가함으로써 주장을 판단하는 것이다. 하지만 간혹 신뢰하기 힘든 출처도 진실을 전달할 수 있다. 또한 신뢰할 만한 출처가 거짓을 전할 수도 있다. 〈폭스뉴스〉가 어떤 주장을 내놨다는 사실이 그 주장이 거짓임을 의미하지는 않는다. 따라서 만약 사안이 중요하다면, 단지 그 출처의 신뢰성이 부족하다는 이유만으로 문제가 해결됐다고 가정하는 것은 불충분하다(심지어 신뢰성이 부족해 그 주장이 아직 입증되지 않았다고 결론을 내리기에 충분하다고 해도 말이다).

증거와 관련해서는 언제나 그렇듯, 자신이 알고 있는 다른 것에 비춰 평가하는 것도 중요하다. 어떤 주장이 타당한 근거를 가진 다른 주장들과 모순을 빚는다면, 비록 그 출처가 신뢰할 만하다고 해도 의심을 품을 이유가 있다. 물론 그 출처가 아니라 우리 자신의 믿음에 결함이 있을 수 있다는 점도 명심해야 한다. 우유가 몸에 좋지 않다는 주장의 출처가 신뢰할 만하다면, 나는 우유가 건강에 미치는 긍정적 영향, 예를 들어 우유가 뼈를 튼튼하게 만든다는 것처럼 오랫동안 품어왔던 믿음을 재고해봐야 할 것이다.

이 어려운 절충은 우리가 계속해서 직면하는 도전과제다. 새로운 정보와 기존의 믿음 사이의 충돌이 언제 새로운 정보를 거부하게 만들고, 언제 기존의 믿음을 거부하게 만들까? 이는 5장에서 강조했던 바를 다시 한번 잘 보여준다. 즉, 모든 비판적 사고에는 지식이 필요하다. 어떤 주제에 대해 더 많은 배경 지식을 갖고 있을수록, 우리는 출처의 신뢰성을 더 잘 평가하고, 진실된 주장과 거짓된 주장을 더 잘 구분할 수 있다. 디지털 미디어의 출처 비평을 전공한 역사학 부교수 토머스 니그렌Thomas Nygren도 정확하게 이 점을 강조했다. 그의 설명에 따르면, 출처 비평을 위해서는 어느 정도의 일반적 지식이 필요하다. 우파 극단주의가 어떤 모습인지 알지 못하는 사람은 특정 출처가 극단주의적인 우파인지를 잘 인식하지 못할 것이다. "비판적 시선을 활성화하기 위해 우리는 세상에 대해 더 많은 것을 알고 그것들이 어떻게 연결되어 있는지 이해해야 한다."•

디지털 출처의 신뢰성을 판단할 때 지켜야 할 몇 가지 할 경험 규칙이 있다. 오늘날 많은 기관에서 이와 관련된 정보를 전파하고

• Maria Lannvik Duregård. 'Gör eleverna till nyhetsgranskare'. *Lärarnas tidning* 02/03/2017.

있다는 것은 긍정적인 소식이다.[*] 첫째, 우리는 **발언의 유형**을 확인해야 한다. 진지한 주장인가, 혹은 풍자나 또 다른 형태의 농담인가? 많은 사람이 자신이 소셜미디어에 공유한 이야기가 실제로는 풍자였음을 깨닫고는 당황해한다(예를 들어 트럼프나 클린턴이나 존슨 등이 얼마나 끔찍한지를 보여주는 이야기). 실제로 소셜미디어에서 벌어지는 문제 중 한 가지는 정치적 목적을 위해 이러한 불확실성이 의도적으로 조작되어, 어떤 주장이 진지하게 의미가 있는 것인지 아닌지를 불확실하게 만든다는 점이다.

둘째, 우리는 출처가 얼마나 **탄탄한지**, 그리고 전문적인 기관의 기준을 충족시키는지 점검해야 한다. 새로 생긴 웹사이트인가, 아니면 오랜 시간에 걸쳐 형성돼 신뢰성을 확인할 수 있는 탄탄한 기반을 가진 출처인가? 널리 알려진 책임감 있는 발행인이 있는가? 그 출처는 저널리즘과 팩트 체크의 표준과 수준을 충족시키는가? 그 콘텐츠는 후원을 받은 것인가, 아니면 실제 뉴스 기사인가?[**]

셋째, **1차 출처**인지 아닌지 고려해야 한다. 앞서 강조했듯이, 우리의 감각은 지식을 이루는 데 결정적인 역할을 한다. 이론적으로, 사건을 직접 보고 들은 사람은 간접 정보만을 가진 사람보다 그 사건을 언급하기에 더 유리한 위치에 있다(어떤 문제인지에 달려 있다. 가령 범죄 가해자의 동기처럼, 모든 것이 관찰을 통해 결정될 수 있는 것은 아니다). 그러나 관찰이 언제나 믿을 만한 것은 아니다. 3장에서 나는 정치적 믿음이 우리의 관점에 영향을 미친다고 언급했다. 그리고 우리의 믿음이 경험에 영향을 미친다는 것을 보여주는 사례가 많이 있다.

넷째, 출처의 **목적**에 대해 언제나 의문을 품어야 한다. 그 출처가 특별히 이 메시지를 (지금 이 순간) 퍼뜨려야만 하는 이해관계가 있다고 믿을 만한 이유가 있는가? 이러한 생각은 그 자체로 특정한 주장에 대한 **반론**을 구성하지는 않는다고 해도, 그 주장을 면밀히 들여다볼 이유를 제공해준다. 러시아 당국과 긴밀한 관계에 있는 〈러시아투데이〉가 러시아가 미국 대선에 개입하려고 했다는 주장이 거짓이라고 보도한다면, 우리는 그 주장을 걸러서 들어야 할 것이다 (〈러시아투데이〉는 크렘린궁과 긴밀한 관계를 맺고 있는 국영 방송국이다).

그리고 당연하게도 출처의 **진위**도 확인해야 한다. 지금 읽는 〈뉴욕타임스〉(또는 당신이 구독하는 언론사)가 해당 신문의 가짜 버전이 아니라 진짜가 맞는가? 기술이 발전하면 진위를 가리기가 점점 더 힘들어질 것이다. 특히 이미지와 영상과 관련해 더욱 어려워질 것이다. 딥페이크 같은 기술이 보다 광범위하게 사용되면서 틀림없이 큰 혼란을 야기하게 될 것이다.●●●

●　요즘에는 뉴스를 비롯해 온라인에 널리 유포되는 다양한 주장을 검토하고자 하는 이들이 활용할 수 있는 다양한 도구가 있다. 유럽에는 〈EU 대 거짓정보*EU vs Disinfo*〉가 있다. 〈스놉스*Snopes*〉는 미국의 유명 웹사이트다(www.snopes.com). 〈슬레이트*Slate*〉는 정치 분야의 다양한 주장을 팩트 체크하고 있으며, 〈폴리티팩트〉는 2008년에 정치인들의 주장을 검토한 공로로 퓰리처상을 수상했다. 〈워싱턴포스트〉는 도널드 트럼프의 트위터 계정에 대한 팩트 체크를 실시한 바 있다.

●●　오늘날 후원받은 콘텐츠를 그렇지 않은 콘텐츠와 구분하는 것은 결코 쉽지 않다. 이는 인플루언스 마케팅influence marketing과 관련이 있다. 여기서 (가령 유명인의 팟캐스트에서) 콘텐츠는 은근슬쩍 제품 광고로 넘어간다.

●●●　Cade Metz. 'Internet Companies Prepare to Fight the "Deepfake" Future'. *The New York Times* 24/11/2019.

가장 중요한 규칙은 독립된 여러 출처를 검토해야 한다는 것이다. 이때 각 출처들은 반드시 서로 **독립적**이어야 한다. 앞서 언급했듯이, 종종 다른 온라인 출처들이 한 곳에서 온 경우가 있다. 이러한 경우에는 여러 개를 검토해봐야 소용이 없을 것이다. 하지만 소셜 미디어에 익숙한 젊은 층을 포함한 많은 이들이 이를 잘 모르고 있다. 게다가 이러한 정보들은 우리의 인지 왜곡과 쉽게 결합한다. 이미 자신이 믿고 있는 것을 확인시켜주는 콘텐츠를 발견하면 우리는 다른 출처를 통해 이를 이중으로 검토하려는 노력을 하지 않는다.

스웨덴 학교들은 오랫동안 출처 비평에 주목해왔다. 스웨덴의 교육 시스템에서 많은 부분이 프로젝트 중심으로 진행되고 교과서는 거의 사용되지 않는 점을 감안할 때, 학생들은 온라인에서 정보를 찾는 데 많은 시간을 보내며, 출처에 대해 생각하는 법을 배운다. 그럼에도 여전히 해결해야 할 부분들이 있다. 스웨덴 교육감시국 Swedish Schools Inspectorate의 조사에 따르면 학생들이 독자적으로 출처를 평가하는 능력이 떨어지고 있다고 한다. 이는 스웨덴뿐만 아니라 세계적인 문제다. 스탠퍼드대학교에서 7천 300명의 학생을 대상으로 온라인 출처를 평가하는 능력을 확인하는 조사를 실시했다. 그리고 (중학생부터 대학생에 이르는) 전 연령의 젊은이들이 출처 비평을 어렵게 느끼고 있다는 사실을 확인했다. 실제로 11~14세 학생들 중 80퍼센트는 후원받은 출처를 구분해내지 못했다.●

스웨덴의 주요 정책 문건을 살펴보면 출처 비평을 바라보는 시각에 스웨덴 교육학자들이 중요하게 여기는 지식에 관한 문제적 사상이 반영됐다는 것을 알 수 있다. 당연한 이야기지만, 사실적 지식을 믿지 않고 모든 객관성이 환상이라고 생각한다면, 출처 비평의 목적은 객관적인 출처를 발견하는 것이 될 수 없을 것이다. (이는 분명 자연스럽게 다음 질문으로 이어진다. "객관적 진실을 믿지 않는다면 왜 출처 비평에 시간을 쓴단 말인가?")

보통 학생들은 전국 시험을 앞두고 이전 시험지를 살펴보고 다양한 대답이 어떤 점수를 받았는지 읽어본다. 2013년 이후 실시된 종교학 국가 시험의 답안을 평가한 2017년의 예는 사회과학 분야의 출처 비평 방식을 잘 보여줬다.[**] 시험 과제는 종교 분야에 관한 지식, 즉 플리머스 형제회Plymouth Brethren에 관한 지식을 얻을 때 세 가지 출처 중 어느 것이 적합한지를 판단하는 것이었다. 그 세 가지 출처란, 플리머스 형제회의 자체 웹사이트, (착취 집단에 갇힌 사람들의 가족을 위한 지원 단체인) FRI 재단의 웹사이트, 그리고 스웨덴 백과사전Swedish National Encyclopaedia이었다. 그런데 학생들의 답변을 평가하는 데 스웨덴 교육청에서 내놓은 권고 내용은 놀라웠다.

전문가들이 쓴 것이므로 가장 신뢰할 만하다는 이유를 들어

•   Wineburg, S. et al. 2016. 'Evaluating Information: The Cornerstone of Civic Online Reasoning'. *Stanford History Education Group*. 웁살라대학교의 한 연구팀은 스웨덴 10대들 사이에서 비슷한 문제가 나타나고 있다고 언급했다. 다음을 참조. Nygren and Guath 2018, 'Mixed Digital Messages: the Ability to Determine News Credibility among Swedish Teenagers'.

••   스웨덴 국가 교육청. 'Religionskunskap: Bedömningsanvisningar'. grade 9, academic year 2012/2013. p.30. 내게 이 시험에 관한 이야기를 들려주고 선생님이 이를 훌륭한 출처 비평의 사례로 사용했을 때 응답해준 내 조카딸 프리다에게 감사의 말을 전한다.

스웨덴 백과사전을 선택한 학생은 C를 받았다. 반면 '지나치게 중립적'이고 1차 출처가 아니라는 이유로 백과사전을 배제하고 플리머스 형제회와 FRI 재단 웹사이트를 선택한 학생은 A를 받았다. 이러한 채점에 대한 이유로 "이 학생은 지극히 주관적이고 직접적인 두 출처를 의식적으로 활용하는 선택을 했다. 이 학생은 그 단체의 두 가지 다른 모습을 그려보길 원하고, 자신의 과제를 수행함에 있어서 '스스로 생각하기'의 중요성을 강조했다"라고 밝혔다. 또한 그 학생은 긍정적 출처와 부정적 출처를 조합함으로써 공정성 차원에서도 중립적이라는 인정을 받았다.

> "출처 비평의 목적은 결코
> 가능한 한 많은 관점을 들여다보고
> 누가 옳은지 판단하는 데 있지 않다."

특정 종파에 관한 진실을 발견하고자 할 때, 이는 결코 좋은 전략이 아니다. 이 문제와 관련해 두 극단적 입장이 존재한다고 해서 진실이 '중간 어디쯤'에 있을 것이라고 믿을 근거는 없다. 지구 온난화와 관련된 진실은 기후학자와 기후 변화 부정론자들 사이에서 발견할 수 있는 게 아니다. 그리고 홍역 백신이 자폐를 유발하는지에 관한 진실은 백신 연구원과 이를 걱정하는 부모 사이에 있지 않다. 마찬가지로 (IS 같은) 종교적 극단주의 운동에 관한 진실은 그 집단의 웹사이트와 그들의 비판자들 사이에 있지 않다. 출처 비평의 목적은 결코 가능한 한 많은 관점을 들여다보고 누가 옳은지 판단하는 데 있지 않다. 대부분의 경우, 우리는 문제의 핵심을 파악하기 위해 필요한 지식을 갖고 있지 않다. 출처 비평의 목적은 어떤 출처가 가장 신뢰할 수 있는지 알아내는 것이며, 이러한 점에서 우리는 마땅히 백과사전을 선택해야 한다.

　　전문가와 비전문가 사이에 중대한 차이가 있다는 사실을 상기할 필요가 있다. 플리머스 형제회를 연구하는 이들은 당연하게도 인터뷰, 활동 관찰, 경전 해석 등 그 종파에 대한 조사를 수행해야만 한다. 학자로서 그 종파를 향한 비판을 검토하고 그곳에서 빠져나온 사람들과 인터뷰를 해야 한다. 일단 모든 데이터를 수집했다면, 종교에 대한 기존 지식을 활용해 자료를 해석하고 자신이 발견한 것에 관해 보고서를 작성해야 한다. 연구 결과는 결국 스웨덴 백과사전에 들어갈 내용의 기반이 될 것이다.

　　비전문가로서(혹은 학생의 입장에서) 나는 이러한 유형의 조사를 수행하는 데 필요한 경로와 방법을 확보하고 있지 않다. 나는 직접 연구를 수행할 수 없기 때문에 전문가들이 내놓은 결과에 의존해야 한다. 내가 비전문가로서 기존의 전문 지식에 주목하지 않고 두 주관적 출처를 기반으로 '스스로 생각'해야 한다는 주장은 매우 위험하다. 기후 변화 이슈가 좋은 예다. 기후학자들이 사용하는 모형은 이해하기 굉장히 어렵다. 과학적 배경 지식을 갖춘 사람에게도 마찬가지다. 우리는 자연 과학의 기본 지식을 바탕으로 온실가스 효과, 대기 중 높은 이산화탄소 농도와 지구 온난화 사이의 관계를 이해할 수 있지만, 비전문가로서 기후학자들이 온도 상승을 예측하기 위해 사용하는 모형을 이해하기란 여간 어려운 게 아니다. 이 문제와 관련해 '양측'이 하는 말을 이해하는 것은 현실적으로 가능하지 않으며, 또한 그렇게 노력한다고 해도 잘못된 방향으로 나아갈 위험이 높다.

그렇다면 우리는 왜 전문가에게 의존해야 할까? 앞서 언급했듯이 전문가에 대한 회의주의가 높아지고 있는 추세이며, **전문성의 종말**이라는 용어로 표현되기도 한다. 이러한 회의주의는 오늘날 잠재적 차원에서 지식을 위협하는 최대 요인이다. 실제로 나는 포스트 트루스 시대의 핵심적 특징이 과거 신뢰를 얻었던 지식 출처에 대한 신뢰 상실이라고 생각한다. 이러한 현상은 (경제적 엘리트가 아니라 기자와 학자들로 구성된) '엘리트 집단'에 반대하는 포퓰리즘 정치인들의 활동에서 촉발됐다.●

포스트 트루스 시대는 곧 포스트 트러스트 시대를 의미한다. 그리고 그 결과는 지식의 차원에서 엄청난 재앙이다. 인간 지식의 사회적 특성은 우리가 대다수의 지식을 얻기 위해 다른 사람에게 의존함을 가리킨다. 자신이 보고 경험한 것만을 지식의 기반으로 삼는 인간은 똑똑한 침팬지보다 더 많이 알지 못한다. 물론 다른 사람의 말을 맹목적으로 믿어야 한다는 의미는 아니다. 반대로, 우리에게 누구를 신뢰해야 할지 배워야 할 책임이 있다는 뜻이다. 또한 우리에게는

전문 지식을 평가하고, '언제', 또 '왜' 전문가들이 신뢰할 만한 출처가 되는지를 배워야 할 책임이 있다.

☑ 전문가 신뢰

전문가란 무엇인가? 아주 간단하다. 특정 분야에서 대부분의 사람들보다 더 많이 알고 있는 이다. 그 누구도 모든 분야에서 전문가가 될 수는 없다. 반대로 전문성의 특성은 잘 규정되어 있는 점이다. 전문성은 넓이가 아니라 깊이에 관한 것. 즉, 뭔가를 깊이 파고들어가는 것이다. 우리는 과학 분야의 전문가가 될 수도, 혹은 와인 전문가가 될 수도 있다. 아니면 덴마크 우표와 관련한 모든 것을 알 수도 있다. 이론적 전문성은 종종 실천적 전문성과 연결된다. 와인에 대해 많이 아는 사람은 루아르계곡에서 나온 와인과 다양한 와인을 구별할 줄 아는 능력도 얼마간 갖고 있다.

우리는 일상생활에서 언제나 전문가에게 의지한다. 부엌에 전기가 나갔을 때 전기기술자를 찾고, 몸이 아플 때 의사를 찾고, 법률 문제가 발생했을 때 변호사를 찾는다. 비행기가 착륙할 때 조종대를 넘겨받는 것은 상상조차 할 수 없다. 전문성에 대한 회의주의는 주로 학술적 전문성을 겨냥한다. 즉, 다양한 분야의 학자들을 향한다. 이러한 현상에는 아마 다양한 원인이 있을 것이다. 우선 학자들은 많은 사람들이 등을 돌린 '엘리트' 집단에 속해 있다. 그들은 높은 수준의 교육을 받고, 국제 무대에서 활발하게 활동하며, 흔히들 진보적 가치를 품고 있다. 포퓰리즘 정치인들은 이러한 학자들을 마치 서민들의 주택담보대출로 번영을 구가하는 월스트리트 은행가와 동일한 부류의 사람으로 치부한다.

스웨덴의 경우, 언론에 대한 신뢰가 점차 정치적으로 양극화되고 있다. 비록 학자들이 여전히 대중 사이에서 높은 평판을 유지하고 있기는 하지만 우려스러운 흐름이 보인다.● 영국 내 전문성에 대한 회의주의는 브렉시트 국민투표를 앞두고 중대한 역할을 했으며, 대중이 전문성을 충분히 가지고 있다고 주장한 정치인들은 사태를 파국으로 몰아갔다. 미국도 마찬가지로 언론과 과학 분야에 대한 신뢰가 2016년 트럼프 당선 이후로 뚜렷하게 양극화되는 흐름을 보이고 있다.●●

때로 전문성을 들먹이는 사람은 지식에 대한 권위적 입장을 취하는 것이라는 얘기가 나온다. 하지만 이는 아주 위험한 생각이다. 권위주의 이야기는 자연스레 맹목적으로 지도자를 따르는 순종적 시민을 떠오르게 한다. 권위주의적 신뢰의 특징은 권력을 지닌 사람(이나 집단)의 **권위**만을 인정한다는 데 있다. 만약 누군가 똑같은 말

● 스웨덴에서 언론의 신뢰에 대한 정치적 양극화는 다음을 참조. Ulrika Andersson. 2019. 'Högt förtroende för nyhetsmedier—men under ytan råder stormvarning'. i *Storm och stiltje*, SOMinstitutet.

●● Megan Brenan. 2019. 'Americans' Trust in Mass Media Edges Down to 41%'. *Gallup* 26/09/2019. 미국의 경우 과학 신뢰와 관련한 정치적 양극화는 비교적 덜 극명하게 나타나고 있기는 하지만, 찾아볼 수 있다. Cary Funk, M. Hefferon, B Kennedy & C. Johnson. 2019. 'Trust and Mistrust in Americans' Views of Scientific Experts'. *Pew Research Center* 02/08/2019.

을 해도, 그 사람에게 권위가 없다면 사람들은 그 말을 믿지 않을 것이다. 트럼프는 자신이 하고 싶은 말을 모두 할 수 있었고, 그 지지자들(적어도 그들 중 20퍼센트 정도는 진정한 신뢰자다)은 트럼프가 특정한 지식을 갖고 있다고 믿어서가 아니라 그저 **그를** 믿기 때문에 그 말을 믿었을 것이다. 반면, 전문 지식에 있어 학자는 관련한 배경 지식만 있다면 서로 호환이 가능하기 때문에, **특정인**을 믿는 것이 아니다. 이는 학자들이 말하는 **제도**에 대한 신뢰와도 연관이 있다.

이와 관련해 두 가지 중요한 질문이 있다. 누가 전문가인지를 어떻게 판단하는가? 그리고 왜 전문가를 신뢰해야 하는가? 결국 전문가도 틀릴 수 있다. 과학의 역사는 엉터리 이론으로 가득하며, 오늘날 우리가 알고 있는 과학적 발견 중 많은 것이 끝내 거짓으로 드러날 것이라고 생각할 만한 이유가 있다.

누가 전문가인지를 판단하는 문제는 역설적으로 보일 수 있다. 그 사람이 전문가라는 것을 알려면 나 스스로 전문 지식을 갖춰야 하는데, 만약 내게 그러한 지식이 있다면 굳이 전문가에게 의존할 이유가 없기 때문이다. 하지만 이 역설은 착각에 불과하다. 우리는 우리의 **제도**를 바라봐야 한다. 전문가는 광범위한 제도적 기준을 충족시키는 사람이며, 우리는 어느 한 사람이 그러한 기준을 충족시키는지를 판단하기 위해 스스로 전문가가 되지 않아도 된다. 먼저, 전문가는 특정한 객관적 요건을 충족시키는 자격을 갖춰야 한다. 학자뿐만 아니라 일상 속 전문가도 마찬가지다. 전기 기술자도 요리사나 변호사처럼 특정 과정을 수료하고, 자격증을 취득해야 한다. 학자의 경우, 대학과 대학원을 졸업한 후 이름 있는 대학에서 (일반적으로 4~6년 걸리는) 박사 과정을 밟아야 한다.● 박사 과정은 방어로 끝이 난다. 국가마다 조금씩 다르기는 하지만, 언제나 다양한 형태의 독립적 평가가 뒤따른다. 반대자 역할을 하는 전문가나 평가위원회, 혹은 양쪽 모두로부터 말이다. 나는 뉴욕 콜롬비아대학교에서 박사학위를 받았다. 미국 대학에는 스웨덴과 같은 논문 심사는 없지만, 네 명 이상의 전문가들로부터 몇 시간 동안 집중 공격을 견뎌내야 한다.

논문 방어를 마치고 나면 연구 보조금을 신청하고 임시직에 지원하는 힘든 시기가 시작된다. 더불어 자신과 똑같은 자격을 가진 수많은 지원자들과 치열한 경쟁을 벌여야 한다. 나는 스웨덴 연구위원회 위원으로 있는데, 그곳에서도 다양한 연구 프로젝트를 심사한다. 철학과 법학 분야의 경우 60~70명의 지원자들이 몰리고 그중에서 평균 5~6명이 연구 보조금을 받는다.●● 젊은 지원자들은 자기 분야의 선배들과 경쟁을 벌여야 하며, 안타깝게도 재능 있는 많은 연구자들이 끝까지 지원을 받지 못한다. 모두에게 돌아갈 충분한 재원이 없기 때문이다. 분야마다 경쟁의 정도는 다르지만, 철학의 경우 대학에서 영구적인 지위를 보장받기까지 10년에서 때론 20년에 이르는

● 톰 니콜스는 누가 전문가인지를 판단하는 것과 관련해서 이러한 제도적 기준을 강조한다. Nichols, T. 2017. *The Death of Expertise. The Campaign against Established Knowledge and Why it Matters*. Oxford University Press. (톰 니콜스 저/정혜윤 역, 《전문가와 강적들》, 오르마, 2017.)

●● 스웨덴의 인문학 및 사회과학에서 선정이 된 지원자의 비중은 2014년에 평균 8.5퍼센트에 불과했다. The Swedish Research Council's website (https://www.vr.se). 'Bidragsbeslut humaniora och samhallsvetenskap 2014'.

기간 동안 임시직에 머물러야 한다. (그리고 그 과정에서 많은 이들이 끝내 직업을 보장받지 못한다.)

학자들에게 미안함한 감정을 느껴야 한다고 말하고자 이 과정을 설명하는 것이 아니다. 학자들을 동정해야 할 이유는 없다. 그들은 스스로 버텨낼 수만 있다면 자신이 좋아하는 분야에 열정을 바칠 수 있는 행운을 누리는 사람들이다. 다만 나는 학자라는 자격을 얻기가 쉽지 않고, 그렇기 때문에 그 자격이 무언가를 의미함을 설명한 것이다. 연구 보조금을 받았거나 주요 대학에서 연구 활동을 하고 있다면, 이는 그가 해당 분야의 전문가라고 믿을 만한 아주 좋은 근거가 된다. 그 단계까지 나아가는 여정은 길고 험난하며, 끝없는 질문으로 포장되어 있기 때문이다. 이렇듯 자격은 중요한 의미를 가진다.

하지만 출세와 영향력과 관련해 자격만이 중요하다는 능력주의를 옹호하고자 이러한 설명을 하는 것은 또 아니다. 순수 능력주의에 따르는 문제가 분명 존재한다. 가령 평등 차원에서 문제가 있으며, 특히 이는 학교 시스템의 평등 수준이 취약한 국가에서 더욱 심각하게 드러난다.••• 내 요점은 **지식**과 관련해, 전문성을 보증하는

••• 〈다겐스 뉘헤테르〉 2015년 11월 11일 자 사설에서, 수산네 도딜레트Susanne Dodillet, 스베르케르 룬딘Sverker Lundin, 디테 스토르크 크리스텐센Ditte Storck Christensen은 공식 자격이 만능이 아니며, 능력주의는 불평등으로 이어질 것이라고 주장했다('Formella meriter är inte allt'). 나는 평등의 문제를 강조해야 한다는 주장에는 동의하지만, 그들이 사회 문제를 해결하기 위한 교육의 중요성에 의문을 제기하는 과정에서 지나치게 멀리 나갔다고 생각한다. 사회 문제를 해결하기 위해서는 지식이 필요하고, 지식을 위해서는 교육이 필요하다.

기준이 되는 자격이 중요하다는 것이다. 물론 특정 자격이 전반적인 전문성을 보증하지는 않는다. 오직 특정 분야의 전문성만을 보증할 뿐이다. 스웨덴 TV 인터뷰에서는 종종 인터뷰 대상의 이름 뒤에 '교수'라는 호칭을 붙이곤 한다. 그러나 그가 해당 분야의 교수가 아니라면, 교수라는 자격은 아무런 의미가 없다. 앞서 언급했듯이, 과학에 대한 잘못된 정보를 퍼뜨리는 흔한 속임수는 '가짜 전문가'를 부르는 것이다. 특정 분야의 전문가가 전혀 다른 분야의 문제에 대해 이야기하는 경우가 대표적이다. 전문성을 평가할 때, 그 사람이 공식 자격을 갖추고 있다고 언급하는 것만으로는 부족하다. 반드시 해당 분야의 전문 자격을 갖고 있는지를 확인해야 한다.

그러므로 특정 인물의 제도적 자격을 확인함으로써 전문성을 평가하는 것은 가능하다. 그러한 세부 사항을 비교적 쉽게 확인할 수 있다는 점에서도 긍정적이다. 모든 대학의 학자는 그들의 전문적 배경에 관한 정보를 확인할 수 있는 웹사이트를 가지고 있다. 덕분에 손쉽게 온라인 검색만으로 누군가가 해당 분야의 전문성을 확보하고 있는지 판단할 수 있다(그 웹사이트가 가짜는 아닌지 확인할 필요가 있다). 이때 우리가 자신에게 던져야 할 질문은 다음과 같다. 그 사람이 해당 분야에서 인정받는 대학으로부터 박사 학위를 받았는가? 해당 분야에서 국내 및 국제 학술지나 출판사 등을 통해 학술 논문을 발표했는가? 제도적 관계를 진지하게 형성하고 있는가? 연구위원회로부터 받은 지원금, 수상 내역, 학술지 기사 등 학술적 성과를 보여주고 있는가? 이 모든 것들이 합쳐져 그 사람이 전문가로 인정될 수 있는지를 판단하는 타당한 근거를 이룬다.

제도적 맥락은, 왜 우리가 전문가를 신뢰해야 하느냐는 두 번째 질문과도 연관이 있다. 학계 제도와 관련한 오해가 많이 있다. 이들 중 일부는 심지어 서로 모순되기도 한다. 한편에는 학자들이 합의를 지향하는 순응주의자들이라는 생각이 있다. 학자들이 최신 이론과 함께 발을 맞춰나가며, 누구도 감히 기존의 '패러다임'에 의문을 제기하지 않는다는 것이다. 그런가 하면 또 다른 편에는 학계가 고독한 천재들을 위한 제도라는 생각이 있다. 학자들 모두가 독자적으로 과학의 거대한 미스터리를 파헤치고 새로운 영역을 개척하는 고독한 개인이라는 생각이다. 코페르니쿠스, 뉴턴, 다윈, 아인슈타인과 같은 과학자처럼 말이다. 하지만 양쪽 모두 잘못됐다. 나는 학자들이 사회에 나가며 시작해야 할 가장 중요한 프로젝트 중 하나가 학계의 사회적 측면과 학계의 기반을 이루는 제도가 실제로 어떻게 작동하는지를 사람들에게 널리 알리는 일이라고 믿는다. 최근에 학자들은 이러한 유형의 정보가 사실 저항에 맞서는 데 있어 기초 과학 지식보다 훨씬 더 중요하다는 가설을 검증하고 있다. 나는 이들이 매우 중요한 일을 하고 있다고 생각한다.● 그렇기 때문에 이 연구에 대해 짧게 이야기해보고자 한다.

젊은 연구자로서 훈련받는 과정의 일부는 당연히 기존 이론을 습득하고 탄탄한 지식 기반을 구축하는 일이다. 그러나 이후 목표

● 다음을 참조. Matthew H. Slater, Joanna K. Huxster, and Julia E. Bresticker. 'Understanding and Trusting Science'(in review). *Philosophy of Science*. 그들의 예비 자료는 과학계의 사회적 구조에 관한 지식이 기후 문제와 관련해서 정치적인 사실 양극화에 저항할 수 있다는 사실을 보여준다.

는 언제나 연구에 독자적으로 기여하는 것이다. 기존 이론에 결정적 반론이 있음을 보여주는 이들은 많은 주목을 받을 것이다. 양자 물리학자 막스 플랑크Max Planck는 새로운 과학적 발견은 반대자를 설득함으로써 입지를 다지는 것이 아니라, 결국 새로운 세대의 학자들이 제시한 새로운 아이디어에 의해 대체된다는 유명한 주장을 했다. 그러나 이 말이 진실이라는 증거는 없는 듯하다.[•] 아인슈타인 이론이 기존 물리학 이론에 이의를 제기했을 때, 새로운 물리학이 지배적 지위를 차지하기까지는 몇 년의 시간이 걸렸다.^{••} 다윈이 《종의 기원*The Origin of Species*》에서 혁명적 진화론을 제시한 지 10년이 흘러서야 영국 학자들 중 4분의 3이 이를 받아들였다.^{•••} 플랑크 자신도 그의 이론이 기반을 형성하고 인정을 받는 모습을 직접 지켜봤다.^{••••}

학자들은 집단에 순응하는 것이 아니라, 교육받으며 얻은 도구인 실험과 논증, 그리고 비판적 사고를 활용해 기존의 이론에 끊임없이 의문을 제기한다. 또한 학자는 고독한 천재도 아니다. 혼자서

• 이와 관련된 흥미로운 논의는 다음을 참조. Mercier, H. Sperber, D. 2017. *The Enigma of Reason*. Harvard University Press. chapter 6. 과학의 사회학은 광범위한 연구 분야이며, 위 책에서 그 분야의 의미 있는 자료에 대한 언급을 확인할 수 있다.

•• 아인슈타인의 이론조차 진공 상태에서 나온 게 아니다. 다음 예를 참조. Nola Taylor Redd. 'Albert Einstein: Before and After Relativity'. *Space.com*. 흥미로운 지점은 아인슈타인 자신이 언제나 일반상대성이론에 의문을 제기한 점이다.

••• 다음 예시를 참조. Philip Kitcher. 1993. *The Advancement of Science: Science without Legend, Objectivity without Illusions*. Oxford University Press: New York.

•••• Mercier and Sperber. 2017. p.319.

최고의 연구를 일궈낸 경우는 없다. 뉴턴조차 물리학이 진지한 학문으로 발전하던 풍부한 과학적 배경 속에서 연구를 했다. 메르시에와 스페르베르가 이에 대해 논의했다. 두 사람은 뉴턴이 화학에도 많은 관심을 기울였지만 연구 성과는 상대적으로 초라했다고 지적했다. 그 이유로 필수적인 과학적 배경을 갖추지 않았던 점을 제시했다. 당시 화학은 충분히 발전하지 않은 상태였다. 과학의 지평에서 천재가 등장할 때는 언제나 이를 가능케 한 기반을 구축한 다른 많은 학자들이 있기 마련이다.●●●●● 내가 이 책에서 수차례 인용한 주장의 출처 역시 뉴턴이었다. 이러한 맥락에서 뉴턴의 말은 대단히 흥미롭다. "내가 다른 이들보다 멀리 볼 수 있었다면, 그것은 거인들의 어깨 위에 서 있었기 때문이다."●●●●●●

　　오늘날 과학계는 고독한 천재들에게 훨씬 덜 집중되어 있다. 이는 오늘날 연구의 많은 부분(특히 많은 예산이 들어가는 대규모 실험이 이뤄지는 자연과학 분야)에 필연적으로 대규모 연구팀이 필요할 뿐만 아니라, 비교적 규모가 작은 특수 분야에서조차 연구 자체가 사회적 활동이기 때문이다. 철학은 대규모 연구 프로젝트로부터 혜택을 받는 분야는 아니지만, 그럼에도 불구하고 철학적 탐구는 주로 상호작용을 통해 이뤄진다. 학자들이 서로의 이론을 평가하기 위한 세미나와 학회가 끊임없이 열린다. 특히 철학자들은 비판적 평가에 단련되

●●●●●　Mercier and Sperber, 2017, chapter 6.

●●●●●●　로버트 후크Robert Hooke에게 보낸 편지, 1676. 프레이즈 파인더Phrase Finder에 따르면, 비슷한 표현이 13세기에 이미 쓰였다고 한다.

어 있기 때문에 평가 과정이 매우 치열할 수 있다. 내 주장에 허점이 있다면 학회에서 이야기할 때 발각될 것이다. 오류가 있다는 것은 실망스럽지만, 그럼에도 나는 언제나 이에 고마움을 느낀다. 그 과정에서 내 이론을 다듬고 개선할 수 있기 때문이다.

나는 세계 어디에서도 질문 없는 강연을 해본 적이 없고, 이는 내 연구의 개선으로 이어졌다. 이러한 연구의 상호작용적 측면은 연구가 연구자들끼리 서로 발 맞춰나가는 것도 아니며, 또한 고독한 천재에 의해 이뤄지는 것도 아니라는 사실을 의미한다. 학자들은 사회적 차원에서 자신의 이론에 대해 고민하고, 계속해서 제기되는 집단적 의문은 창조적 인재들이 놀라운 과학적 혁신을 성취하도록 만들어준다. 기후 변화 부정론자와 같은 과학적 회의주의자들이 기존 이론에서 결정적 결함을 발견했다고 주장할 때, 우리는 이러한 사회적 측면을 상기할 필요가 있다. 만약 중대한 결함이 있었다면, (훈련받은) 과학자 공동체가 발견하지 못했을 가능성이 매우 낮다.

모든 연구 환경이 항상 잘 기능하고 있다는 의미는 아니다. 때로 잘못된 방향으로 나아가기도 한다. 한 이론이 모든 사람의 눈을 멀게 할 수도 있다(교육 분야의 구성주의가 그 예라 할 수 있겠다). 학계가 몇몇 유명 학자에게 지나치게 의존하거나 젊은 학자를 과도하게 밀어주기도 한다. 과학사회학sociology of science은 이와 같은 흥미로운 사례들을 제공한다. 그러나 이는 예외적인 경우이며, 연구가 일반적으로 어떻게 이뤄지는지에 대해 많은 이야기를 들려주지는 않는다.

연구에서 중요한 또 다른 측면은 동료 평가peer review다. 학자들은 계속해서 해당 분야의 다른 전문가들로부터 평가를 받는다. 이는 다양한 연구 프로젝트를 위해 재정 지원에 도전할 때와 자신의 연구 성과를 발표할 때 모두 해당된다. 국제 학술지에 논문을 제출할 때, 검토는 일반적으로 '이중 맹검 double blinded' 방식으로 이뤄진다. 해당 학자는 누가 자신의 논문을 검토하는지 알지 못하고, 검토자는 누가 그 논문을 썼는지 알지 못한다. 때로 출판물은 삼중 맹검을 사용하기도 하는데, 이는 해당 논문이 채택되기 전까지 편집자도 누가 썼는지 알지 못하게 하기 위함이다. 이는 대단히 중요한 과정이다. 해당 연구의 수준으로 평가하는 것이 아니라, 그 학자(혹은 그의 대학)가 얼마나 유명한지를 기준으로 출판을 결정하려는 경향에 저항할 수 있기 때문이다. 출판을 결정하는 기준의 엄격성은 분야마다 학술지마다 다르다. 철학 분야의 주요 학술지 논문 채택률은 5퍼센트 정도다. 일단 최종적으로 특정 논문을 출판하기로 결정되면, 일반적으로 수차례에 걸친 퇴고와 많은 개선이 이뤄진다.

최근 몇 년 동안 출판에 대한 열정과, 그러한 열정이 어째서 연구에 도움이 되지 못하는지에 대해 많은 논의가 이뤄졌다. 철학 분야에서는 박사 과정 중에 출판하는 것이 일반적인 일이 되어버렸다. 내가 박사 과정을 밟을 때만 해도 상상조차 힘든 일이었다. 이는 박사 과정을 밟고 있는 사람이 평화롭고 고요한 분위기 속에서 향후 연구에 적용하기 위한 폭넓고 안정적인 지식을 수집하는 데 방해될 뿐이다. 즉, 출판할 수 있는 재료를 끌어모으기 위해 전문 분야에 지나치게 서둘러 집중하여 위험하다. 출판을 향한 과도한 열정에 따르는 또 다른 문제도 있다. 과학 분야에서는 실험이 실패했을 때보다 성공을 거뒀을 때(즉 실험이 검증하고자 하는 가설을 뒷받침할 때)학술지에서 더욱 적극적으로 출판하려는 경향이 있다.◆ 실패한 실험(특히 이전 실험의 재시험인 경우) 또한 아주 중요한 증거가 되기에 이것은 문제가 된다. 과학자들이 의심스런 방식일지라도 자신들의 이론을 살리기 위해 애쓰도록 유혹할 수 있기 때문이다(과학자 역시 확증 편향에서 예외가 아니다).

다만, 문제가 있더라도 동료 평가와 국제적 출판이 제대로 기능하는 과학 환경의 근간을 형성한다는 점을 상기할 필요가 있다. 이러한 방식으로 연구 성과는 확산되며, 다른 학자들로부터 추가 검토를 받을 수 있다. 어떤 학자가 허술한 결론을 발표하려는 유혹을 받는다면, 다른 학자들이 이를 발견하고 문제를 제기할 것이다. 케빈 던바Kevin Dunbar는 1995년도에 이뤄진 유명한 연구에서 학자들과의 인터뷰를 통해 그들이 결과를 어떻게 해석하는지 알아보고자 했다.◆◆ 학자들은 일단 다소 부실한 주장을 사용해서라도 그들의 가설을 구해내려는 시도를 했다. 그전에는 자신들의 가설을 포기하려 들지 않았다. 그러나 자신의 발견을 다른 학자들에게 보여주면 그러한 시도를 즉각 중단했다. 다시 한번 말하지만, 중요한 것은 연구의 사회적 측면이다.◆◆◆

◆   다음 예시를 참조. Julian Kirchherr. 'Why We Can't Trust Academic Journals to Tell the Scientific Truth'. *The Guardian* 06/06/2017.

◆◆   Dunbar, K. 1995. 'How: Scientific Reasoning in Real-World Laboratories', in R. J. Sternberg and J. E. Davidson, eds. *The Nature of Insight*. Cambridge, MA: MIT Press.

◆◆◆   메르시에와 스페르베르는 이것이 과학 분야에서 공동체가 이뤄내는 중요한 역할에 대한 좋은 실례를 구성한다고 주장한다.

☑ 토론과 팩트 체크

유명한 몬티 파이선Monty Python(영국의 대표적인 코미디 그룹 – 옮긴이)의 시리즈 한 편에서, 마이클 팔린Michael Palin이 여러 가지 서비스를 살 수 있는 사무실에 들어선다. 그는 1파운드를 내고 5분짜리 논쟁을 산다. 그러고는 방으로 들어가 존 클리스John Cleese를 만나는데, 클리스는 즉각적으로 팔린의 주장에 맞선다. 팔린이 뭐라고 하든 간에 클리스는 이렇게 대꾸한다. "아닙니다." 점차 불만을 느낀 팔린은 논쟁과 단순한 반대 사이에는 차이가 있음을 지적하지만, 클리스는 여전히 "아닙니다"라고만 대답한다. 여기서 2016년 가을 트럼프와 클린턴 사이에 벌어진 TV 토론회 장면을 떠올리지 않을 수 없다. 클린턴이 트럼프를 푸틴의 꼭두각시라고 비난했을 때, 트럼프는 계속해서 이렇게 반박했다. "아닙니다. 꼭두각시는 당신입니다!"

몬티 파이선의 멤버는 모두 철학을 공부했다. 그들은 논쟁이 무엇인지 알았고, 물론 옳았다. 논쟁을 하기 위해, 그리고 실질적 토론을 하기 위해서는 반대만으로 충분하지 않다. 자신의 주장을 지지하는 근거와 상대의 주장에 반대되는 근거를 제시해야 한다. 내가 총기 규제가 사망 사건을 줄인다고 주장할 때, 총기 규제가 사망 사건을 줄이지 않는다고 주장하는 것은 (설령 그것이 사실이라고 해도) 내 주장에 대한 반박이 아니다. 당신은 왜 내 주장이 진실이 아닌지 그 이유를, 가령 통계자료를 제시해야 한다. 그리고 앞서 내가 제시했던 요건을 충족시키기 위해 노력해야 한다. 그 주장은 진실이면서 유효한 전제에 기반을 두고 있어야 한다.

물론 자신의 전제가 실제로 진실인지 확신하지 못하는 경우가 종종 있다. 그러나 토론의 참가자로서 우리에게 필요한 요건은 우리가 진실이라고 믿을 만한 타당한 근거가 있는 주장을 고수하는 것이다. 비록 뭔가가 무조건 진실이라고 장담하기는 힘들지만, 타당한 근거를 제시한다면 그것만으로 최선을 다한 셈이다. 절대적 확실성을 향한 요구는 급진적 회의주의로 이어지며, 1장에서 살펴본 것처럼 치명적 결과를 낳는다. 주장과 결론의 연관성을 판단하기는 역시 쉽지 않지만, 여기서도 똑같은 경험 법칙이 적용된다. 우리가 타당하다고 믿을 만한 근거를 가진 주장만을 제시하는 것이다.

사기꾼 같은 토론자는 사고 함정을 속임수로 적극 활용한다. 내가 앞서 언급했던 허수아비 논법이 대표적인 사례다. 이는 상대의 입장이 최대한 불합리해 보이게끔 오해를 불러일으키도록 재구성하는 것이다. 실제로 우리가 해야 할 일은 학자들처럼 대응하는 것이다. 상대방의 입장과 주장을 가능한 한 최고의 형태로 만들려 노력해야 한다. 이는 우리가 상대를 진지하게 받아들여 논쟁하고 있다는 인상을 주고, 이는 다시 논의를 위한 우호적인 분위기를 조성하며, 현재 무엇을 논의하는지, 그리고 문제 해결을 위해 무엇이 필요한지를 명확하게 만든다. 분명하지 않거나, 아무도 받아들일 것 같지 않은 가설을 반박하는 것에는 중요한 과학적 가치가 없다는 점에서 이는 대단히 중요하다.

논쟁의 또 다른 악의적 속임수는 당연 **인신공격**이다. 사적인 공격은 상대가 감정적으로 강하게 반응하도록 만들기 때문에 토론 과정에 특히 해롭다. 그리고 우리는 토론이 감정적으로 치달을수록 지식을 얻기가 더욱 힘들어진다는 사실을 잘 알고 있다. 토론이 공적으로 이뤄질 때 **인신공격**은 또한 해로운 양극화를 촉발해 청중들이 토론 내용에 귀를 기울이기보다 축구 시합처럼 편을 갈라서도록 만든다.

> "우리는 상대방의 입장과 주장을
> 가능한 한 최고의 형태로 만들려 노력해야 한다."

이러한 상황에 대처하기 위해 우리가 할 수 있는 일을 모색하는 많은 연구가 이뤄지고 있다. 예를 들어, 사적인 부분이나 견해에 공통의 출발점을 마련하는 것은 좋은 아이디어다. 실험 결과, 각자 다른 집단에 속하게 두지 않거나, 소속 집단의 차원에서 공통분모를 찾을 수 있다면 지식 저항이 줄어든다는 사실이 밝혀졌다.● 서로 다른 당에 투표를 했지만 같은 고향 출신에, 비슷한 교육을 받았고, 같은 축구팀을 응원하며, 같은 시기에 성장했을 수 있다. 이러한 형태의 연결 고리를 발견할 수 있다면, 토론에서 서로에게 다가설 가능성이 더욱 높아진다. 견해와 관련해서도 비슷한 방식으로 공통의 출

● 관련된 연구 결과에 대한 흥미로운 검토는 다음을 참조. Flynn, D.J., Nyhan, B. and Reifler, J. 2017. 'The Nature and Origins of Misperceptions: Understanding False and Unsupported Beliefs about Politics'. *Advances in Political Psychology*.

발점을 발견한다면 도움이 된다.

철학자 블레즈 파스칼Blasie Pascal은 17세기에 이미 이 점을 강조했다. 그는 누군가와 논쟁을 벌이기에 앞서 상대방이 옳다는 생각부터 해야 하며, 실제 그들의 추론에 감탄할 수도 있다고 말했다. 상대를 안심시키고 존중할 때, 그 사람에게 주장을 전달하기가 더 쉽다는 증거도 나와 있다. 한 예로, 과학자들은 실험을 시작하면서 피실험자들에게 그들의 집단이나 배경에 대해 긍정적인 글을 읽도록 했다. 그러자 피실험자들은 도전받는 듯한 느낌을 덜어내고 합리적 주장에 더욱 마음을 열었다. 이는 이미 공유된 가치를 언급하는 데도 도움이 된다.●

우리는 바로잡는 행위에 대해서도 똑같은 이야기를 할 수 있다. 3장에서 살펴본 것처럼, 잘못된 믿음을 수정하기란 대단히 힘들다. 믿음이 개인적 차원에서 우리에게, 즉 우리의 정체성과 소속감에 핵심적인 것일 때, 우리는 그 믿음에 반하는 강력한 주장이 있다고 해도 믿음을 좀처럼 버리지 못한다. 오히려 잘못된 믿음에 더 강력하게 집착한다. 상황이 감정에 치우칠수록 바로잡기는 더욱 힘들어진다.

이는 전혀 놀라운 사실이 아니다. 자신이 틀렸음을 인정하길 좋아하는 사람은 없다. 자신의 세계관에 있어 핵심적 믿음일 경우에는 그 강도가 특히 심해진다. 즉각 위협을 느끼고, 카드로 지은 집처럼 모든 것이 허물어지지 않을까 걱정해 믿음을 고수하려 한다. 폴 크루그먼Paul Krugman은 한 사설에서 2016년 선거 이후로 많은 미국 기자들이 집착하는 보람 없는 프로젝트에 대해 언급했다. 그들은 트럼프가 항상 비판해왔던 '엘리트'만큼 무능한 인물이 대통령으로 선출된 상황에서 전국을 돌아다니며 트럼프 지지자들에게 그들의 의견을 물어보았다.●● 이 단계에서 사람들은 아마도 자신의 선택을 반성하지 않을 것이다. 에이브 스트립Abe Streep 기자는 이렇게 표현했다. "자신이 멍청했다는 사실을 인정하고 싶은 사람은 없다."●●●

"무언가를 수정할 때는 부정확한 정보보다
사실에 집중해야 한다."

과학적 미신을 타파하는 효과적 방법을 연구해온 연구자들은 사실 수정을 위한 여러 가지 구체적 방법을 내줬다. 주로 언론을 향한 것이지만, 그 조언은 우리 모두에게 유용하다. 존 쿡John Cook과 스테판 레반도프스키Stephan Lewandowsky는 이 조언을 유용한 작은 책《폭로 핸드북The Debunking Handbook》으로 펴냈다.●●●● 한 예로, 그들은 무언

●   관련된 유명한 과학적 검토는 다음을 참조. Jess Zimmerman 'It's Time to Give Up on Facts'. *Slate* 03/02/2017.

●●   Paul Krugman. 'On the Power of being Awful'. *The New York Times* 01/05/ 2017.

●●●   Roger Cohen. 'Americans, Let's Talk'. *The New York Times* 30/05/2017.

●●●●   Cook, J. Lewandowsky, S. 2011. *The Debunking Handbook*. St. Lucia, Australia: University of Queensland. November 5. ISBN 978-0-646-56812-6. 텍스트는 다음에서 무료로 다운로드 받을 수 있다. http://sks.to/debunk.

가를 수정할 때는 부정확한 정보보다 사실에 집중해야 한다는 점을 강조했다.

우리는 상황이 어떠하고 왜 그러한지를 설명해야 한다. 이때 하지 말아야 할 일은 미신을 먼저 제시하고 그 후에 거짓이라고 덧붙이는 것이다. 만약 그렇게 한다면 사람들은 그 미신이 거짓이라는 것을 기억하지 못할 위험이 크다. 그들은 단지 그 미신만 기억할 것이다. 이러한 점에서 미국 언론은 2016년 미국 대선 동안 트럼프의 거짓 주장으로 헤드라인을 장식함으로써 실패를 자초했던 셈이다. 사람들은 트럼프의 말만 기억했고, 그것이 거짓임은 기억하지 못했다.

더불어 쿡과 레반도프스키는 미신을 뒷받침한다고 생각되는 증거에 대한 대안 설명을 제시하는 것이 중요하다는 점을 강조했다. 예를 들어, 누군가 지구 온난화와 관련된 거짓 정보를 얻었다면, 우리는 그 거짓 정보가 어디서 비롯됐는지, 그리고 왜 그 정보가 확산됐는지 설명할 필요가 있다. 특히 언론이 명심해야 할 또 하나 중요한 점은 주요 사실을 시각적 형태로 보여주는 것이다. 시각적 방식이 단순 말로 하는 설명보다 더 효과적이다. 정치인이 범죄 통계와 관련해 잘못된 주장을 할 때, 도표를 보여주는 것보다 효과적인 반박은 없다.

아마도 읽으면서 우리 모두가 토론이나 논쟁을 할 때 이러한 모든 실수를 잘 저지른다는 점을 깨달았을 것이다. 실제로 우리는 너무 쉽게 양극화되고 감정에 불이 붙는다. 그리고 상대방이 안전하고 인심하거나 있다고 느끼지 **않도록** 만들기 위해 최선을 다한다. 이는 특히 정치적 사안과 관련해 분명하게 나타난다. 극단적인 정치적 양극화는 사람들에게서 최악의 것을 끄집어낸다. 이는 대단히 해로운 일이다. 우리는 각자의 삶에서 이러한 경향에 저항하기 위해 최선을 다해야 한다. 그러나 훨씬 더 뼈아픈 사실은 이러한 유형의 감정적 논쟁과 양극화를 언론이 부추기고 있다는 것이다. 이는 분명 많은 청중의 관심을 끌어모아야 하는 필요성과 관련이 있다. 그런 언론에게 필요한 것은 합리적이고, 섬세하고, 차분한 접근 방식이 아니라 드라마와 감정 과잉이다.

그래서 TV와 라디오가 청중에게 뭔가를 제공할 때 이러한 실수를 저지르는 것이다. 언론은 모든 것을 논쟁하고 싶어 한다. 전문가가 우리가 알고 있는 것을 설명하는 게 나은 상황에서조차 말이다. 그리고 우리는 감정이 최고로 고조된 상황에서 명확히 대조되는 입장에 선 논쟁을 원한다. 이는 과열된 감정과 양극화가 지식 저항으로 이어진다는 연구 결과에 완전히 대치되는 행위다.

이 문제에 간단한 해결책이 있을 것이라 생각하지 않는다. 나는 많은 기자와 이야기를 나눴고 그들은 모두 독자들을 잃지 않으면서도 어떻게 지금의 문제 상황을 헤쳐나갈지 걱정하고 있었다. 오늘날 진정한 저널리즘은 소셜미디어와 대안 매체에서 감정적으로 과열된 논쟁과 광고 수입 감소와 싸워야 한다. 나는 기자들과 이야기할 때 대개 두 가지 사안을 다소 추측에 의존해 제시하곤 한다.

첫째, 관심을 끌 방법은 많다. 꼭 과잉 감정과 드라마에 관한 것일 필요 없다. 인간은 타고 나길 호기심이 많으니, 적절한 주장을 이해하기 쉬운 방식으로 제시하는 유연한 토론의 장을 마련한다면, 감정이 과잉되지 상태에서도 관심을 끌어모으는 것이 가능하다고 생각한다. 물론 두 토론자를 우리에 가둬놓고 싸우도록 만드는 것보다 이러한 대화를 만들어내는 것이 훨씬 더 힘들다. 이는 근거 없고 무관한 문제로 인해 대화의 흐름이 끊기지 않도록 집중시킬 수 있는 똑똑한 사회자를 필요로 한다. 유능한 토론자도 필요하다. 논쟁에서 이기는 것보다 진실에 관심이 있으며 해당 분야에 광범위한 지식을 확보하고 있는 사람이 참여해야 한다. 이러한 측면에서 나는 언론이 더 많은 노력을 해야 한다고 믿는다. 언론에서 몇몇 검증된 인사만을 집착하는 바람에 아직 언론 지평에 모습을 드러내지 못한 재능 있고 소통에도 능한 학자들이 많다.*

스웨덴의 훌륭한 교육학자 한스 로슬링은 거창한 드라마 없이도 지식을 전달하는 능력을 잘 보여준다. 그가 감정적으로나 극적으로 연출을 했다고 말하는 사람은 없다. 그는 전혀 다른 방식으로 우리에게 접근한다. 그는 방대한 지식을 갖추고 있으며, 실생활과 가까운 설명, 가령 과일 조각이나 레고 벽돌 등과 같은 것들을 활용해 지식을 쉽게 이해할 수 있도록 전달하는 법을 알고 있다. 물론 그는 열정적이고 진실 문제에 있어 타협할 의사가 없지만 감정적으로 자신의 주장을 펼치는 것과는 별개다. 나는 로슬링을 향한 우리의 반응이 다른 무엇보다 우리가 이성적 동물이라는 사실과 관련되어 있다고 생각한다. 우리는 뭔가를 이해하길 원하며, 이해를 해냈을 때 큰 만족감을 느낀다. 오류에 빠지거나 음모론에 집착할 때조차 이러한 욕망이 기저에 있는 것이다.

맥락도 어느 정도 고려해야 한다. 감정적으로 치우친 논쟁을 **절대** 할 수 없는 것은 아니다. 그것이 청중이 정말로 원하는 바이고,

이러한 사실을 무시할 만한 여유가 없다고 해도, 우리는 정치 토론에서 이민과 범죄, 환경, 경제 등 까다롭고 대단히 중요한 사안에 대한 감정적 논쟁을 피할 수 있다.•• 그 대신 더 개인적인 사안을 선택할 수 있다. 가령, 자녀와 얼마나 오랫동안 집에 함께 있어야 하는가? 자전거 탈 때 안전모 착용을 의무화해야 하는가? 옷을 너무 많이 사는 게 아닐까? 페이스북에 자녀 사진을 올려야 할까? 정도 차이는 있지만 이러한 유형의 질문들 역시 충분히 가치가 있는 문제들이다.

그러나 공적 논의에 대한 책임이 오직 기자들에게만 있는 것은 아니다. 정치인들의 행동 또한 중요하다. 정치인들이 양극화될수록 유권자도 양극화된다는 사실을 보여주는 증거가 있다.••• 미국에서 나타나고 있는 흐름이 이를 분명히 보여주고 있다. 불과 얼마 전만 해도 민주당과 공화당이 하원과 상원 모두에서 여러 문제를 해결하기 위해 협력하는 것이 일반적이었다. 그들은 업무적으로는 열띤 논쟁을 벌이더라도 개인적으로는 친분을 맺고는 했었다. 그러나 이제 협치는 원칙이 아닌 예외가 됐고, 갈등은 거의 모든 사안과 관련

• 스웨덴 언론 지평에서 활용할 새로운 학자들을 찾고 있다면, http://fjardeupp-pgiften.se/가 최고의 원천이 되어줄 것이다. 이 사이트는 자연과학 및 사회과학, 그리고 인문학 분야의 다양한 스웨덴 학자들과 나눈 10~15분짜리 인터뷰 영상을 제공한다. 이를 통해 다양한 흥미로운 주제에 관한 지식을 얻을 수도 있다. 이 자료는 일반 대중을 대상으로 한 것이다.

•• 공영 방송국조차 시청률 검토를 완전히 외면할 수 없다. 그들은 상업 채널과 경쟁하기 때문이다. 그러나 공영 방송국은 공공에 기여하고 공평하고 객관적이어야 할 책임이 있다.

••• 다음을 참조. Flynn, D.J., Nyhan, B. and Reifler, J. 2017. p.140.

해 일상화됐다. 예산 통과나 하급 연방 법원의 판사 임용과 같은 중요 사안들이 교착 상태에 이르렀다. 이러한 상황이 트럼프와 같은 정치인의 등장을 이끌었다.

트럼프에게 양극화는 생명줄이었다. 그는 '자신의 기반'에 대해 이야기하면서 맹렬하게 적을 비난했다. 그리고 대통령직을 수행하면서도 계속 전국을 돌며 자신의 지지자들을 거대한 체육관에 불러 모았다. 이러한 행위들은 모두 과잉 감정과 관련 있다. 그의 트윗만 봐도 알 수 있다. 그의 트윗은 주로 자신에게 가해진 압박을 해소해주는 듯이 보였다. 트럼프는 새벽 4시 무렵에도 트윗을 올렸다. 그때 그는 잠을 뒤척이다가 TV에서 자신을 괴롭히는 뉴스를 본 듯하다. 2017년 6월 29일 새벽에 〈MSNBC〉의 '모닝조Morning Joe'에서 자신을 비판했던 두 명의 진행자 중 한 사람인 미카 브레진스키Mika Brzezinski에 대한 트윗도 한 예다. 그는 브레진스키가 미쳤고, 제정신이 아니며, 매력이 없는 데다가 자포자기식이라고 평했다. (심지어 성형수술로 피를 흘리고 있다고도 언급했다.)

그러나 트럼프의 트윗에는 또 다른 기능이 있으며 아마 자신도 그 사실을 알고 있을 것이다. 그의 트윗은 양극화를 강화하고 자신의 지지 기반에 호소한다. 트럼프는 얼마 전까지만 해도 (현직 대통령은 물론이고) 어떤 정치인도 공식적으로 꺼내지 못한 말을 했다. 여성과 이민자 그리고 다른 정치인과 유명인들을 향해서 말이다. 일부 사람들은 이를 높이 평가하고, 정치적 올바름에 대적해 표현의 자유를 지키려 애쓰는 것이라 평했다. 그러는 사이 상대는 크게 실망했고, 양극화는 심화되었다(어떻게 그런 말들을 내뱉는 사람을 대통령으로 인정할 수 있단 말인가?). 이는 결국 트럼프에게 도움이 되었다. 더 많은 민주당 지지자들이 놀라고 분노할수록 더 많은 트럼프 지지자들이 그들과 거리를 뒀다. 물론 트럼프는 자신의 문제 있는 행동에 거센 압박이 들어올 때, 관심을 분산시키기 위해 또다시 트윗을 활용했다.●

스웨덴의 경우, 비록 분위기가 험악해지는 경우도 있지만 정치인들 사이의 양극화가 극단적으로 치닫지는 않았다. 하지만 스웨덴은 새로운 정치 지평 한가운데에 서 있다. 과거의 연정은 더 이상 드러나지 않으며, 어느 정치 연합도 과반을 차지하지 못하고 있다. 게다가 2010년대 말 스웨덴 유권자를 대상으로 한 설문조사에서는 민족주의 우파 정당인 스웨덴 민주당이 25퍼센트에 가까운 지지를 얻은 것으로 나타났다. 이러한 상황이 양극화를 완화하고 새로운 연합체를 형성할 수도 있겠지만, 동시에 양극화를 강화하는 새로운 연합의 등장으로 이어질 위험 또한 존재한다(중도 우파인 보수당이 우파 스웨덴 민주당과 손을 잡을 경우, 그 가능성은 더욱 높아질 것이다). 2018년 가을, 중도 우파 연합에서 분열이 일어나면서 이어진 격렬한 논쟁은 이 뚜렷한 위험성을 잘 보여준다. 당시 중도 우파 연합의 중앙당과 자유당이 사회민주당 정부 재집권에 일조했다. 정치인들 사이에서

● 흥미롭게도 스테판 레반도프스키가 수행한 연구 결과는 그 전략이 효과를 드러내고 있음을 보여준다. 트럼프의 트윗 활동과 그의 문제 행동에 쏠린 언론의 관심 사이에는 강력한 상관관계가 존재하며, 결과적으로 언론의 관심은 그의 문제 있는 행동으로부터 트윗으로 이동했다. Paul Rosenberg. 2019. 'Trump dominates the media through Twitter: We knew this, but now there's science'. *Salon* 04/08/2019.

양극화가 심화되면 유권자들 사이에서도 양극화가 심화될 것이다. 이는 곧 미국과 같은 상황이 스웨덴에서도 그대로 나타날 위험이 있다는 사실을 의미한다. 민주 사회를 위한 전제조건인 대화는 더욱 복잡해질 것이다. 사회가 극단적으로 양극화될 때, 시민은 결국 정치적 내용보다는 지지 정당을 기준으로 투표를 할 것이다. "난 절대 **그들 편** 후보자한테는 투표하지 않을 거야."

이는 까다롭지만 점점 더 중요해지고 있는 질문과 연결된다. 우리는 언제나 '논쟁에 참여'해야 하는가, 아니면 논쟁을 피하는 게 더 좋은 상황이 있는가? 나는 우리가 모든 토론에 참여해야 하지만, 이를 위해 반드시 충족되어야 할 기본 전제조건이 있다고 생각한다. 토론은 반드시 필요하다. 주장을 함께, 그리고 공식적으로 평가할 수 있기 때문이다. 그리고 지나치게 일방적인 정보의 흐름은 음모론의 등장을 초래하고 공적 논의에 대한 신뢰를 약화시킬 위험이 있기 때문이다.

토론이 있기 위해서는 특정 전제조건이 반드시 충족되어야 한다. 첫째, 토론할 대상이 있어야 한다. 진실이라고 믿을 만한 타당한 근거를 갖춘 사안에 대해 '토론'하는 것은 무의미하다. 그것은 의미가 없을 뿐만 아니라, 자칫 위험하기까지하다. 사안을 논의한다는 사실 자체가 그 문제가 해결되지 않았다는 인상을 주기 때문이다. 이는 4장에서 언급했던 **거짓 동일시**를 만들어낸다. 이 부분에서 언론은 단골 죄인이다. 물론 이는 방금 논의한 많은 대중의 관심을 끌어모아야 할 필요성과 관련이 있다. 홍역 백신이 자폐증을 유발하는지에 대해 전문가와 인터뷰를 나누는 것보다, 감염병 통제 학자와 부작용을

우려하는 부모 사이에 토론의 장을 마련하는 것이 훨씬 더 흥미진진하다. 혹은 언론은 그렇게 생각한다.●

하지만 우리가 토론 형태를 필요 이상으로 자주 선택하는 다른 이유도 있다. 기자들, 특히 공영 분야에서 일하는 기자들은 스스로 최대한 객관적이어야 하며, 토론으로 잘 정립된 지식을 내놓지 않으면 객관성이 위협받는다고 걱정한다. 그러나 이러한 우려는 근거 없는 것이다. 객관적이라는 말은 모든 주장(타당한 근거가 있는 주장과 근거가 없는 주장)을 똑같이 다루는 것이 아니라, 믿기에 타당한 근거가 있는 주장을 제시하는 것을 의미한다. 객관성이 중립성과 혼동되어서는 안 된다.●● 당연히 오늘날의 공공 토론 분위기에서는 행동보다 말이 쉽다. 예를 들어 포퓰리즘적인 스웨덴 민주당 대변인들은 기후 변화나 이민과 같은 사안을 '중립적'으로 다루지 않다는 이유로 공영 매체를 공격한다. 2020년 2월, 그들은 스웨덴 공영 방송국 대표가 의회에 출석해서 그들이 중립적이지 않은 이유를 해명해야 한다고 주장하기까지 했다. 다행히 이러한 주장은 다른 정당에서 받아들여지지지 않았다. 그러나 (중앙당과 기독당 같은) 주요 보수당은 최근 덴마크 사례를 따라 공영 방송과 관련된 예산을 대폭 삭감해야 한다고

● 2017년 봄, 스웨덴 공영 라디오 방송의 유명 프로그램에서 열띤 토론이 열렸다. 다음 예시를 참조. Hugo Lindkvist, 'Falsk balans får debatten att kantra'. *Dagens Nyheter* 03/04/2017.

●● 이러한 함정에 얼마나 쉽게 빠질 수 있는가에 대한 좋은 논의는 다음을 참조. Eric Schwitzgebel. 'What Happens to a Democracy when the Experts Can't be Both Factual and Balanced?'. *Los Angeles Times* 27/01/2017.

주장했다. 영국에서는 보리스 존슨 총리가 공영 방송인 〈BBC〉가 브렉시트 보도와 관련해 중립성을 지키지 않았다며 그들에 반대하는 캠페인을 벌였다.

둘째, 공공 토론을 조직하는 이들은 토론자들이 다음의 기본 규칙을 따르도록 해야 한다. 그들은 주제에 대해 충분한 지식을 갖추고 있어야 하며, 이성적 태도로 찬성과 반대 주장을 토의해야 한다. 이 두 가지 조건은 긴밀하게 연결되어 있다. 공고하게 인정받는 지식에 대해 '논쟁'하는 이는 일반적으로 합리적 주장을 할 만큼 충분히 알지 못하는 사람이다. 여기에는 예외가 있다. 우리가 확실하게 안다고 믿는 것이 사실은 취약한 근거에 기반했으며, 현명하고 통찰력 있는 누군가가 그 사실을 발견할 때다. 이러한 이유로 우리가 안다고 믿는 것을 두고 토론하는 것도 때로는 가치가 있지만, 그러한 경우 양측 토론자 모두 충분한 전문성과 지식을 갖추고 있어야 한다.

물론, 합리적 논의를 위해 기본 규칙을 따르라는 두 번째 요구는 정치 토론에서 거의 지켜지지 않는다. 일반적으로 정치 토론에서는 합리적 주장보다 기교 섞인 웅변이 더 중요한 역할을 한다. 이는 정치 토론의 목적이 진실을 발견하는 것이 아니라 사람들을 설득시키는 것이라는 점에서 어느 정도 불가피하다. 양당의 지도자가 토론에 참여할 때, 그들이 조금이라도 기존의 입장을 바꾸는 것은 (거의) 상상할 수 없다. 그리고 바로 이러한 점에서 정상적인 토론을 위한 전제조건 하나가 누락되었다. 상대의 주장을 진지하게 받아들이고, 그 주장이 설득력이 있을 때 자신의 입장을 바꾸는 것이다. 또한 정치 토론에서는 허수아비 논법이나 **인신공격**처럼 문제가 많은 논쟁

기술을 사용하는 경향이 있다. 2016년 미국 대선에서 트럼프는 두 가지 모두를 적극적으로 활용했다(그는 개인적인 공격에 능하며, 상대를 가령 '사기꾼 힐러리'처럼 별명으로 부르기를 좋아한다). 그러나 이러한 모습은 심지어 클린턴을 포함한 대부분의 정치인들에게서 발견할 수 있다.

"지식의 적과는 결코 논쟁할 수 없다."

그러나 정치 토론에서도 합리적 논의를 위해 최소한의 요구를 따라야 한다. 지식의 적, 다시 말해 진실이나 합리적 주장에 조금도 관심이 없는, 혹은 민주적이고 열린 사회를 소중하게 생각하지 않는 사람과는 결코 논쟁할 수 없다. 영국 철학자 버트런드 러셀Bertrand Russell(1872~1970)은 경력 내내 정치적으로 많은 관심을 보였으나, 영국 파시스트 연합의 설립자인 오즈월드 모슬리Oswald Mosley와의 토론만큼은 거부했다. 한 유명한 서한에서 러셀은 왜 모슬리와의 토론을 원치 않았는지 설명했다. 그는 애토스가 이질적인 사람을 어떻게 대해야 할지, 사실 이를 혐오하는지 판단하기란 언제나 힘들다고 썼다. 그리고 이어서 말했다.

당신이 지적한 전반적인 사항을 예외로 치부하는 것이 아니라, 파시즘의 철학과 행동의 특성인 잔인한 편견과 충동적 폭력, 그리고 가학적 학대에 대해 온 힘을 다해 적극적으로 반대한 것이다. 나는 우리가 사는 감정적 우주가 가장 깊은 차원에서 매우 뚜렷하게 반대되기 때문에 어떠한 성과도, 진실도 이끌어낼 수 없다는 사실을 말해야만 한다.●

나는 감정 과잉에 따르는 문제에 대해 많은 이야기를 해왔고, 이성과 합리적 주장의 필요성을 강조했다. 내가 감정을 소중히 여기지 않는다는 인상을 줄지 모르겠다. 분석철학 분야에서 활동하는 여성으로서, 나는 분석적으로 접근할 때 '소년 중 하나'가 되려고 함으로써 여성성을 저버린다는 비난을 받곤 한다.●● 이러한 사고방식은 오랜 전통을 갖고 있다. 이성적 사고는 때로 모든 것에 찬물을 끼얹고 인류가 지각 있는 존재라는 사실을 깡그리 무시하는 '합리성 숭배'라 비난을 받는다. 드물지 않게 이성은 남자와, 감정은 여자와 연관했다. 예를 들어, 19세기에는 산업화와 냉혹한 과학적 접근 방식에 대한 반발로 낭만주의가 등장했다. 낭만주의자들은 감정으로, 즉 억제되지 않는 자유로 돌아가고자 했다. 이성에 대한 포스트모더니즘의 비판은 뿌리가 니체에게까지 거슬러 올라가는 이 전통에 비춰볼 수도 있다.

● 더 많은 내용은 다음을 참조. Ronald Clark. *The Life of Bertrand Russell*. 1976. Knopf(reprint 2012. Bloomsbury Publishing).

●● 사실 이는 나와 또 다른 여성이 지원했던 교수직에 대한 전문가의 보고서에서 인용한 것이다. (실제 여성이었던) 그 전문가는 우리가 언어 분석철학에 접근할 때 '소년 중 하나가 되려는 것'에 반대했다. 그 메시지는 분명했다. 남성은 그들이 좋아하는 것을 할 수 있지만, 여성은 분석적인 모든 것을 피해야 한다는 것이었다.

그러나 이러한 유형의 이의 제기에 대한 대응은 감정의 중요성을 부인하는 것이 아니다. 감정 과잉과 이성 사이에서 하나를 선택해야만 한다는 생각을 받아들이지 않는 것이 답이다. 개인적 이야기를 하자면, 나는 (종종 당황스러울 정도로) 감정에 휘둘리며 슬플 때나 기쁠 때 똑같이 눈물을 흘린다. 그리고 감정이야말로 우리의 삶에 목적과 의미를 부여하는 것이라고 생각한다.••• 동물도 감정이 있지만 인간의 감정은 훨씬 더 풍부하며, 그것은 우리가 인식적이며 사고하는 존재이기 때문이다. 우리는 공포나 욕망과 같은 기본적인 감정은 물론, 갈망과 사랑, 질투, 후회, 슬픔과 같은 복잡한 감정도 갖고 있다. 감정과 이성의 긴밀한 관계는 인간의 또 다른 고유한 활동인 예술을 뒷받침한다.

나는 얼마 전 크시슈토프 키에슬로프스키Krzysztof Kieślowski 감독의 영화 〈세 가지 색: 블루Three Colours: Blue〉(1993)를 다시 보고는 감동을 받았다. 전에도 그 영화를 봤고 아주 마음에 들어 했지만, 어릴 적에는 **사랑이 모든 것을 이긴다**는 핵심 메시지를 잘 이해하지 못했다. 로맨틱한 영화라기보다는 다소 어렵고 복잡한 영화였다. 젊은 여주인공(줄리엣 비노쉬Juliette Binoche 분)은 자동차 사고로 남편과 딸을 잃는다. 그는 힘들게 삶으로 돌아가고 그 과정에서 자신의 결혼 생활에서 모든 것이 기대했던 것만큼 조화롭지 않았다는 사실을 깨닫는다. 유명 작곡가인 남편에게는 오랜 내연녀가 있었고 그는 지금 남편의 아이

••• 삶의 의미에 대한 짧은 고찰은 내가 쓴 칼럼을 참조. 'Lycka är att bry sig om andra'. *Göteborgsposten* 01/01/2016.

를 임신하고 있다. 그러나 여주인공은 비통해하지 않는다. 그는 고통스런 슬픔에도 불구하고 모든 것을 용서하면서(내연녀와 죽은 남편) 마침내 다시 한번 창조에 도전한다. 나는 영화를 보고 나서 흐느껴 울었다. 그 메시지가 너무도 진실해 보였기 때문이다. 그것은 우리 인간은 도무지 이해할 수 없는 거대한 세상에 내던져져서도 가장 힘든 순간에조차 용서하고 창조의 힘을 발견할 수 있다는 메세지를 전달했다. 사랑은 모든 것을 이긴다. 물론 이 말은 성경 구절이지만, 그 메시지는 개인의 믿음을 떠나 아주 명확하다.

다시 이성과 감정의 관계에 관한 철학적 논의로 돌아가서, 그 핵심은 다음과 같다. 감정은 실천 이성에 절대적으로 중요하다. 감정이 우리 동기의 기초가 되고, 행동에 목적을 제공하기 때문이다. 실천 이성은 특정한 목적을 갖고, 그 목적을 달성하기 위해 필요한 것을 하는 것이고, 우리의 목적과 감정 사이에는 긴밀한 연결 고리가 있다. 어떤 목적이 실제로 추구할 만한 **가치가** 있는지 결정할 때, 합리적 추론은 중요한 역할을 한다. 하지만 나는 합리적 추론이 그 자체로 그러한 결정을 내릴 수 있다고는 생각하지 않는다(비록 이 말이 철학적으로 논란이 된다고 해도 말이다). 또한 나는 목적을 판단할 때는 우리의 감정이 제시하는 조언을 신뢰하는 것이 때로는 더 현명하다고 생각한다. 내 이성은 내가 특정한 직업을 위해 훈련을 받고 / 어떤 사람과 결혼을 하고 / 어떤 마을에 거주를 하고 / 어떤 사람과 사귀어야 한다고 나를 설득하지만 내 감정이 그것을 느끼지 못한다면 설득은 실패로 돌아간다. 그러므로 실천 이성의 차원에서 감정은 중요하다.

그러나 **이론적** 추론의 차원에서는 감정이 설 자리가 없다. 내가 뭔가가 진실이면 좋겠다고 해서 그것이 진실이라고 믿을 좋은 근거가 있는 것은 아니다. 핵심은 논리에 있다. 좋은 근거란 결론을 이끌어낼 가능성이 높은 것이다. 내가 비가 오지 않는 것이 진실이길 바란다고 해서 비가 안 내리는 것은 아니다. 어쨌거나 감정은 우리가 다양한 지적 활동에 관여하도록 **동기를 부여**하는 중요한 역할을 한다.

내 경험에 비춰볼 때, 학자들은 아주 열정적인 사람들이며, 강력한 감정, 무엇보다 이해하고 설명하려는 욕망을 쫓아 움직인다. 그러나 훌륭한 학자는 자신의 감정이 자신의 이론적 사고, 추론 그리고 논증에 영향을 미치지 않을 것임을 보증할 것이다. 나도 종종 화를 낸다. 특히 지적인 부정직함에 화가 뻗친다. 이 분노가 이 책을 쓸 때 중요한 원동력으로 작용했다. 그러나 나는 그 감정을 내 논증과 분리하기 위해 노력했다. 아마 나는 트럼프가 미국의 민주주의 제도를 공격하고, 전 세계 포퓰리즘 정당들이 민주주의를 허물어뜨리고 있는 모습을 관찰하며 완전한 중립성을 유지하지는 못했을 것이다. 그래도 나는 노력했다.

"이성적이고 분별력 있는 사람이 되는 것과
강력한 감정을 갖는 것 사이에
근본적인 모순이 존재한다는 주장은 잘못되었고
위험하기까지 하다."

이성이고 분별력 있는 사람이 되는 것과 강력한 감정을 갖는 것 사이에 근본적인 모순이 존재한다는 주장은 잘못되었고 위험하기까지 하다. 이는 앞서 언급했던 흔한 사고 함정인 거짓 이분법이다. 이성이냐 감정이냐. 거짓 이분법에 우리는 선택하지 않는 것으로 답해야 한다. 선택은 위험한 단순화로 이어진다. 이성과 감정이 충돌하는 상황이 있다. 이성이 우리에게 해롭다고 하는 것을 원하는 때. 믿기에 좋은 근거가 없는 것을 믿으려 하는 때. 그러나 감정 없는 이성은 빈곤이고, 감성 없는 이성은 어둠 속을 더듬는 것이다. 지식을 추구할 때, 더듬는 것만으로는 충분하지 않다.

정리: 우리는 무엇을 할 수 있는가?

이번 장에서는 지식 저항과 관련해, 우리가 할 수 있는 일을, 특히 사고와 관련해 우리가 할 수 있는 일을 살펴봤다. 우리는 사회에서 각자의 역할에 따라 이와 관련해 서로 다른 과제를 맡고 있다. 첫째, 우리 모두는 **한 개인**으로서 인식 왜곡에 맞서고 비판적으로 사고해야 할 책임이 있다. 우리가 할 일은 다음과 같다.

- 자신의 입장과는 다른 견해를 보이는 출처를 포함해 (신뢰할 만한) 다양한 유형의 출처로부터 정보를 수집하기.
- 출처의 신뢰성을 주의 깊게 평가하기.
- 주장의 근거에 대해 숙고하는 연습을 하고 다양한 유형의 사고 함

정을 피하기.

- 우리가 틀렸을 수 있다는 생각에 마음을 열어두고 우리 자신의 입장에 맞서는 최고의 반론을 고려하기.

- 전문성을 진지하게 받아들이기. 어떤 인물이 특정 분야의 전문가인지 확신할 수 없다면, 학계의 웹페이지를 통해 확인할 수 있다.

- 음모론과 곡해에 면역이 되는 경향에 주의하기.

- 다른 사람과 함께하는 대화에 책임을 지기. 우리는 양극화와 감정 과잉으로 대응하지 않도록 조심하며, 공통된 출발점을 모색하기 위해 노력하고, 상대방의 입장을 최대한 호의적으로 해석해야 한다. 허수아비 논법이나 **인신공격**과 같은 논쟁 기교는 바람직한 토론을 더욱 어렵게 만든다.

당신이 **기자**, 혹은 정보를 전달하는 직업에 종사하는 사람이라면 인간이 정보를 습득하는 방법을 통제하는 메커니즘과 무엇이 우리의 인지 왜곡을 악화시키는지를 반드시 이해해야 한다. 다음 사항을 고려하자.

- **사실과 평가:** 현실에 대한 설명과 여러 상황에서 해야 할 일에 대한 주장을 신중하게 구분하자. 사실적 주장을 비판적으로 바라보고, 기자로서 생각하기에 충분이 입증된 정보와 그렇지 않은 정보를 분명하게 구분해서 말하자. 그 목적은 (모든 주장을 동등하게 대하는) 중립성이 아니라 (좋은 근거를 가진 주장을 제시하는) 객관성이다. 이 목적은 결과 중립성과도 관련 있다. 기자는 제1대 웰링턴 공

작인 아서 웰즐리Arthur Wellesley의 말로부터 영감을 얻어야 한다. "일단 펴내고, 욕 먹어라publish and be damned."

- **바로잡기**: 거짓 주장이 아니라 사실에 집중해야 한다. 왜 거짓이 진실처럼 보이는지 설명하자. 최대한 중립적인 태도로, 어떠한 가치 판단 없이 바로잡자. 라디오나 TV에 나오는 경우, 뭔가를 바로 잡는 사람이 중립적일수록 시청자가 사실을 받아들일 가능성이 높아진다. 도표를 비롯해 다양한 유형의 이미지를 사용할 수 있다면 더욱 이상적이다.

- **토론**: 이미 인정받는 지식에 대한 토론을 피하자. 토론이 필요할 때, 모두 관련 지식이 있는 사람들로 토론자를 구성하자. 그러지 않으면 거짓 동일시의 위험이 있다. 토론 중재자로서 관련된 정보를 갖추고, 관련이 없어 보이거나 거짓된 가정을 기반으로 하는 모든 주장에 의문을 제기하자. 의견을 제시하는 과정에서 양극화를 심히 부추기는 토론자를 선택하지 않도록 주의하자. 미묘한 차이를 구분할 줄 알고, 합리적이고, 지식이 풍부한 사람을 선택하자. 양극화를 촉발하지 않으면서 유연하고 아이디어를 자극하는 대화를 이끌어가는 사람을 선택하자.

- **감정**: 특정 상황은 우리가 지식에 저항하도록 감정을 자극한다. 이는 특히 믿음이 우리 정체성을 이루는 데 있어서 핵심적인 상황과 소속감에 이의를 제기받는 상황에서 그렇다. 그러므로 당신은 기자로서 이러한 믿음이 어떤 것인지를 이해하고 특히 조심스럽게 대해야 한다. 얼마 전만 해도 지구 온난화는 지극히 사실 중립적인 문제였다(공화당은 2000년대 초에 이와 관련해 많은 이야기를 했다).

반면 지금 이는 정치적으로 의도된 합리화를 자극하는 매우 양극화된 사안이 됐다. 이러한 믿음과 관련해서는 (특히 그 지식이 널리 인정받는 것일 때) 가급적 논쟁을 피해야 한다. 그럼에도 토론을 해야 한다면 감정에 치우치지 말고 합리적이고 신중하게 진행해야 한다. 주장이 특정한 집단에 속한 것으로 인식되는 것을 피해야 한다. 이는 당파적 사고로 이어질 뿐이다.

- **용어:** 용어가 불러일으킬 격론을 고려하고 어떤 용어로 대체가 가능한지에 대해 생각하자. 뻔한 과장이나 별 관계없는 사안에 주목하게 하여 오해를 불러일으키기보다, 적절한 정보를 전달해야 한다는 원칙을 기반으로 주의 깊게 용어를 선택하자. 필요하지 않은 상황에서조차 너무 가치판단적인 용어를 사용하지 말자. 용어 선택은 감정을 촉발하는 데 중요한 역할을 한다.

- **'대안적 사실':** 지식의 적이 어떻게 거짓 정보(무엇보다 의심의 씨앗을 뿌리는 전략과, 논란이 되는 정보를 마구 퍼부어댐으로써 우리 이성에 대한 믿음을 흔드는 시도)를 활용하는지에 관한 정보를 널리 퍼뜨리자.

마지막으로, **학자**로서 당신은 무엇을 할 수 있을까? 다음 사항을 생각해보자.

- 지식 이론의 기본을 알고, 믿음과 지식의 차이를 명확히 하는 데 집중하자. 진실이 단지 관점에 관한 것이라고 말하는 부주의한 주장에 비판적인 입장을 취하고(그것을 뒷받침할 설명과 주장을 요구하

자!) 객관적 진실을 향한 믿음이 독단주의와 같다는 함정에 휘말리지 말자. 오히려 그 반대가 진실이다. 대부분 진실은 특정 대상에 대한 우리의 믿음에 의해 결정되지 않기 때문이다. 우리는 자신이 틀릴 수 있다는 사실에 항상 마음을 열어놓아야 한다.

- 우리는 사람들에게 연구의 본질이 무엇인지, 또 전문가가 된다는 것이 무엇인지 알려야 한다. 우리는 학자들이 매번 직면하게 되는 다양한 유형의 평가는 물론, 연구의 상호작용적인 측면에 대해 설명해야 한다.

- 우리는 가급적 자신의 분야에서 가져온 사례를 활용해 과학적 방법론이 무엇인지 사람들에게 알려야 한다. 그리고 유사과학이 어떻게 작동하는지 자세히 설명해야 한다.

- 자신의 연구가 관련이 있을 때 솔선수범하여 공적 토론에 참여하자. 기성 언론을 통해서도, 혹은 소셜미디어를 통해서도 괜찮다. 자신의 분야에서 돌아다니는 거짓 정보는 물론, 대중 과학에 대한 오해가 없도록 주의하자. 위협이 되는 것은 단지 거짓 정보만이 아니다. 현실은 복잡하다. 단순화된 것은 쉽게 문제 삼을 수 있기에 지식 저항을 더욱 악화시킬 수 있다.

감사의 글

이 책은 지식의 사회성에 관해, 즉 우리가 서로에게 얼마나 의존하고 있는지를 다루고 있다. 당연히 내 책 속의 지식도 마찬가지기에 많은 이들에게 감사를 전해야 한다. 먼저, 요나스 오케르만Jonas Åkerman과 크리스토페르 알스트룀Kristoffer Ahlström이 전체 원고를 읽고 많은 지적을 해줬다(그리고 여러 가지 실수로부터 나를 구해줬다). 심리학 교수인 마츠 레칸데르Mats Lekander는 3장을, 교육학자인 페르 코른할Per Kornhall은 5장을 읽고 대단히 유용한 피드백을 전해줬다. 내 형제 모르텐 빅포르스Mårten Wikforss는 기자의 관점에서 이 책을 살펴봐줬고, 발행인 크리스테르 스투르마르크Christer Sturmark는 전체 원고를 읽고 조언해줬으며, 출판사 프리 탄케Fri Tanke에서 여름 인턴을 보내던 내 딸 클라라는 참고 자료 검색과 팩트 체크를 훌륭히 수행해줬다. 모두에게 감사를 전한다. 그래도 남아 있는 실수(진실이 객관적이라는 점에서 분명히 존재한다)는 당연히 내 책임이다.

2017년 초에 이 책을 처음 쓰기 시작한 이후로 나는 스웨덴

곳곳에서 지식 저항과 포스트 트루스를 주제로 강의했다. 당시 강연에 참석했던 청중과 동료 연설자들에게도 감사를 전하고 싶다. 2017년 2월 23일, 미래연구소와 스웨덴 연구위원회가 주최했던 세미나는 내가 이 책을 쓰는 출발점이 되어줬다. 그리고 2002년 뉴욕에서 스웨덴으로 돌아온 이후 줄곧 몸담아온 스톡홀름대학교 철학과에도 감사를 전한다. 하나 더, 2019년 1월부터 릭스방켄스 유빌레움스폰드Riksbankens Jubileumsfond의 후원을 받아 지식 저항을 주제로 여러 학문 분야에 걸쳐 연구 프로젝트를 이끌어오며, 나는 고맙게도 동료 연구자 카트린 글뤼에르Kathrin Glüer, 토룬 린드홀름Torun Lindholm, 예스페르 스트룀베크Jesper Strömbäck, 헨리크 에켄그렌 오스카르손Henrik Ekengren Oscarsson에게 보다 많은 것을 배웠다.

　　마지막으로, 글을 쓰고 강의하는 바쁜 시간 내내 나를 지원해준 가족에게 감사를 전하고 싶다. 이성과 감정의 최고 조합을 보여준 내 남편 애덤에게, 그리고 내 미래에 희망을 안겨준 현명한 딸 클라라와 한나에게, 고맙다.

참고 문헌

A Dishonorable Senate'. *The New York Times* 31 January 2020.

'Lawrence Krauss – Debate in Stockholm'. https://www.youtube.com/watch?v=MFAko80vgwg.

'The Consensus on Consensus Messaging'. *Skeptical Science* blog 7 August 2019.

Ahlström, K. 'Så utnyttjas attacken i Stockholm för att sprida propaganda i sociala medier'. *Dagens Nyheter* 9 April 2017.

Ambrose, G. 'These Coloradans Say Earth is Flat. And Gravity's a Hoax. Now They're Being Persecuted'. *The Denver Post* 7 July 2017.

Anderson, E. 'Feminist Epistemology and Philosophy of Science'. *The Stanford Encyclopedia of Philosophy* (Fall 2012 Edition). Edward N. Zalta (ed.). https://plato.stanford.edu/entries/feminism-epistemology/.

Andersson, U. 2019. 'Högt förtroende för nyhetsmedier – men under ytan råder stormvarning'. *Storm och stilje.*

Andersson Schwarz, J. et al. 2016. 'Migrationen i medierna – men det får en väl inte prata om'. *Institute of Media Studies.*

Arendt, H. 1967. 'Truth and Politics'. *The New Yorker* 25 February 1967.

Ariely, D. 2008. *Predictably Irrational: The Hidden Forces That Shape Our Decisions*. Harper Collins. (댄 애리얼리 저/장석훈 역,《상식 밖의 경제학》, 청림출판, 2018.)

Austin, J. 1962. *How to Do Things with Words*. Harvard University Press.

Barry, D. 'In a Swirl of "Untruths" and "Falsehoods", Calling a Lie a Lie'. *The New York Times* 25 January 2017.

Becker, J. 'The Global Machine Behind the Rise of Far-Right Nationalism'. *The New York Times* 10 August 2019.

Beckerman, G. 'How Soviet Dissidents Ended 70 Years of Fake News'. *The New York Times* 10 April 2017.

Benkler, Y. et al. 'Study: Breitbart-Led Right-Wing Media Ecosystem Altered Broader Media Agenda'. *Columbia Journalism Review* 3 March 2017.

Bennet, C. Löwing, M. 'Gymnasister har svårt att klara matematik för mellanstadiet'. *Dagens Nyheter Debatt* 10 April 2014.

Ben-Yami, H. 2017. 'Can Animals Acquire Language?'. *Scientific American* 1 March 2017.

Bergh, A. 'Brott ska både räknas och vägas'. *Dagens Nyheter* 5 May 2017.

Bloom, P. 2000. *How Children Learn the Meanings of Words*. MIT Press.

Boghossian, P. 2006. *Fear of Knowledge. Against Relativism and Constructivism*. Oxford University Press.

Boroditsky, L. 2001. 'Does Language Shape Thought? Mandarin and English Speakers' Conceptions of Time'. *Cognitive Psychology* Volume 43, pp.1−22.

Borowitz, A. 'Scientists: Earth Endangered by New Strain of Fact-Resistant Humans'. *The New Yorker* 12 May 2015.

Bowell, T. Kemp, G. 2009. *Critical Thinking. A Concise Guide*. Taylor and Francis.

Brenan, M. 2019. 'Americans' Trust in Mass Media Edges Down to 41%'. *Gallup* 26 September 2019.

Bridges, T. 'There's an Intriguing Sociological Reason so many Americans are Ignoring Facts Lately'. *Business Insider* 27 February 2017.

Brogaard, B. 'Humans are Not the Only Mind-Reading Species'. *Psychology Today* 1 November 2016.

Burgard, J.W. et al. 1969. Smoking and Health Proposal. UCSF Legacy Tobacco Documents Library, Brown & Williamson Collection. File No. 2111.01; August 21. Available at: http://legacy.library.ucsf.edu/tid/ypb72d00.

Call, J. Tomasello, M. 2008. 'Does the Chimpanzee have a Theory of Mind? 30 Years Later'. *Trends in Cognitive Sciences* Volume 12 (5).

Carlshamre. S. 2020. *Philosophy of the Cultural Sciences. [Preliminary Draft]* http://www2.philosophy.su.se/carlshamre/texter/PhilCult.pdf

Carnall, M. 'Facts are the Reason Science is Losing During the Current War on Reason'. *The Guardian* 1 February 2017.

Cederskog, G. 'Medieprofessor riktar stark kritik mot "Aktuellts" inslag'. *Dagens Nyheter* June 2017.

Chalmers, D., Clark, A. 1998. 'The Extended Mind'. *Analysis* Volume 58, pp.7–19.

Christodoulou, D. 2014. *Seven Myths about Education.* Routledge.

Chun, R. 'Scientists Are Trying to Figure Out Why People Are OK with Trump's Endless Supply of Lies'. *Los Angeles Magazine* 14 November 2019.

Cillizza, C. 'Donald Trump was a Conspiracy-Theory Candidate. Now He's on the Edge of Being a Conspiracy-Theory President'. *The Washington Post* 4 March 2017.

Cohen, R. 'Americans, Let's Talk'. *The New York Times* 30 May 2017.

Concha, J. 'Trump Administration Seen as More Truthful than News Media: Poll'. *The Hill* 8 February 2017.

Cook, J. 2016. 'A Skeptical Response to Science Denial'. *Skeptical Inquirer* Volume 40 (4).

Cook, J. Lewandowsky, S. 2011. *The Debunking Handbook*. University of Queensland.

Crews, F. C. 'Freud: What's Left'. *The New York Review of Books* 23 February 2017.

Denoël, E. et al. 2018. *Drivers of Student Performance: Insights from Europe*.

Didau, D. 2015. *What If Everything You Knew About Education Was Wrong?*. Crown House Publishing.

Dominus, S. 'The Reverse-Gaslighting of Donald Trump'. *The New York Times Magazine* 27 November 2016.

Dropp, K. Nyhan, B. 'One-Third Don't Know Obamacare and Affordable Care Act are the Same'. *The New York Times* 7 February 2017.

Dunbar, K. 1995. 'How Scientists Really Reason: Scientific Reasoning in Real-World Laboratories'. Sternberg, R.J. and Davidson, J. (eds.) *Mechanisms of Insight*. MIT Press.

Duca, L. 'Donald Trump is Gaslighting America'. *Teen Vogue* 10 December 2016.

Dunning, D. et al. 2003. 'Why People Fail to Recognize Their Own Incompetence'. *Current Directions in Psychological Science* Volume 12 (3).

Egan, T. 'The Post-Truth Presidency'. *The New York Times* 4 November 2016.

Enefalk, H. et al. 'Våra studenter kan inte svenska'. *Uppsala Nya Tidning* 1 February 2013.

Fallis, D. Mathiesen, K. 'Fake News is Counterfeit News'. *Inquiry* (online)

6 November 2019.

Fernbach, P. et al. 2013. 'Political Extremism is Supported by an Illusion of Understanding Psychological Science'. *Psychological Science* Volume 24 (6), pp. 939–946.

Fisher, A. 2011. *Critical Thinking. An Introduction*. Cambridge University Press.

Flynn, D.J. et al. 2017. 'The Nature and Origins of Misperceptions: Understanding False and Unsupported Beliefs About Politics'. *Advances in Political Psychology* Volume 38, (S1), pp. 127–150.

Ford, M. 'Trump's Press Secretary Falsely Claims: "Largest Audience Ever to Witness an Inauguration, Period"'. *The Atlantic* 21 January 2017.

Frankfurt, H. 2005. *On Bullshit*. Princeton University Press. (해리 G. 프랭크퍼트 저/이윤 역, 《개소리에 대하여》, 필로소픽, 2016.)

Fricker, M. 2007. *Epistemic Injustice: Power and the Ethics of Knowing*. Oxford University Press.

Funk, C. et al. 2019. 'Trust and Mistrust in Americans' Views of Scientific Experts'. *Pew Research Center* 2 August 2019.

Glüer, K. Wikforss, Å. 2018. 'Reasons for Belief and Normativity' in *Oxford Handbook of Reasons and Normativity* (ed.) Starr, D. Oxford University Press, pp. 575–599.

Goldstein, A. 'With the Affordable Care Act's future in doubt, evidence grows that it has saved lives. *The Washington Post* 30 September 2019.

Grandia, K. 'The 30,000 Global Warming Petition is Easily-Debunked Propaganda'. *The Huffington Post* 22 August 2009.

Grice, H.P. 1989. *Studies in the Way of Words*. Harvard University Press.

Grice, H.P. 1975. 'Meaning'. *The Philosophical Review* Volume 66 (3).

Griffin, L. 'Trump isn't Lying, He's Bullshitting – and it's Far More Dangerous'. *The Conversation* 27 January 2017.

Grimes, D. R. 2016. 'On the Viability of Conspiratorial Beliefs'. *PLOS ONE* Volume 11 (3).

Grynbaum, M. 'Trump Calls the News Media the "Enemy of the American People"'. *The New York Times* 17 February 2017.

Gunther, R. et al. 2018. 'Fake News May Have Contributed to Trump's Victory'. *The Conversation* 15 February 2018.

Haberman, M. Rappeport, A. 'Trump Drops False "Birther" Theory, but Floats a New One: Clinton Started It'. *The New York Times* 16 September 2016.

Hall, L. et al. 2012. 'Lifting the Veil of Morality: Choice Blindness and Attitude Reversals on a Self-Transforming Survey'. *PLOS ONE* Volume 7 (9).

Hansson, S.O. 2017. 'Science and Pseudo-Science', *The Stanford Encyclopedia of Philosophy* (Summer 2017 Edition), Zalta, E.N. (ed.).

Haslanger, S. 2012. *Resisting Reality: Social Construction and Social Critique.* Oxford University Press.

Hattie, J. 2008. *Visible Learning: A Synthesis of Over 800 Meta-Analyses Relating to Achievement.* Routledge.

Heider, E. R. 1972. 'Universals in Color Naming and Memory', *Journal of Experimental Psychology* Volume 93 (1).

Henrekson, M. Jävervall, S. 2017. *Educational Performance in Swedish Schools is Plummeting – What Are the Facts?.* Royal Academy of Swedish Engineering Sciences.

Henrekson, M. Wennstöm, J. 2019. '"Post-Truth" Schooling and Marketized Education: Explaining the Decline in Sweden's School Quality'. *Journal of Institutional Economics* 15 (5), pp. 897-914.

Herrman, J. 'Inside Facebook's (Totally Insane, Unintentionally Gigantic Hyperpartisan) Political-Media Machine'. *The New York Times*

Magazine 24 August 2016.

Hirsch, E.D. 2016. *Why Knowledge Matters: Rescuing Our Children from Failed Educational Theories.* Harvard Education Press.

Holmqvist, B. 2009. *Till relativismens försvar: några kapitel ur relativismens historia* Symposium.

Humphreys, J. 'Unthinkable: How Do We 'Know' Anything?'. *The Irish Times* 5 March 2017.

Höjer, H. 'Skolan mäter inte barnens kunskaper'. *Forskning & Framsteg* 2 April 2014.

Iyengar, S. Westwood, S.J. 2015. 'Fear and Loathing across Party Lines: New Evidence on Group Polarization'. *American Journal of Political Science* Volume 59 (3).

Johansson, P. et al. 2015. 'Failure to Detect Mismatches Between Intention and Outcome in a Simple Decision Task'. *Science* Volume 310, (5745).

Kahan, D.M. et.al. 2017. 'Science Curiosity and Political Information Processing'. *Advances in Political Psychology* Volume 38 (S1), pp.179 – 199.

Kahan, D.M. 2016. 'The Politically Motivated Reasoning Paradigm, Part 1: What Politically Motivated Reasoning Is and How to Measure It'. *Emerging Trends in the Social and Behavioral Sciences* Scott, R.A and Kosslyn, S.M (eds.). Online 29 November 2016.

Kahan, D.M. 2016. 'The Politically Motivated Reasoning Paradigm, Part 2: Unanswered Questions'. *Emerging Trends in the Social & Behavioral Sciences* Scott, R.A. and Kosslyn S.M. (eds.). Online 29 November 2016.

Kahan, D.M. 2016. '"Ordinary Science Intelligence": A Science–Comprehension Measure for Study of Risk and Science Communication, with Notes on Evolution and Climate Change'. *Journal of Risk*

Research Volume 20: 8.

Kahan, D.M. et al. 2013. 'Motivated Numeracy and Enlightened Self-Government'. *Behavioural Public Policy* Volume 1.

Kahan, D.M. et al. 2012. "'They Saw a Protest": Cognitive Illiberalism and the Speech-Conduct Distinction'. *Stanford Law Review* Volume 64 (4).

Kahneman, D. 2011. *Thinking, Fast and Slow.* Farrar, Straus and Giroux. (대니얼 카너먼 저/이창신 역,《생각에 관한 생각》, 김영사, 2018.)

Kakutani, M. 2018. *The Death of Truth.* Tim Duggan Books.

Kang, C., Goldman. A. 'In Washington Pizzeria Attack, Fake News Brought Real Guns'. *The New York Times* 5 December 2016.

Kavanagh, J. Rich, M.D. 2018. *Truth Decay. An Initial Exploration of the Diminishing Role of Facts and Analysis in American Public Life.* RAND Corporation.

Kelly, M. 'Kellyanne Conway alludes to even wider surveillance of Trump campaign'. *The Record* 15 March 2017.

Kelly, V. 2009. *The Curriculum. Theory and Practice.* Sage Publications.

Kenyon, G. 'The Man who Studies the Spread of Ignorance'. *BBC Future* 6 January 2016.

Kessler, G. et al. 'President Trump has Made 15,413 False or Misleading Claims Over 1,055 Days'. *The Washington Post* 16 December 2019.

Khun, T.S. 1962. *The Structure of Scientific Revolutions.* University of Chicago Press.(토머스 쿤 저/김명자, 홍성욱 역,《과학혁명의 구조》, 까치, 2013.)

Kirchner, P. et al. 2006. 'Why Minimal Guidance During Instruction Does Not Work: An Analysis of the Failure of Constructivist, Discovery, Problem-Based, Experiential, and Inquiry-Based Teaching'. *Journal of Educational Psychologist* 41:2, pp. 75-86

Kitcher, P. 1993. *The Advancement of Science: Science without Legend, Ob-*

jectivity without Illusions. Oxford University Press.

Kolbert, E. 'Why Scientists are Scared of Trump: A Pocket Guide'. *The New Yorker* 8 December 2016.

Kornhall, P. 2016. *Skola på vetenskaplig grund*. Natur och Kultur.

Kornhall, P. 'Barnexperimentet'. *Skola och samhälle* 8 April 2013.

Larsson, J. 'Radikal objektivism precis lika farligt'. *Dagens Nyheter* 23 March 2015.

Latour, B. 1996. 'On the Partial Existence of Existing and Non-Existing Objects'. *Biographies of Scientific Objects*. Daston, L. (ed.) Chicago University Press. pp.247-269

Lekander, M. 2017. *Ditt inre liv*. Fri Tanke.

Lewandowsky, S. et al. 2013. 'The Role of Conspiracist Ideation and Worldviews in Predicting Rejection of Science.' *PLOS ONE* 2 October 2013.

Lind, T. et al. 2018. 'Motivated Reasoning when Assessing Effects of Refugee Intake'. *Behavioral Public Policy* December 2018.

van der Linden, S. et al. 2017. 'Inoculating the Public against Misinformation about Climate Change' *Global Challenges* Volume 1 (2).

Linderoth, J. 2016. *Lärarens återkomst*. Natur & Kultur.

Linderoth, J. 'Den pedagogiska debatten har kidnappats av politiken'. *Dagens Nyheter Debatt* 1 September 2016.

Lindkvist, H. 'Falsk balans får debatten att kantra'. *Dagens Nyheter* 2 April 2017.

Lyotard, J. 1984. *The Postmodern Condition: A Report on Knowledge*. Manchester University Press.(장 프랑수아 리오타르 저/유정완 역,《포스트모던의 조건》, 민음사, 2018.)

Lööw, H. 'De virtuella sekterna frodas i förvrängda fakta'. *Dagens Nyheter* 29 September 2015.

Lührmann, A. Lindberg, S. 2019. 'A Third Wave of Autocratization Is

Here: What Is New About It?'. *Democratization*. 26:7, pp. 1095-1113.

Mandelbaum, E. Quilty-Dunn, J. 2015. 'Believing without Reason, or: Why Liberals Shouldn't Watch Fox News'. *The Harvard Review of Philosophy* Volume 22, pp. 42-52.

Marantz, A. 'Trolls for Trump'. *The New Yorker* 24 October 2016.

Marques, T. 'Disagreement with a Bald-Faced Liar?'. Phil Papers.

Marshall, R. 2018, 'How Donald Trump's Bullshit Earned Him a Place in the History of Assertion'. *3:AM Magazine* 29 April 2018.

Mayer, J. 2016. *Dark Money: How a Secretive Group of Billionaires is Trying to Buy Political Control in the US*. Scribe Publications.

Mayer, R.E. 2004. 'Should There Be a Three-Strikes Rule Against Pure Discovery Learning? The Case for Guided Methods of Instruction'. *American Psychologist* Volume 59 (1), pp. 14-19.

McGuire, W.J. & Papageorgis, D. 1961. 'Effectiveness of Forewarning in Developing Resistance to Persuasion', *Public Opinion Quarterly* Volume 26 (1), pp. 24-34.

McLaughlin, A.C. & McGill, A.E. 2017. 'Explicitly Teaching Critical Thinking Skills in a History Course'. *Science and Education* Volume 26 (1-2), pp. 93-105.

Menczer, F. 'Misinformation on Social Media: Can Technology Save Us?'. *The Conversation* 28 November 2016.

Mercier, H. Sperber, D. 2017. *The Enigma of Reason*. Harvard University Press. (위고 메르시에, 당 스페르베르 저/최호영 역, 《이성의 진화》, 생각연구소, 2018.)

Metz, C. 'Internet Companies Prepare to Fight the "Deepfake" Future'. *The New York Times* 24 November 2019.

Monbiot, G. 'Frightened by Donald Trump? You Don't Know the Half of it'. *The Guardian* 30 November 2016.

Moore, G.E. 1939. 'Proof of an External World'. *Proceedings of the British Academy* Volume 25.

Nesher, P. 2015. 'On the Diversity and Multiplicity of Theories in Mathematics Education' in *Pursuing Excellence in Mathematics Education* Silver, E., Keitel-Kreidt, C. (eds.), pp.137 – 148.

Nichols, T. 2017. *The Death of Expertise. The Campaign Against Established Knowledge and Why it Matters.* Oxford University Press. (톰 니콜스 저/정혜윤 역,《전문가와 강적들》, 오르마, 2017.)

Nichols, T. 'How America Lost Faith in Expertise'. *Foreign Affairs.* March/April 2017.

Nietzsche, F. 1873. *On Truth and Lies in a Nonmoral Sense.*

Nolan, L. Nelson, A. 2006. 'Proofs for the Existence of God'. *The Blackwell Guide to Descartes' Meditations.* ed. Gaukroger, S. Blackwell. pp. 104-121.

Nygren, T. Guath, M. 2018. 'Mixed Digital Messages: the Ability to Determine News Credibility among Swedish Teenagers'. 15th International Conference on Cognition and Exploratory Learning in Digital Age. *CELDA.* pp.375-378.

Olsson, H. 'Partierna överens om ökad säkerhet vid valet'. *Dagens Nyheter* 1 April 2017.

Oreskes, N. Conway E.M. 2010. *Merchants of Doubt: How a Handful of Scientists Obscured the Truth on Issues from Tobacco Smoke to Global Warming.* Bloomsbury Press. (나오미 오레스케스, 에릭 M. 콘웨이 저/유강은 역,《의혹을 팝니다》, 미지북스, 2012.)

Otto, S. 2016. *The War on Science: Who is Waging It, Why It Matters, What We Can Do About It.* Milkweed.

Pennycook, G. & Rand, D.G. 2019. 'Lazy, not biased: Susceptibility to partisan fake news is better explained by lack of reasoning than by motivated reasoning'. *Cognition* 188, pp. 39-50.

Pinker, S. 1995. *The Language Instinct*. Penguin. (스티븐 핑커 저/김한영 역, 《언어본능》, 동녘사이언스, 2008.)

Poohl, D. Simonsson, U. 'Alltför många bär på djup misstro mot statsmakten'. *Dagens Nyheter Debatt* 7 December 2015.

Popper, K. 1959. *The Logic of Scientific Discovery*. Routledge.

Price, R. 'Mark Zuckerberg Denies that Facebook is Trapping its Users in "Filter Bubbles"'. *Insider* 28 July 2016.

Pullum, G.K. 1991. *The Great Eskimo Vocabulary Hoax and Other Irreverent Essays on the Study of Language*. University of Chicago Press.

Rapacioli, P. 2018. *Good Sweden, Bad Sweden. The Use and Abuse of Swedish Values in a Post Truth World*. Volante.

Rawls, J. 1971. *A Theory of Justice*. Harvard University Press. (존 롤스 저/황경식 역, 《정의론》, 이학사, 2003.)

Reich, R. 'How Trump Lies About His Many Lies'. *Newsweek* 2 March 2017.

Resnick, B. 'Trump Supporters Know Trump Lies. They Just Don't Care'. *Vox* 10 July 2017.

Resnick, B. 'There May be an Antidote to Politically Motivated Reasoning. And it's Wonderfully Simple'. *Vox* 7 February 2017.

Rosén, H. 'DN/Ipsos: 4 av 10 känner sig tryggare än mediernas bild'. *Dagens Nyheter* 1 March 2017.

Rosenberg, P. 2019. 'Trump Dominates the Media Through Twitter: We Knew This, But Now There's Science'. *Salon* 4 August 2019.

Ross, L. et al. 1975. 'Perseverance in Self-Perception and Social Perception: Biased Attributional Processes in the Debriefing Paradigm'. *Journal of Personality and Social Psychology* Volume 32 (5).

Ryve, A. et al. 2016. *Skola på vetenskaplig grund*. Natur & Kultur.

Sanandaji, T. 2017. 'What is the Truth about Crime and Immigration in Sweden?'. *National Review* 25 February 2017.

Sapir, E. 1949. *Culture, Language and Personality*. University of California Press.

Scharrer, L. et. al. 2017. 'When Science Becomes Too Easy: Science Popularization Inclines Laypeople to Underrate their Dependence on Experts'. *Public Understanding of Science* Volume 26 (8).

Scherer, M. 'Can President Trump Handle the Truth?'. *Time* 23 March 2017.

Schmidt, M.S. 'Comey Memo Says Trump Asked Him to End Flynn Investigation'. *The New York Times* 16 May 2017.

Schwitzgebel, E. 'What Happens to a Democracy When the Experts Can't be Both Factual and Balanced?'. *Los Angeles Times* 27 January 2017.

Segerdahl, P. et al. 2005. *Kenzi's Primal Language: The Cultural Initiation of Primates into Language*. Palgrave Macmillan.

Silins, N. 2016. 'Cognitive Penetration and the Epistemology of Perception'. *Philosophy Compass* Volume 11, pp.24–42.

Silver, N. 'There Really was a Liberal Media Bubble'. *FiveThirtyEight* 10 March 2017.

Silverman, C. et al. 'Hyperpartisan Facebook Pages are Publishing False and Misleading Information at an Alarming Rate'. *Buzzfeed* 20 October 2016.

Snyder, T. 2017. *On Tyranny: Twenty Lessons from the Twentieth Century*. Tim Duggan Books. (티머시 스나이더 저/조행복 역, 《폭정》, 열린책들, 2017.)

Snyder, T. 'Gryningstid för tyranniet'. *Dagens Nyheter* 15 March 2017.

Sokal, A. 2008. *Beyond the Hoax*. Oxford University Press.

Stager, C. 'Sowing Climate Doubt Among Schoolteachers'. *The New York Times* 27 April 2017.

Stanley, J. 2018. *How Fascism Works: The Politics of Us and Them*. Random

House.

Stanley, J. 'Beyond Lying: Donald Trump's Authoritarian Reality'. *The New York Times* 4 November 2016.

Stanley, J. 2015. *How Propaganda Works*. Princeton University Press.

Starbird, K. 2017. 'Examining the Alternative Media Ecosystem through the Production of Alternative Narratives of Mass Shooting Events on Twitter'. *ICWSM* 2017.

Stokke, A. 'Lies, Harm, and Practical Interests'. *Philosophy and Phenomenological Research* Volume 98 (2).

Sundberg, Marit. 'Lärare försvarade fakta kring Förintelsen – kritiseras'. *Dagens Nyheter* 26 February 2015.

Säljö, R. 2014. *Lärande i praktiken – Ett sociokulturellt perspektiv*. Studentlitteratur AB.

Taber, C.S. & Lodge, M. 2006. 'Motivated Skepticism in the Evaluation of Political Beliefs'. *American Journal of Political Science* Volume 50 (3).

Taub, A. 'The Real Story about Fake News is Partisanship'. *The New York Times* 11 January 2017.

Tavernise, S. 'As Fake News Spreads Lies, More Readers Shrug at the Truth'. *The New York Times* 6 December 2016.

Teodorescu, A. 'Utan självrannsakan ingen utveckling'. *Göteborgs-Posten* 9 June 2017.

Trende, S. 'Trump, Brexit and the State of the Race'. *RealClearPolitics* 28 June 2016.

Viktorsson, S. 'Här kan studenterna läsa och förstå en text'. *Universitetsläraren* 1 February 2014.

de Vrieze, J. 2017. '"Science Wars" Veteran has a New Mission'. *Science* Volume 358 (6360).

Wason, P.C. 1960. 'On the Failure to Eliminate Hypotheses in a Conceptual Task'. *The Quarterly Journal of Experimental Psychology* Volume 12 (3).

Westneat, D. 'UW Professor: The Information War is Real and We're Losing it'. *The Seattle Times* 29 March 2017.

Whitebook, J. 'Trump's Method, Our Madness'. *The New York Times* 20 March 2017.

Wikforss, Å. 2019. 'Critical Thinking in the Post-Truth Era'. Kendeou, P. et al. (eds.) *Misinformation, 'Quackery', and 'Fake News' in Education*. Information Age Publishing.

Wikforss, Å. 'Lycka är att bry sig om andra'. *Göteborgs-Posten* 1 January 2016.

Wikforss, Å. 2014. 'Extended Belief and Extended Knowledge'. *Philosophical* Issues 24, pp. 460-481.

Wikforss, Å. 'Självkännedom – på egen risk'. *Forskning & Framsteg* 7 July 2011.

Williams, C. 'Has Trump Stolen Philosophy's Critical Tools?' *The New York Times* 17 April 2017.

Williamson, T. 2015. *Tetralogue: I'm Right, You're Wrong*. Oxford University Press. (티머시 윌리엄슨 저/하윤숙 역, 《내가 옳고, 네가 틀려!》, 곰출판, 2016.)

Willingham, D.T. 2010. *Why Don't Students Like School?: A Cognitive Scientist Answers Questions About How the Mind Works and What It Means for the Classroom*. Josey-Bass. pp.48 – 49.

Willingham, D.T. 2008. 'Critical Thinking: Why is it So Hard to Teach?'. *Arts Education Policy Review* Volume 109 (4).

Wimmer, H. Perner, J. 1983. 'Beliefs about Beliefs: Representation and Constraining Function of Wrong Beliefs in Young Children's Understanding of Deception'. *Cognition* Volume 13 (1), pp.103 – 128.

Wineburg, S. et al. 2016. *Evaluating Information: The Cornerstone of Civic Online Reasoning*. Stanford History Education Group.

Wolrath-Söderberg, M. ʻSanningsfundamentalism är inte alltid svaret på vår tids lögner'. *Dagens Nyheter* 20 April 2017.

Yong, E. ʻHow Reliable Are Psychology Studies?'. *The Atlantic* 27 August 2015.

Zimmerman, J. ʻIt's Time to Give Up on Facts'. *Slate* 8 February 2017.

옮긴이 박세연

고려대학교 철학과를 졸업하고 글로벌 IT기업에서 10년간 마케터와 브랜드 매니저로 일했다. 현재 전문 번역가로 활동하면서 번역가 모임 '번역인'의 공동 대표를 맡고 있다. 옮긴 책으로 《죽음이란 무엇인가》, 《어떻게 민주주의는 무너지는가》, 《변화는 어떻게 촉발되는가》, 《행동경제학》, 《열 번의 산책》, 《불만 시대의 자본주의》, 《더 나은 세상》, 《플루토크라트》, 《딥 씽킹》, 《OKR》 등이 있다.

진실의 조건

첫판 1쇄 펴낸날 2022년 4월 15일
3쇄 펴낸날 2022년 6월 24일

지은이 오사 빅포르스
옮긴이 박세연
발행인 김혜경
편집인 김수진
책임편집 유승연
편집기획 김교석 조한나 김단희 임지원 곽세라 전하연
디자인 한승연 성윤정
경영지원국 안정숙
마케팅 문창운 백윤진 박희원
회계 임옥희 양여진 김주연

펴낸곳 (주)도서출판 푸른숲
출판등록 2003년 12월 17일 제2003-000032호
주소 경기도 파주시 심학산로 10(서패동) 3층, 우편번호 10881
전화 031)955-9005(마케팅부), 031)955-9010(편집부)
팩스 031)955-9015(마케팅부), 031)955-9017(편집부)
홈페이지 www.prunsoop.co.kr
페이스북 www.facebook.com/prunsoop **인스타그램** @prunsoop

ⓒ 푸른숲, 2022
ISBN 979-11-5675-952-2 (03100)